高职高专财务会计类专业规划教材

基础会计

第3版

主　编　孔德军　沈艾林
参　编　赵　燕　李　英
　　　　李　坤　张　露

机械工业出版社

本书是江苏省精品课程"基础会计"的配套教材，是编者根据教育部最新教材改革精神要求编写的。本书内容贯彻了最新的企业会计准则，难易度适中，主要包括会计基本理论、会计要素与会计等式、账户与复式记账、企业主要经济业务的核算、会计凭证、会计账簿、财产清查、财务会计报告、会计账务处理程序、会计档案等，重点突出对会计基本方法的掌握和基本技能的训练，注重提高学生的实际动手能力，符合高职高专技能型人才培养要求。

本书可作为高职高专财务会计专业基础会计课程的教材，也可供在职财会人员阅读与参考。

本书为双色印刷，配有电子课件、动画视频等教学资源，免费赠送教师用书，索取方式见前言。

图书在版编目（CIP）数据

基础会计/孔德军，沈艾林主编．—3版．—北京：机械工业出版社，2019.9
高职高专财务会计类专业规划教材
ISBN 978-7-111-63305-1

Ⅰ．①基⋯ Ⅱ．①孔⋯ ②沈⋯ Ⅲ．①会计学—高等职业教育—教材
Ⅳ．①F230

中国版本图书馆CIP数据核字（2019）第153630号

机械工业出版社（北京市百万庄大街22号 邮政编码100037）
策划编辑：乔 晨　　　　　责任编辑：乔 晨
责任校对：张 力 潘 蕊　　封面设计：鞠 杨
责任印制：邹 敏
北京富生印刷厂印刷
2019年9月第3版第1次印刷
184mm×260mm·13印张·313千字
0 001—3 000册
标准书号：ISBN 978-7-111-63305-1
定价：35.00元

电话服务　　　　　　　　　　网络服务
客服电话：010-88361066　　　机 工 官 网：www.cmpbook.com
　　　　　010-88379833　　　机 工 官 博：weibo.com/cmp1952
　　　　　010-68326294　　　金 书 网：www.golden-book.com
封底无防伪标均为盗版　　　　机工教育服务网：www.cmpedu.com

前言 | Preface

《基础会计》是高职高专财务会计专业入门课的教学用书，其主要内容是阐述会计基础知识，包括会计确认、计量、记录和报告的基本原理和方法。

高职高专教育以学生的"能力培养为本位"，注重对学生专业基本技能的培养和训练。按照高职高专会计类专业教学的要求，在本书的编写过程中，我们注意了以下几个方面：

（1）本书根据《国务院关于印发国家职业教育改革实施方案的通知》（国发〔2019〕4号）要求，以培养学生的知识及技能为目的，简明适用、深入浅出地阐述会计基础理论知识。

（2）编者都是高职高专院校既有多年教学经验又有丰富实践经验的"双师型"教师。在编写过程中，他们结合自己多年的教学经验和体会，使本书内容上浅显易懂，理论上以"必需、够用"为尺度；注重培养学生的创新能力与应用能力，帮助其适应职业岗位（群）职业技能的要求；强调理论联系实际，着重培养学生实务操作和分析解决问题的能力。

（3）根据职业教育的特点，教材内容以岗位需求为导向，以实践能力培养为重点，实现专业教学要求与岗位技能标准有效对接。

（4）坚持"以例释理"的编写风格。通过举例阐明概念，将基础理论融入丰富的例题中，将基本技能贯穿教学、训练的始终，便于学生理解、巩固、消化、吸收、运用。

（5）配备配套教学训练教材《基础会计练习与模拟实训》，使基础知识的练习和巩固与基本技能训练合二为一，达到教、学、做一体化，非常适合理实一体化教学。

本书由孔德军、沈艾林任主编，负责全书的总体构架设计和书稿内容的修改、补充，以及最后定稿。全书共分为十章，第一、二章由李坤编写；第三、四章由李英编写；第五、六、七章由赵燕编写；第八、九、十章由张露编写。

为方便教学，本书配有电子课件、动画视频等教学资源。凡选用本书作为教材的教师均可索取，咨询电话：010-88379375，服务QQ：945379158。

本书在编写过程中，得到了程淮中教授的悉心指导和许多实务工作者的热情帮助。同时，我们还参阅了国内同行的有关论著，在此一并表示诚挚的谢意。

由于我们时间仓促、水平有限，书中的缺点和错误在所难免，恳请广大读者批评指正。

编 者

目录 Contents

前言

第一章 总论 / 001

- 第一节 会计的概念 / 002
- 第二节 会计对象和会计核算内容 / 004
- 第三节 会计职能和会计目标 / 008
- 第四节 会计基本假设和会计核算基础 / 011
- 第五节 会计信息质量要求 / 014
- 第六节 会计核算方法 / 017
- 思考题 / 019

第二章 会计要素与会计等式 / 020

- 第一节 会计要素 / 021
- 第二节 会计等式 / 025
- 思考题 / 031

第三章 账户与复式记账 / 032

- 第一节 会计科目和账户 / 033
- 第二节 复式记账 / 038
- 第三节 总分类账户与明细分类账户的平行登记 / 046
- 思考题 / 050

第四章 企业主要经济业务的核算 / 051

- 第一节 资金筹集业务的核算 / 052
- 第二节 购进业务的核算 / 057
- 第三节 生产业务的核算 / 064
- 第四节 销售业务的核算 / 072
- 第五节 利润形成及分配业务的核算 / 078
- 思考题 / 084

Contents

第五章 会计凭证 / 085

05
- 第一节 会计凭证概述 / 086
- 第二节 原始凭证 / 087
- 第三节 记账凭证 / 094
- 第四节 会计凭证的传递和保管 / 102
- 思考题 / 104

第六章 会计账簿 / 105

06
- 第一节 会计账簿概述 / 106
- 第二节 会计账簿的设置、启用与登记规则 / 110
- 第三节 会计账簿登记与错账更正 / 112
- 第四节 对账与结账 / 125
- 第五节 会计账簿的更换与保管 / 128
- 思考题 / 129

第七章 财产清查 / 130

07
- 第一节 财产清查概述 / 131
- 第二节 财产清查的内容与方法 / 134
- 第三节 财产清查结果的处理 / 140
- 思考题 / 144

第八章 财务会计报告 / 145

08
- 第一节 财务会计报告概述 / 146
- 第二节 资产负债表 / 148
- 第三节 利润表 / 156
- 思考题 / 159

Contents

第九章　会计账务处理程序 / 160

09
第一节　账务处理程序概述 / 161
第二节　记账凭证账务处理程序 / 161
第三节　科目汇总表账务处理程序 / 179
第四节　汇总记账凭证账务处理程序 / 182
第五节　会计电算化账务处理程序 / 194
思考题 / 196

第十章　会计档案 / 197

10
第一节　会计档案的概念和内容 / 198
第二节　会计档案的归档要求及保管期限 / 198
第三节　会计档案的查阅、复制和销毁 / 200
思考题 / 201

参考文献 / 202

第一章 总论

知识学习目标

※ 了解会计的产生和发展,了解"四柱结算法"和"龙门账"
※ 理解会计的概念和特征
※ 理解会计对象与会计核算具体内容
※ 理解会计职能、会计目标
※ 理解会计基本假设与会计基础
※ 理解会计信息质量要求
※ 掌握会计核算方法

能力训练目标

※ 能描述制造业企业、商品流通企业资金运动的过程
※ 能确认会计核算对象与非会计核算对象
※ 能根据会计核算方法系统归纳会计工作的基本流程

本章阐述了会计的几个基本问题，包括会计的含义、产生与发展、特征、会计对象和会计核算内容、会计职能和会计目标、会计基本假设和会计基础、会计信息质量要求以及会计核算方法。通过本章的学习，学生要理解会计的含义、会计的对象、会计核算的信息质量要求，掌握会计的职能、会计核算的基本前提、会计核算的方法和会计核算的具体内容等。

第一节 会计的概念

一、会计的含义

会计是以货币为主要计量单位，以凭证为依据，采用专门的技术方法，对特定主体的经济活动进行全面、连续、综合、系统的核算和监督，并向有关方面提供会计信息的一种经济管理活动。

在企业，会计主要是反映企业的财务状况、经营成果和现金流量，并对企业的经营活动和收支情况进行监督。会计工作对于加强经营管理，提高经济效益，维护市场经济秩序有着不可或缺的作用。

物质资料的生产是会计产生和发展的基础。在生产活动中，人们为了获得一定的劳动成果，必然要耗费一定的人力、物力和财力。人们一方面关心劳动成果的多少，另一方面注重劳动耗费的高低。为了解决上述问题，便产生了记录和计算经济活动过程的所得与所费的会计。随着社会生产的进一步发展和经济管理要求的提高，会计也已发展成为一门包括有完整方法体系的学科。

经济越发展，会计越重要。在市场经济条件下，会计工作已经成为包括投资者、债权人、政府相关机构、企业管理人员、职工和社会公众等各有关方面了解与掌握企业财务状况、经营成果和现金流量等重要信息的来源，成为指导社会资源合理流动，加强经济管理，提高经济效益，保障社会主义市场经济秩序顺利运行的重要保证。

二、会计的产生和发展

会计在我国有着悠久的历史。它随着社会生产的发展和对管理的要求而产生，并随着市场经济的发展和科学技术的进步而不断完善、提高。早在原始社会末期，就有"结绳记事""刻契记事"等原始记录的方法。在西周时期出现了"会计"一词，当时，专门设有核算官方财赋收支的官职——司会，并对财物收支采取了"月计岁会"的办法，即"零星算之为计，总合算之为会"，其含义是既有日常零星核算，又有年终的综合核算，通过日积月累到年终的核算，以达到正确反映经济收支的目的。到了唐宋时期，在会计核算上出现的"四柱结算法"，运用了"旧管（期初结存）+新收（本期收入）-开除（本期支出）=实在（期末结存）"的平衡公式进行结账。明末清初，民间出现了可以核算盈亏的"龙门账"，它把全部账目划分为"进""缴""存""该"四大类。"进"类包括全部收入账目，"缴"类则包括费用、税金等支出项目，"存"类包括企业的一切资产，"该"类则包括企业资本和全部负债，运用"进-缴=存-该"的平衡公式进行核算，设总账进行"分类记录"，并编制"进缴表"和"存该表"（即利润表和资产负债表）。清代，又产生了"四脚账"，对每一笔经济业务既登记"来账"，又登记"去账"，以反映同一账项的来龙去脉，"龙门账"和"四脚账"是我国复式记账法的最初形式。

人类会计方法的演进，经历了单式记账向复式记账的转变过程，是社会经济发展的客观要求。我国长期以来使用的单式记账法，在历史上发挥了积极的作用，一直到清代后期才从国外引进了借贷记账法。

在欧洲，12世纪到15世纪，在地中海沿岸的威尼斯等城市的商业已经非常繁荣，从而产生了借贷记账法，借贷记账法的产生，标志着近代会计的形成。1494年，被誉为"近代会计之父"的意大利数学家卢卡·帕乔利发表了第一部关于借贷记账法的专著《算术、几何、比及比例概述》，其在第三篇"簿记论"中对借贷记账法从理论上做了全面系统的阐述，有力地推动了借贷记账法的传播和发展，为西方会计科学的建立和发展奠定了坚实的基础。这一先进的科学记账方法很快在欧洲及全世界流传。该书的出版被誉为近代会计发展史上第一个里程碑。

18世纪末至19世纪初，欧洲开始了工业革命，以手工业为主的生产组织形式逐步向机器大工业过渡，从而使生产迅速发展，生产的社会化程度越来越高，企业的资本所有权与企业经营权相互分离，企业的股东往往不直接参与企业的生产经营管理，而是推选董事会，由董事会聘请经理人员来管理企业的生产经营。这样股东就非常需要了解企业的财务状况和经营成果等方面的信息，而企业经营者则要按时提供企业财务状况和经营成果等方面的信息，为了保证会计信息的真实性和准确性，出现了与经营者无利益关系的第三方——注册会计师来验证其财务信息的真实性和准确性。1853年，苏格兰爱丁堡特许会计师协会成立，标志着会计开始作为一种专门职业而存在。由此，促进了会计的发展，并相继出现了一系列公认的会计原则。爱丁堡特许会计师协会的成立被认为是近代会计发展史上第二个里程碑。

20世纪以来，特别是第二次世界大战结束后，资本主义生产社会化程度得到空前的提高，现代科学技术及经营管理科学也高速发展。受社会政治、经济、科学技术、环境等因素的影响，传统的会计不断充实和完善，财务会计核算工作更加标准化、科学化和规范化，逐步形成了为企业内部经营管理提供信息的管理会计体系，从而使会计工作从传统的事后记账、算账、报账，转为事前的预测与决策、事中的监督与控制、事后的核算与分析。管理会计的产生与发展，是会计发展史上的一次伟大变革，从此，现代会计形成了财务会计和管理会计两大分支。20世纪50年代以来，随着现代化生产的迅速发展、经济管理水平的提高，计算机技术、互联网技术、先进信息技术广泛应用于会计核算，使会计信息的收集、分类、处理、反馈等操作过程摆脱了传统的手工操作，大大提高了工作效率，会计信息化不断得到发展，为企业经营管理、控制决策和经济运行提供了实时、全方位的信息。

中华人民共和国成立以来，根据不同时期经济发展的要求，我国会计朝着与国际惯例接轨的方向不断演进发展，形成了一系列会计法规和制度。我国于1985年1月21日颁发了《中华人民共和国会计法》（以下简称《会计法》），将我国的会计工作纳入法制轨道；

2006年2月15日中华人民共和国财政部召开发布会，发布了《企业会计准则——基本准则》及38个具体准则，截至2018年，共有1个基本准则、42个具体准则；2011年10月18日财政部发布了《小企业会计准则》。由此，形成了统一的会计法规和制度。

三、会计的特征

从会计的定义中可以看出，会计具有以下四个特征：

1．以货币为主要计量单位

会计对经济活动过程中使用的财产物资，发生的劳动耗费及劳动成果等以货币作为主要计量单位，进行系统的记录、计算、分析和考核，以达到加强经济管理的目的。

除货币计量外，还可以运用实物计量（千克、吨、米、台、件等）和劳动计量（工作日、工时等）。但只有借助于统一的货币计量，才能取得经营管理上所必需的连续、系统而综合的会计资料。因此，会计上对于经济业务即使已按实物量或劳动量进行计量和记录，但最终仍需要按货币量度综合加以核算，因为货币是商品的一般等价物，是衡量商品价值的共同尺度，具有综合性。

2．对经济活动进行全面、连续、系统、综合的核算和监督

全面是指对各种经济活动都要记录和计算，不能遗漏；连续是指按照经济活动发生的时间顺序自始至终进行记录，不允许中断；系统是指对各种经济活动的记录要采用一系列专门的方法，遵循一定的账务处理程序，科学有序地进行，以取得各种有用的信息；综合是以货币作为统一的计量单位。

3．以合法凭证为依据

凭证是经济活动发生的书面证明，用以记载经济活动发生的具体情况和明确经济责任，会计为了反映经济活动的真实情况，必须以取得或填制的合法凭证为依据。会计只有以合法凭证为依据，才能使其提供的会计信息具有客观性、真实性和可验证性。

4．拥有一系列专门方法

会计在对经济活动进行核算、监督和分析时，形成了一整套有别于其他工作的独特方法。例如，设置会计科目、复式记账、填制和审核会计凭证、登记账簿、成本计算、财产清查、编制财务会计报告等会计核算方法。会计最基础性的工作就是运用这些方法，并结合其他技术和方法来实现会计工作的目的。

第二节　会计对象和会计核算内容

一、会计对象

会计对象是指会计所核算和监督的内容。会计是以货币为主要计量单位，对特定单位的经济活动进行核算和监督。因此，凡是特定主体能够以货币表现的经济活动，都是会计

核算和监督的内容,也就是会计对象。

会计对象的内容就是特定单位中发生的、能够以货币表现的经济活动。而以货币表现的经济活动,通常又称为价值运动或资金运动,所以我们又把会计对象的内容概括地描述为生产经营过程中的资金运动。

资金运动包括资金投入、资金运用、资金退出等过程。下面以制造业为例,说明会计对象的基本内容。

制造业是从事工业产品生产和销售的营利性经济组织。为了从事产品的生产与销售活动,企业必须拥有一定数量的资金,用于建造厂房、购买设备、购买原料、支付经营管理所需开支和支付员工薪酬及其他费用等,生产的产品经销售后,收回货款补偿生产中垫付的资金、偿还有关债务和上缴税金等。由此可见,制造业的资金运动包括资金投入、资金循环与周转和资金退出三个部分,如图1-1所示。

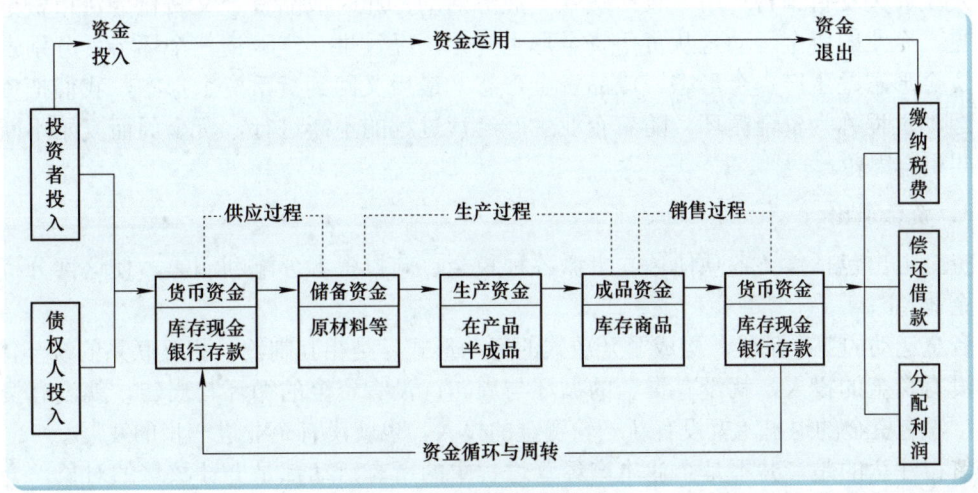

图1-1 制造业的资金运动

商品流通企业资金运动主要按照"货币—商品—货币"的方式不断依次进行,如图1-2所示。与制造业相比缺少了生产过程,其他运动过程与制造业基本一致。

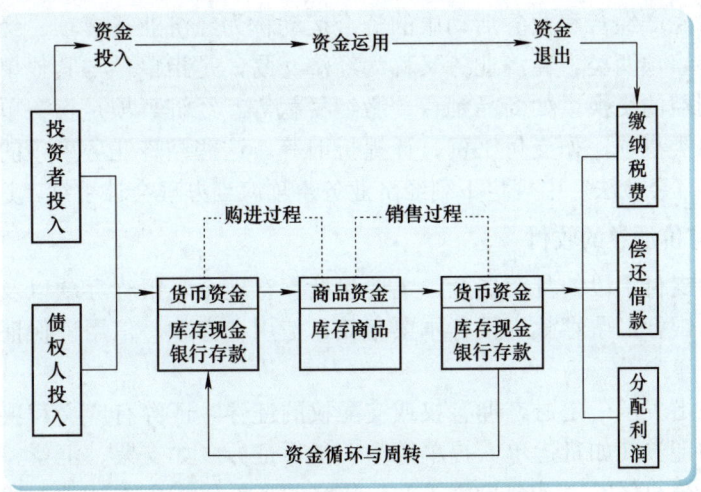

图1-2 商品流通企业的资金运动

1. 资金投入

资金投入包括企业投资者投入的资金和债权人投入的资金两部分，前者属于企业所有者权益，后者属于企业债权人权益，即企业负债。投入的资金构成了企业的经济资源，即企业资产。

2. 资金循环与周转

资金循环与周转分为供应、生产和销售三个阶段。在供应过程中，企业用货币资金购入原材料等劳动对象，此时货币资金转化为储备资金。在生产过程中，为了生产产品，劳动者借助劳动手段将劳动对象加工成特定的产品，发生原材料消耗的材料费、固定资产磨损的折旧费、生产工人劳动耗费的人工费等。此时储备资金在产品完工之前转化为生产资金，在产品完工后又由生产资金转化为成品资金。在销售过程中，将生产的产品销售出去，发生有关支付销售费用、收回货款等业务活动，此时成品资金又转化为货币资金。由此可见，企业的资金运动是从货币资金形态开始，经过供、产、销三个环节，分别表现为储备资金形态、生产资金形态、成品资金形态，最后又回到货币资金形态，我们把资金的这一运动过程称为资金循环。随着企业生产经营过程的不断进行，资金周而复始不断地循环就叫资金周转。

3. 资金退出

资金退出包括偿还各项债务、上缴各种税金、向投资者分配利润等，使这部分资金退出本企业。

资金运动的三个阶段，构成了开放式的运动形式，是相互制约、相互联系的统一体。

没有资金的投入，就没有资金的循环与周转；没有资金的循环与周转，就没有资金的退出；没有资金的退出，就没有新一轮资金的投入，也就没有企业进一步的发展。

值得注意的是，并不是企业生产经营过程中的所有活动都是会计核算的对象，会计核算的对象只是那些能以货币表现的经济活动。

二、会计核算的具体内容

单位在日常生产经营和业务活动中的资金运动称为经济业务事项。经济业务事项包括经济业务和经济事项两类。经济业务又称为经济交易，是指单位与其他单位和个人之间发生的各种经济利益的交换，如商品销售、缴纳税款等。经济事项是指在单位内部发生的具有经济影响的各类事项，如支付工资、计提折旧等。这些经济业务事项的内容就是会计核算的具体内容。《会计法》中规定下列经济业务事项应当办理会计手续，进行会计核算。

1. 款项和有价证券的收付

款项是作为支付手段的货币资金，主要包括库存现金、银行存款以及其他视同库存现金和银行存款的银行汇票存款、银行本票存款、信用卡存款、信用证保证金存款、外埠存款和存出投资款等。

有价证券是指表示一定财产拥有权或支配权的证券。证券有广义和狭义之分，广义的证券一般指财物证券（如货运单、提单等）、货币证券（如支票、汇票、本票等）和资本证券（如股票、公司债券、基金投资等）。狭义的证券仅指资本证券。我国《证券法》规定的证券为股票、公司债券和国务院依法认定的其他证券。其他证券主要指基金投资、非公司企业债券、国家政府债券等。

款项和有价证券是流动性最强的资产，款项和有价证券的收付直接关系到单位资金的增减变动，为了保证单位货币资金的流动性、安全性，提高货币资金的使用效率，企业必须按照国家统一的会计制度的规定，加强监督管理，及时、如实地办理款项和有价证券的收付及结存。

2．财物的收发、增减和使用

财物是财产、物资的简称，企业的财产物资是企业进行生产经营活动且具有实物形态的经济资源，一般包括原材料、燃料、包装物、低值易耗品、在产品、库存商品等流动资产，以及房屋、建筑物、机器、设备、设施、运输工具等固定资产。

由于财物本身是一种资产，而且大多数都是单位特别是企业组织生产经营所必需的重要生产设备、生产资料或生活资料，一般价值比较大，在单位的资产总额中占有较高的比重。因此，各企业必须加强对财物收发、增减和使用环节的核算，维护企业正常的生产经营秩序。

3．债权、债务的发生和结算

债权是企业收取款项的权利，一般包括各种应收及预付款项等，如应收账款、应收票据、其他应收款、预付账款等。

债务则是指由于过去的交易、事项形成的企业需要以资产或劳务等偿付的现时义务，一般包括各项借款、应付及预收款项，以及应交款项等，如短期借款、应付票据、应付账款、预收账款、应付职工薪酬、应交税费、其他应付款、长期借款、应付债券、长期应付款等。

债权、债务的发生和结算，涉及单位的经营活动、筹资活动、投资活动，日常频繁发生，因而必须真实、完整、及时地核算，防止在债权、债务环节中出现违法行为。

4．资本、基金的增减

资本是投资者为开展生产经营活动而投入的资金。会计上的资本专指所有者权益中的投入资本，包括实收资本（或股本）和资本公积。基金是各单位按照法律、法规的规定而设置或筹集的具有某些特定用途的专项资金，如政府基金、社会保险基金、教育基金等。

资本、基金的利益关系人比较明确，用途也基本定向。办理资本、基金增减的政策性强，一般都应以具有法律效力的合同、章程、协议、董事会决议等为依据，各单位必须按照国家统一的会计制度规定和具有法律效力的文书为依据进行资本的核算。

5．收入、支出、费用、成本的计算

收入是指企业在日常活动中形成的、会导致所有者权益增加的、与所有者投入资本无关的经济利益的总流入，如销售商品收入、提供劳务收入、销售不需用的原材料收入等。

支出是指企业实际发生的各项开支，以及在正常生产经营活动以外的支出和损失。如企业购买原材料、固定资产、无形资产，支付职工薪酬，对外投资，以及在正常生产经营活动以外发生的对外捐赠、罚款等。

费用是指企业在日常活动中发生的、会导致所有者权益减少的、与向所有者分配利润无关的经济利益的总流出。费用通常包括营业成本和期间费用，是为了取得收入而发生的资源耗费。

成本是指企业为生产产品、提供劳务而发生的各种耗费，是按一定的产品或劳务对象所归集的费用，是对象化了的费用。企业在一定时期内为生产一定种类、一定数量的产品所支付的各种费用的总和，就是这些产品的成本，也称为制造成本。例如，工业企业在进行产品生产时所发生的材料（直接材料）、燃料和动力费用（其他直接支出）、人工费用（直接人工），组织和管理生产所发生的车间的折旧费用及车间管理人员的工资等（制造费用）形成该产品的成本。

收入、支出、费用、成本都是计算和判断企业经营成果及其盈亏状况的主要依据。各企业应当重视收入、支出、费用、成本环节的管理，按照国家统一的会计制度的规定，正确核算收入、支出、费用、成本。

6．财务成果的计算和处理

财务成果主要是指企业在一定时期内通过从事生产经营活动而在财务上所取得的结果，具体表现为盈利或亏损。财务成果的计算和处理一般包括利润的计算、所得税的计算、利润分配或亏损弥补等。

财务成果的计算和处理，涉及投资者、企业、国家等各方面的利益，因此，各单位必须按照国家统一的会计制度和其他法规制度的规定，对财务成果进行正确的计算和处理。

7．需要办理会计手续、进行会计核算的其他事项

需要办理会计手续、进行会计核算的其他事项，是指除了以上所列举的六类经济业务事项以外的，在实际工作中还有可能出现的其他经济业务事项。对于发生的其他经济业务事项，企业也应按照国家统一的会计制度规定办理会计手续，进行会计核算。

第三节　会计职能和会计目标

一、会计职能

会计职能是指会计在经济管理活动中所具有的功能。会计职能随着经济的发展和会计内容、作用的不断扩大而发展。传统的会计主要是简单的记账、算账、报账，以反映为主；随着市场经济的发展和生产力水平的提高，记账、算账、报账已不能满足经济管理的需要，发挥会计的经济监督作用更成为会计的一项重要功能。

（一）会计的基本职能

会计的基本职能包括会计核算和会计监督两个方面。

1．核算职能

会计核算是会计最基本的职能，又称反映职能，是指会计以货币为主要计量单位，通

过确认、计量、记录、报告等环节，对特定主体的经济活动进行记账、算账、报账，为各有关方面提供会计信息的功能。记账是指对特定单位的经济活动按照一定的记账方法，在账簿中进行登记；算账是指在记账的基础上，对特定单位一定时期的收入、费用、利润和一定日期的资产、负债、所有者权益进行计算；报账是指在算账的基础上，对特定单位的财务状况、经营成果和现金流量以会计报表的形式向有关方面进行报告。会计核算是会计工作的起点和基础，是会计工作必不可少的内容。

会计确认是指按照规定的标准和专业方法，判断经济信息能否作为会计信息记录，发生的交易或事项涉及哪些会计要素并列入会计报表的过程。由于在会计主体众多的经济活动中，有些属于会计对象，有些则不属于会计对象，因此，在会计核算系统正式接受、记录交易或事项前，应进行必要的确认，是会计核算的对象，就予以确认记入会计要素，否则不予确认。登记入账后和期末编制会计报表时还要进行再确认。会计确认贯穿于会计核算的全过程。

会计计量是根据被计量对象的计量属性，选择运用一定的计量基础和计量单位，对应记录会计对象的要素加以衡量、计算，以确定应记录项目金额的会计处理过程。会计计量属性主要包括：

（1）历史成本：又称为实际成本，就是取得或建造某项财产物资时所实际支付的现金或现金等价物金额。历史成本只考虑交易时的实际交易成本，不考虑以后价格的变动。

（2）重置成本：又称为现行成本，是指按照当前的市场条件，重新取得同样一项资产所需支付的现金或现金等价物金额。在实务中，重置成本多应用于盘盈固定资产的计量等方面。

（3）可变现净值：是指在正常生产经营过程中，以资产预计售价减去进一步加工成本和预计销售费用及相关税费后的净值。可变现净值通常应用于存货资产减值情况下的后续计量。

（4）现值：是指对未来现金流量以恰当的折现率进行折现后的价值，是考虑货币时间价值的一种计量属性。现值通常应用于确定固定资产、无形资产等发生减值需要确定可收回金额情况下的后续计量。

（5）公允价值：是指市场参与者在计量日发生的有序交易中，出售一项资产所能收到或者转移一项负债所需支付的价格。公允价值主要应用于交易性金融资产、可供出售金融资产的计量。

会计记录是指以会计专门技术和方法对经过确认和计量的交易或事项在特有载体上记录的过程。会计确认、计量的结果通过会计记录的过程体现出来。会计凭证、会计账簿是会计记录的主要载体。

财务会计报告是以会计报表或其他财务会计报告的形式向信息使用者提供会计信息的过程，即将会计确认、计量、记录的资料汇总，编制出能够反映企业财务状况、经营成果和现金流量的报告文件，并提供给报表使用者，是会计核算的最终环节和重要成果。

2．监督职能

会计监督职能又称控制职能，是指会计人员在进行会计核算的同时，对特定主体经济活动的合法性、合理性进行审查。合法性审查是指保证各项经济业务符合国家的有关法律法规，遵守财经纪律，执行国家的各项方针政策，杜绝违法乱纪行为；合理性审查是指检查各项财务收支是否符合特定单位的财务收支计划，是否有利于预算目标的实现，是否有违背内部控制制度等问题，为增收节支、提高经济效益严格把关。会计监督的内容主要包括：①监督经济活动的真实性；②监督财务收支的合法性；③监督单位财产的安全性和完整性。

会计监督贯穿于会计工作的始终。以时间划分，会计监督包括事前监督、事中监督和事后监督。

会计核算和会计监督是相互联系、相辅相成的。会计核算是会计监督的基础，没有会计核算提供的会计信息，会计监督就没有依据；只有会计核算而没有会计监督，就难以保证所提供会计信息的质量，就不能发挥会计在经济管理中应有的作用。会计核算与会计监督必须结合起来发挥作用，才能正确、及时、完整地反映经济活动。

（二）会计的拓展职能

随着生产力水平和管理水平的日益提高，会计所发挥的作用更加重要，同时会计职能也在不断地丰富和拓展。现代会计除了会计核算和会计监督两个基本职能外，还具有预测经济前景、参与经济决策、评价经营业绩等职能。

会计产生于人们管理社会生产和经济事务的过程，不仅为管理提供各种数据资料，还通过各种方式直接进行管理，如为了实现经营目标而参与经营方案的选择、经营计划的制订、经营活动的控制和评价等。从职能属性看，核算和监督本身是一种管理活动；从本质属性看，会计本身就是一种管理活动。

二、会计目标

现代会计目标主要包括以下两个方面的内容：

1. 向会计信息使用者提供对决策有用的信息

会计作为一项经济管理活动，要向会计信息使用者提供有助于其做出经济决策的各种数据信息，包括企业财务状况、经营成果和现金流量等方面的信息。例如，投资者进行投资决策需要大量可靠且相关的会计信息，而会计信息的提供又必须依赖于会计人员所从事的工作，这时，会计工作就必须以提供信息、服务于决策为目标取向。如果会计提供的信息对信息使用者的决策没有价值，那么会计管理活动的本质属性就不能真正得到体现。

会计信息使用者包括外部和内部两个方面。会计信息的外部使用者具体包括投资者、债权人、政府有关部门、社会公众等。投资者包括现有的和潜在的投资者；债权人主要包括银行、非银行金融机构、企业债券购买人及其他提供信贷的单位和个人。会计信息的内部使用者主要是指企业内部管理者及企业职工。会计信息使用者需要什么样的信息，取决于信息使用者的目的及需求。

2. 反映企业管理层受托责任的履行情况

在现代企业制度下，企业的所有权与经营权相分离，企业管理层是受委托人的委托经营和管理企业，负有受托责任。由于委托人十分关注资本的保值和增值，需要定期评价企业管理层的经营业绩和管理水平，决定是否需要更换管理层，以及对企业的经营管理提出有针对性的建议与措施。因此，会计的目标应能充分体现、反映企业管理层受托责任的履行情况，有助于评价企业的经营管理责任和资源使用的有效性。

第四节 会计基本假设和会计核算基础

一、会计基本假设

会计基本假设是会计人员对会计核算所处的时间和空间环境做出的合理假定，是进行会计核算时必须明确的前提条件。会计所处的社会经济环境极为复杂，会计核算面对的是变化不定的社会经济环境。在这种情况下，会计人员有必要对会计核算所处的经济环境做出判断。如企业在一般情况下是连续经营下去，为了及时计算企业的损益情况，就有必要将企业连续不断的生产经营过程人为地划分为一定的期间，作为会计核算的期间；为了反映企业的经营情况，就有必要选择确立一定的计量单位等。会计基本假设是人们在长期的会计实践中逐步认识和总结形成的。

会计基本假设包括会计主体、持续经营、会计分期和货币计量四项。

（一）会计主体

会计主体是指会计所核算和监督的特定单位或者组织，它界定了从事会计工作和提供会计信息的空间范围。

会计核算的对象是特定单位的生产经营活动，生产经营活动又是由各项具体的经济业务所构成，而每项经济业务又都与其他单位的经济业务相联系。由于社会经济关系的错综复杂，企业本身的经济活动也总是与其他企业或单位的经济活动相联系。因此，对于会计人员来说，首先就需要确定会计核算的范围，明确哪些经济活动应当予以确认、计量和报告，哪些不应包括在其核算的范围内，也就是要确定会计主体。

只有明确了会计主体，才能界定不同会计主体会计核算的范围，把握会计处理的立场。

只有界定了会计核算的范围，才能正确反映会计主体的资产、负债和所有者权益情况，才能准确提供反映企业财务状况和经营成果的财务会计报告，才能提供会计信息使用者所需要的信息资料。

但应当注意：会计主体与法律主体（法人）并非是对等的概念，法律主体可作为会计主体，但会计主体不一定是法律主体。一般来说，法律主体必然是会计主体。例如，一个企业作为一个法律主体，应当建立财务会计系统，独立反映其财务状况、经营成果和现金流量，因此该法律主体一定是会计主体。但是，会计主体不一定是法律主体。也就是说，会计主体可以是独立法人，也可以是非法人；可以是一个企业，也可以是企业内部的某一个单位或企业中的一个特定部分，如一个生产车间、分厂、分公司等也可作为一个会计主体；可以是一个单一的企业，也可以是由几个独立企业组成的企业集团。企业集团由若干具有法人资格的企业组成，各个企业既是独立的会计主体也是法律主体，但为了反映整个企业集团的财务状况、经营成果和现金流量,就有必要将这个企业集团作为一个会计主体,编制合并会计报表。企业集团是一个会计主体,但不是一个法律主体。

(二)持续经营

持续经营是指会计主体在可以预见的未来,将根据正常的经营方针和既定的经营目标持续经营下去,不会停业,也不会大规模削减业务。即在可预见的未来,该会计主体不会破产清算,所持有的资产将正常营运,所负有的债务将正常偿还。企业会计确认、计量和报告应当以持续经营为前提。

会计核算上所使用的一系列会计处理方法和原则都是建立在持续经营的基础上的。明确这一基本假设,就意味着会计主体将按照既定的用途使用资产,按照既定的合约条件清偿债务,会计人员就可以在此基础上选择会计原则和方法。只有假设会计主体持续经营,才能进行正常的会计处理。例如,采用历史成本计价,是假设特定单位在正常情况下运用它所拥有的各种经济资源和依照原来的偿还条件偿付其所负担的各种债务,否则,就不能继续采用历史成本计价。

由于持续经营是根据特定单位发展的一般情况所做的假设,任何企业在经营中都存在破产、清算等不能持续经营的风险,一旦进入清算,就应当改按清算会计处理。如果一个企业在不能持续经营时还假定企业能够持续经营,并仍按持续经营这一假设选择会计确认、计量和报告的原则与方法,就不能客观反映企业的财务状况、经营成果和现金流量,会误导会计信息使用者的经济决策。为此,往往要求定期对企业持续经营这一假设做出分析和判断。

(三)会计分期

会计分期是指将一个会计主体持续经营的生产经营活动划分成若干个连续、长短相等的会计期间,以便分期结算账目和编制财务会计报告。会计分期的目的在于通过会计期间的划分,据以结算账目,编制会计报表,从而及时地向有关方面提供反映财务状况、经营成果和现金流量的会计信息,及时满足企业内部加强经营管理及其他有关方面进行决策的需要。

在持续经营的情况下,要计算企业的利润,反映其生产经营成果,从理论上说,只有等到企业生产经营活动最终结束时,通过收入与费用的对比,才能进行准确的计算。但是,企业的经营者、股东、债权人等需要及时了解企业的经营情况,需要企业定期提供会计信息供其用于决策和加强经营管理。因此,需要将持续不断的生产经营活动划分为若干个相等的期间,以反映企业的财务状况、经营成果和现金流量。

我国《企业会计准则——基本准则》中规定,会计期间分为年度和中期,均按公历起讫日期确定。中期是指短于一个完整的会计年度的报告期间。以一年作为一个会计期间(年度)称为会计年度,我国的会计年度从每年1月1日至12月31日;短于一年的会计期间(半年度、季度和月度)统称为会计中期。

会计期间的划分对会计核算有着重要影响。由于有了会计期间,才产生了本期与非本期的区别,从而出现权责发生制和收付实现制的区别,进而又需要在会计的处理方法上运用预收、预付、应收、应付等一些特殊的会计方法。

(四)货币计量

货币计量是指会计主体在会计确认、计量和报告时采用货币作为统一的计量单位，反映会计主体的生产经营活动。在会计确认、计量和报告过程中选择货币进行计量，是由货币本身的属性决定的。

企业的生产经营活动具体表现为商品的购销、各种原材料和劳务的耗费等实物运动。

由于商品、各种原材料和劳务的耗费在实物上不存在统一的计量单位，无法比较，为了全面完整地反映企业的生产经营活动，会计核算客观上需要一种统一的计量单位作为其计量尺度。在商品经济条件下，货币是商品的一般等价物，是衡量商品价值的共同尺度，会计核算就必然选择货币作为其计量单位，以货币形式来反映企业生产经营活动的全过程。

企业的会计核算应以人民币为记账本位币。业务收支以人民币以外的货币为主的企业，可以选定其中一种货币作为记账本位币，但是编报的财务会计报告应当折算为人民币反映。在境外设立的中国企业向国内报送的财务会计报告，应当折算为人民币反映。

上述会计基本假设，具有相互依存、相互补充的关系。会计主体确立了会计核算的空间范围，持续经营与会计分期确立了会计核算的时间长度，而货币计量则为会计核算提供了必要手段。没有会计主体，就不会有持续经营；没有持续经营，就不会有会计分期；没有货币计量，就不会有现代会计。

二、会计核算基础

会计核算基础是会计确认、计量和报告的基础，是指企业在会计确认、计量和报告的过程中所采用的基础，是确认一定会计期间的收入和费用，从而确定损益的标准。

由于会计分期假设，产生了本期与非本期的区别。企业在一定会计期间内，为进行生产经营活动而发生的费用，可能在本期已经付出货币资金，也可能在本期尚未付出货币资金；所形成的收入，可能在本期已经收到货币资金，也可能在本期尚未收到货币资金；同时，本期发生的费用可能与本期取得的收入有关，也可能无关。所以，在处理这些收支发生期间和应归属期间不一致的经济业务时，就必须正确选择合适的会计处理基础。

会计核算基础有权责发生制和收付实现制。

(一)权责发生制

企业会计的确认、计量和报告应当以权责发生制为基础。

权责发生制也称应计制，要求会计核算应当以权责关系实际发生和影响的期间作为会计确认和报告的时间基础，是指收入、费用的确认应当以收入和费用的实际发生作为确认计量的标准。根据权责发生制的要求，凡是当期已经实现的收入和已经发生或应当负担的费用，无论款项是否收付，都应当作为当期的收入和费用予以确认；凡不属于当期的收入和费用，即使款项已经在当期收付，也不应确认为当期的收入和费用。

在权责发生制下，收入或费用是否计入某会计期间，不是以是否在该期间内收到或付出款项为标志，而是依据收入是否归属该期间的成果、费用是否由该期间负担来确定。根据权责发生制进行收入与成本费用的确认，能够更加准确地反映特定会计期间的真实财务状况及经营成果。

（二）收付实现制

收付实现制是与权责发生制相对应的一种会计核算基础。

收付实现制也称现金收付制或现金制，是指以是否实际收到或支付现金作为确认收入和费用的依据，是以实际收到或付出款项的日期确认为收入或费用的归属期的会计基础。

在我国，政府会计由预算会计和财务会计构成。其中，预算会计采用收付实现制，国务院另有规定的，依照其规定；财务会计采用权责发生制。

第五节　会计信息质量要求

会计信息质量要求是指进行会计核算应遵循的一般性规则，是对企业财务会计报告中所提供会计信息质量的基本要求，主要包括可靠性、相关性、可理解性、可比性、实质重于形式、重要性、谨慎性和及时性等。

一、可靠性

可靠性要求企业应当以实际发生的交易或者事项为依据进行会计确认、计量和报告，如实反映符合确认和计量要求的各项会计要素及其他相关信息，保证会计信息真实可靠、内容完整。

可靠性是对会计工作的基本要求。企业提供会计信息的目的是满足会计信息使用者的决策需要，因此，要求做到内容真实、数字准确、资料可靠。在会计核算工作中坚持可靠性原则，就要求所有经济业务必须是实际已发生的，而不是预计未来可能发生的。所有的财务报表必须以企业的总账、明细账为依据，所有的账簿必须以记账凭证为依据，而记账凭证又必须以原始凭证或原始凭证汇总表为依据，如实地反映企业的财务状况、经营成果和现金流量，保证会计信息的真实性。会计信息应当能够经受验证，以核实其是否真实。如果企业的会计核算不是以实际发生的交易或事项为依据，没有如实地反映企业的财务状况、经营成果和现金流量，会计工作就失去了存在的意义，甚至会误导会计信息使用者做出错误的决策。

二、相关性

相关性要求企业提供的会计信息应当与财务会计报告使用者的经济决策需要相关，有助于财务会计报告使用者对企业过去、现在或者未来的情况做出评价或者预测。

会计目标是为有关方面提供决策有用的会计信息，因此要求会计主体提供的会计信息必须是与决策相关的。相关性是会计信息对决策有用的重要体现。它要求会计核算在收集、加工、处理、提供会计信息的过程中，应考虑有关方面需求的不同特点，能够满足企业内、外相关方面决策的需要。对于特定用途的会计信息，不一定都要通过财务会计报告来提供，也可以采用其他形式加以提供。

三、可理解性

可理解性要求企业提供的会计信息应当清晰明了，便于财务会计报告使用者理解和使用。

会计信息提供的主要目的就是便于信息使用者使用信息做出决策。会计信息使用者首先必须了解会计信息的内涵，弄懂会计信息的内容，这就要求会计核算和财务会计报告必须清晰明了，使信息使用者只具备一定知识且愿意花费一定时间与精力就可以对会计信息进行分析，就能够了解企业的财务状况、经营成果和现金流量等情况。在会计核算中坚持可理解性，就能保证会计信息使用者能够准确、及时、完整地使用会计信息，从而做出有关决策。如果信息使用者看不懂你的财务会计报告，不理解你提供的会计信息，那么即使是真实可靠而且与所做决策相关，还是没有一点用处。

四、可比性

可比性要求企业提供的会计信息应当具有可比性。可比性包括不同的企业间的可比和同一企业不同时期会计处理的一致性。

（1）同一企业不同时期发生的相同或者相似的交易或者事项，应当采用一致的会计政策，不得随意变更。确需变更的，应当在会计报表附注中说明。

企业发生的交易或事项具有复杂性和多样性，对于某些交易或事项可以有多种会计核算方法。例如：固定资产折旧的方法可以采用年限平均法、工作量法、年数总和法、双倍余额递减法等；对于存货的领用和发出，可以采用先进先出法、加权平均法、移动平均法、个别计价法等确定其实际成本。保证会计信息可比性的前提是企业在各个会计期间应尽可能采用相同的会计政策。若企业在不同的会计期间采用不同的会计政策，将不利于会计信息使用者对会计信息的使用和理解，不利于发挥会计信息的作用。

在会计核算中坚持可比性原则，有利于提高会计信息的使用价值；同时由于限制了会计政策在前后会计期间的随意变更，可以防止会计主体通过人为变更会计政策来对会计报表进行粉饰，从而损害会计信息使用者的利益。

尽管可比性原则强调会计政策前后各期尽可能保持一致，但并非是绝对禁止会计政策的变更。若企业进行了会计政策的变更，应在会计报表附注中披露会计政策变更的内容以及理由、会计政策变更的影响数以及累计影响数不能够合理确定的理由，并在比较会计报表中，对会计政策变更影响该调整期间的净损益和其他相关项目的情况加以说明。

可比性原则便于从纵向上对同一企业前后各期会计信息进行相互比较和分析，有利于预测企业未来的发展趋势。

（2）不同企业同一会计期间发生的相同或者相似的交易或者事项，应当采用规定的会计政策，确保会计信息口径一致、相互可比，即在同一会计期间，对于相同或者相似的交易或者事项，不同企业应当采用一致的会计政策，以使不同企业按照一致的确认、计量和报告基础提供有关会计信息。

将不同行业、企业之间的会计核算建立在共同的基础之上，就是要减少不同会计主体之间因使用不同的会计政策所产生的误差，便于信息使用者有效判断不同企业的优劣。

可比性原则既体现了纵向可比的思想，即同一个会计主体在前后不同的会计期间对相同或类似的会计事项采用前后一致的会计处理方法，不得随意进行变更，也强调了横向的可比性，即不同的会计主体对相同或相似的会计事项提供的会计信息在同一个会计期间可以相互比较。

五、实质重于形式

实质重于形式要求企业应当按照交易或者事项的经济实质进行会计确认、计量和报告，不应仅以交易或者事项的法律形式为依据。

在通常情况下，经济实质与法律形式是一致的，但在实际工作中，交易或事项的外在法律形式并不一定完全反映其实质内容。例如，以融资租赁方式租入的固定资产，虽然从法律形式来讲承租企业并不拥有该资产的所有权，但由于租赁合同中规定的租赁期相当长，几乎等于该资产的使用寿命且租赁期满后承租企业有优先购买该固定资产的选择权，在租赁期内承租企业有权支配该固定资产并从中受益，从其经济实质来看，企业能够控制该固定资产并使其为企业创造未来的经济利益，所以在会计核算上应将融资租赁方式租入的固定资产作为承租企业的资产进行管理。

六、重要性

重要性要求企业提供的会计信息应当反映与企业财务状况、经营成果和现金流量有关的所有重要交易或者事项。

对资产、负债、经营成果等有较大影响、对财务会计报告使用者做出合理判断有重大影响的会计事项等，必须按照规定的会计政策进行处理，并在财务会计报告中予以充分、准确的披露；而对于次要的会计事项，在不影响会计信息真实性和不至于误导财务会计报告使用者做出正确判断的前提下，可适当简化处理。

需要注意的是，在评价某些项目的重要性时，很大程度上取决于会计人员的职业判断。一般来说，应从质和量两个方面综合进行分析。从性质来看，当某一事项有可能对决策产生一定影响时，就属于重要项目；从数量来看，当某一项目的数量达到一定规模时，就可能对决策产生影响。

七、谨慎性

谨慎性要求企业对交易或者事项进行会计确认、计量和报告时应当保持应有的谨慎，不应高估资产或者收益、低估负债或者费用。

因此，企业在进行会计核算时，要考虑到可能发生的经营风险要用较不乐观的估计，既不高估资产或收益，也不低估负债或费用。企业在期末对资产可能发生的各项资产减值损失计提资产减值准备，就充分体现了谨慎性原则。

八、及时性

及时性要求企业对于已经发生的交易或者事项，应当及时进行确认、计量和报告，不得提前或者延后。及时性要求会计应及时进行会计处理，并将有关信息及时对外报送。

不及时的信息其有用性大打折扣，甚至毫无价值。因此在会计核算过程中要坚持及时性原则，一是要求及时收集会计信息，即在经济业务发生后，及时收集整理各种原始单据；二是及时处理会计信息，即在国家统一的会计制度规定的时限内，及时编制财务会计报告；三是及时传递会计信息，及时将编制的财务会计报告在规定的时间内传递给财务会计报告使用者。

第六节 会计核算方法

一、会计方法

会计方法是用来核算和监督会计对象，实现会计目标，完成会计任务的手段。

会计方法包括会计核算方法、会计分析方法、会计预测和决策方法等。会计核算是会计的基本环节，会计分析、会计预测和决策等都是在会计核算的基础上，利用会计核算资料进行的。

二、会计核算方法的主要内容

会计核算方法是按照真实、准确、完整和及时的要求，对各单位的经济业务或经济事项进行确认、计量、记录、报告的方法，是实现会计目标的基本手段，是整个会计方法体系的基础。其主要包括设置会计科目和账户、复式记账、填制和审核会计凭证、登记会计账簿、成本计算、财产清查和编制会计报表等。

（一）设置会计科目和账户

会计科目是按照经济业务的内容和经济管理的要求，对会计要素所做进一步分类。账户是根据会计科目开设的，用来连续记录经济业务，全面反映会计要素增减变化及其结果的载体。设置会计科目和账户是会计核算的一种专门方法。

（二）复式记账

复式记账就是指对每一笔经济业务，都以相同的金额，同时在相互联系的两个或两个以上的账户中进行记录的一种记账方法。任何一项经济业务都会引起资金的增减变动或财务收支的变动，如以银行存款购买原材料，一方面引起原材料的增加，另一方面引起银行存款的减少。采用复式记账方法既能全面、完整、相互联系地反映资金的增减变化情况，掌握经济业务的来龙去脉，也便于对所有经济业务进行试算平衡，以便检查会计记录是否正确。

（三）填制和审核会计凭证

会计凭证是记录经济业务发生和完成情况、明确经济责任的书面证明，也是登记账簿的依据。填制和审核会计凭证是为了保证会计记录完整、可靠，审查经济活动是否合理、合法而采用的一种专门方法。对已经发生或已经完成的每一项交易或者事项，都要由经办人员或有关单位填制凭证，并签名盖章。所有会计凭证经过会计部门和有关部门审核无误后，才能作为记账的依据。填制和审核会计凭证不仅为经济管理提供真实可靠的会计信息，也是实行会计监督的一项重要内容。

（四）登记会计账簿

登记会计账簿是根据审核无误的会计凭证，在账簿中进行全面、连续、系统记录的一种专门方法。会计账簿是用来全面、连续、系统、分类地记录各项交易或事项的簿籍，是编制财务报表的依据。登记会计账簿就是通常所讲的正式记账过程，以审核无误的会计凭证为依据，将会计凭证中反映的经济业务，进行分类、汇总记入相应的账簿，使之系统化，并定期进行结账、对账，为编制会计报表提供完整、系统的数据。

（五）成本计算

成本计算就是把生产经营过程中所发生的各种费用支出，按照成本计算对象进行归集和分配，分别计算出各个对象的总成本和单位成本的一种专门方法。通过成本计算，可以核算和监督生产经营过程中的各种耗费。例如：供应过程要计算各种材料物资的采购成本；生产过程要计算各种产品的生产成本等。通过成本计算，还可以核算和监督发生的各项费用是否合理、合法，发现各项费用节约或超支的原因，促进企业不断降低成本，提高经济效益。

（六）财产清查

财产清查是指通过对货币资金、实物资产和往来款项的盘点或核对，确定其实存数，查明账存数与实存数是否相符的一种专门方法。若不符，则须查明账实不符的原因，通过一定的审批手续进行处理，并调整账面记录。财产清查的目的是监督财产物资和资金的安全与完整、账面数与实际数一致，以保证会计核算资料的真实可靠，为编制会计报表提供正确的资料。

（七）编制会计报表

会计报表是综合反映企业某一特定日期的资产、负债和所有者权益状况，以及某一特定时期的经营成果和现金流量情况的书面文件。编制会计报表的目的就是向有关人员提供反映企业财务状况、经营成果和现金流量方面的信息，以便做出决策。编制会计报表是系统提供会计信息的一种专门方法。会计报表是会计工作成果的最终体现，提供的资料是会计信息使用者决策的重要依据，也是进行会计分析、会计检查的重要依据。

会计核算工作程序如图1-3所示。

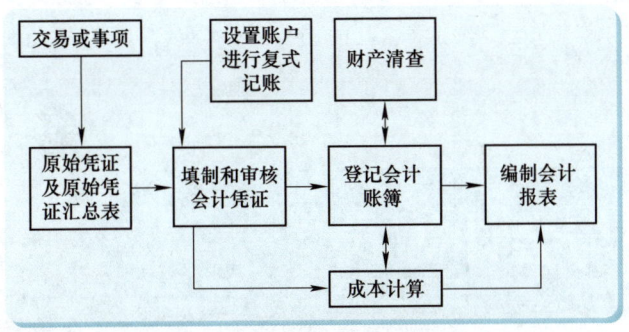

图1-3　会计核算工作程序图

　　会计核算的各种方法是相互联系、相互制约而形成的有机整体。会计核算方法反映了会计核算的过程，当企业发生经济业务后，要填制或取得原始凭证，按照设置的会计科目和账户，依据复式记账的要求，编制记账凭证，依据记账凭证结合原始凭证登记会计账簿，依据会计账簿资料和有关资料进行有关计算，按规定组织财产清查，在账实相符的基础上，根据会计账簿资料和有关资料编制会计报表。在会计核算过程中，填制和审核会计凭证是首要环节，登记会计账簿是中间环节，编制会计报表是最终环节。由于从交易或事项的确认开始，依次经过计量、记录、报告，完成一个会计期间的会计循环，所以从会计核算方法的角度理解，我们一般也将从填制和审核会计凭证、登记会计账簿、成本计算、财产清查直至编制会计报表周而复始的过程称为会计循环。

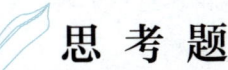

思 考 题

1. 什么叫会计？会计的基本特征有哪些？
2. 会计有哪些基本职能，它们之间有什么关系？
3. 会计核算的具体内容包括哪些？
4. 会计基本假设有哪些？它们相互之间有什么关系？
5. 权责发生制与收付实现制的含义是什么？
6. 会计信息质量要求有哪些？
7. 会计核算有哪些方法？它们之间有什么样的关系？

第二章

会计要素与会计等式

知识学习目标

※ 掌握会计要素的分类、概念和基本特征
※ 掌握会计要素之间的联系与会计等式
※ 理解经济业务发生后所引起的资金运动的类型
※ 理解经济业务发生对会计等式的影响

能力训练目标

※ 能描述出会计要素内容与现实联系
※ 能描述会计基本恒等式
※ 能举例说明各种类型的经济业务对会计等式的影响

第一节　会计要素

会计要素是根据交易或者事项的经济特征对会计对象所做的基本分类。

会计核算工作就是围绕会计要素的确认、计量和报告展开的。我国《企业会计准则——基本准则》将会计要素划分为资产、负债、所有者权益、收入、费用和利润。其中资产、负债、所有者权益反映企业在一定时点的财务状况，称为静态要素，是组成资产负债表的主要内容。收入、费用、利润反映企业在一定时期的经营成果，称为动态要素，是组成利润表的主要内容。

一、资产

（一）资产的定义

资产是指企业过去的交易或者事项形成的、由企业拥有或者控制的、预期会给企业带来经济利益的资源。它包括各种财产、债权和其他权利。

资产具有如下特征：

（1）资产是由过去的交易或事项形成的。也就是说，资产是过去已经发生的交易或者事项所产生的结果。资产必须是现实的资产，而不能是预期的资产。未来的交易或者事项可能产生的结果不能确认为企业的资产。过去的交易或者事项包括购买、生产、建造行为或其他交易或者事项，谈判中的交易或计划中的经济业务不形成资产。

（2）资产是企业拥有或控制的资源。拥有是指法律意义上的拥有，即所有权归企业所有；控制是指由企业支配使用，但并不等于企业取得所有权。一项经济资源是否属于企业的资产，通常要看其所有权是否属于该企业，但企业是否拥有经济资源的所有权，不是确认资产的绝对标准。那些所有权不属于特定企业，但为该企业所实际控制的经济资源，也就是企业能够自主地运用该项经济资源，从事经营活动，谋求经济利益，并承担相应风险的资源，也确认为企业的资产。例如，企业以融资方式租入的固定资产，尽管所有权不属于承租企业，但由于受承租企业实际控制，因此在会计实务中也应将其列作承租企业的固定资产来确认。

（3）资产是预期能给企业带来经济利益的资源。所谓预期会给企业带来经济利益，是指直接或间接导致现金和现金等价物流入企业的潜力。企业现在拥有或者控制的经济资源，通过对它的有效使用，能为企业带来未来的经济利益，才属于企业的资产，这是资产的一个重要属性。如果一项经济资源预期不能为企业带来经济利益，它就不能确认为企业的资产。如一些已经变质、霉烂的原料以及被淘汰的机器设备，已经不能为企业带来经济利益，因此就不应作为资产反映在企业的资产负债表中。

（二）资产的分类

资产按其流动性不同，可以分为流动资产和非流动资产。

流动资产是指预计在一年或者超过一年的一个营业周期内变现、出售或耗用的资产，或者主要为交易目的而持有，或者预计在资产负债表日起一年内（含一年）变现的资产，主要包括库存现金、银行存款、交易性金融资产、应收及预付款项、应收利息、其他应收款、存货等。

非流动资产的变现期或耗用期要在一年以上或超过一年的一个营业周期以上，主要包括长期股权投资、固定资产、在建工程、工程物资、无形资产、研发支出、长期待摊费用等。

从具体企业看，资产的形式多种多样。资产可以具有实物形态，如库存现金、原材料、库存商品等，以及为生产商品、提供劳务、出租或经营管理而持有的，使用寿命超过一个会计年度的房屋、机器设备、运输工具等固定资产，也可以不具备实物形态，如以债权形态出现的应收账款、其他应收款等各种应收款项，以特殊权利出现的没有实物形态的专利权、非专利技术、土地使用权、商标权、著作权、特许权等无形资产。

二、负债

（一）负债的定义

负债是指企业过去的交易或者事项形成的、预期会导致经济利益流出企业的现时义务。

负债具有如下特征：

（1）负债是由于过去的交易或者事项形成的。作为现时义务，负债是过去已经发生的交易或事项所产生的结果。只有过去发生的交易或事项才能增加或减少企业的负债，而不能根据谈判中的交易或事项或计划中的经济业务来确认负债。如企业与其他企业签订的购货合同，它会导致在未来交易时可能产生负债，但此时不能作为负债来确认。

（2）负债预期会导致经济利益流出企业。清偿负债导致经济利益流出企业的形式多种多样，如用货币资金偿还或以实物资产偿还，以提供劳务偿还，部分转移资产、部分提供劳务偿还，将负债转为所有者权益等。

（3）负债是企业承担的现时义务。现时义务是指企业在现行条件下承担的义务。未来发生的交易或者事项形成的义务不属于现时义务，不应当确认为负债。负债可能是由具有约束力的合同或因法定要求而产生的可由法律强制执行的义务，如因企业向银行借款而产生的还款义务，因购买商品而产生的应付货款义务等。

（二）负债的分类

负债按其流动性不同，可以分为流动负债和非流动负债。

流动负债是指预计在一年或者超过一年的一个营业周期内偿还的债务，包括短期借款、应付票据、应付账款、预收款项、应付职工薪酬、应交税费、应付利息、应付股利、其他应付款以及一年内到期的长期负债等。

非流动负债是指偿还期在一年或者超过一年的一个营业周期以上的债务，主要包括长期借款、应付债券、长期应付款等。

三、所有者权益

（一）所有者权益的定义

所有者权益又称为净资产，是指企业资产扣除负债后由所有者享有的剩余权益。所有者权益又称为股东权益。所有者权益金额取决于资产和负债的计量。

所有者权益的来源包括：所有者投入的资本、直接计入所有者权益的利得和损失、留存收益等。投入资本是投资者实际缴付的出资额；直接计入所有者权益的利得和损失，是指企业根据会计准则规定未在当期损益中确认的各项利得和损失；留存收益是指企业从历年实现的利润中提取或形成的留存于企业的内部积累，包括盈余公积和未分配利润。

利得是指由企业非日常活动形成的、会导致所有者权益增加的、与所有者投入资本无关的经济利益的流入。损失是指由企业非日常活动所发生的、会导致所有者权益减少的、与向所有者分配利润无关的经济利益的流出。

所有者权益具有如下特征：

（1）它是一种剩余权益。权益可分为债权人权益（负债）和所有者权益。而债权人权益优先于所有者权益，即企业的资产必须在保证企业所有的债务得以清偿后，才归所有者享有。因此，所有者权益在数量上等于企业的全部资产减全部负债后的余额，它是在保证了债权人权益之后的一种权益，即剩余权益。

（2）除非发生减资、清算，企业不需要偿还所有者权益。因此，所有者投资形成的资产可供企业长期使用，并且一般不得抽回；形成的资产是企业清偿债务的物质保证。

（3）所有者凭借所有者权益能够参与利润的分配。所有者可以参与企业的经营管理，可以以其出资比例享有获取企业利润的权益，而债权人则不能参与企业的经营管理，不参与企业的利润分配，只能按照预先约定的条件取得利息收入。

（二）所有者权益的分类

所有者权益一般分为实收资本（或股本）、资本公积、其他综合收益、盈余公积和未分配利润等项目。

实收资本（或股本）是指所有者投入的构成企业注册资本或者股本部分的金额。

资本公积包括资本溢价（或股本溢价）以及直接计入所有者权益的利得和损失等。

盈余公积是指企业从利润中提取的法定盈余公积金。

未分配利润是企业留待以后年度分配的利润或本年度待分配利润。盈余公积和未分配利润又统称为留存收益。

四、收入

（一）收入的定义

收入是指企业在日常活动中形成的、会导致所有者权益增加的、与所有者投入资本无关的经济利益的总流入。

日常活动是指企业为完成其经营目标所从事的经常性活动以及与之相关的活动，如工业企业制造并销售商品、商品流通企业销售商品、服务性企业提供劳务、出租等。它有别于企业偶然发生的营业外收入，如罚款收入、接受捐赠收入等。企业的非日常活动所形成的经济利益的流入不能确认为收入，而应当确认为营业外收入。

收入具有如下特征：

（1）收入是企业在日常活动中产生的，而不是在偶发的交易或事项中产生的。

（2）收入能引起所有者权益的增加。

（3）收入的取得会导致经济利益流入企业，表现为资产的增加或负债的减少，或者两者兼而有之。

（4）收入只包括本企业经济利益的流入，不包括为第三方或客户代收的款项，如企业代收的增值税等。

（5）收入与所有者投入资本无关。

（二）收入的分类

收入有多种不同的分类。按性质不同，收入可以分为销售商品收入、提供劳务收入和让渡资产使用权收入（利息、租金等）；按日常活动在企业中所处的地位不同，收入可以分为主营业务收入和其他业务收入。

主营业务收入是指企业经常发生的、主要经营业务所产生的收入，它一般在企业营业收入中所占的比重很大。不同行业的主营业务收入有所不同，如工业企业销售自己的产品、流通企业销售商品和服务性企业提供劳务产生的收入。

其他业务收入是指从日常活动中取得的主营业务以外的兼营收入。一般在企业营业收入中所占的比重较小，如原材料销售收入、包装物出租收入等。

五、费用

（一）费用的定义

费用是指企业在日常活动中发生的、会导致所有者权益减少的、与向所有者分配利润无关的经济利益的总流出。明确界定日常活动是为了区分费用与损失，因为企业的非日常活动所形成的经济利益的流出不能确定为费用，而应当计入损失。

费用有如下特征：

（1）费用是企业在日常活动中发生的、非偶然活动发生的。企业在日常活动中发生的费用可以分为两类：一类是企业为生产产品、提供劳务等发生的费用，应计入产品成本或劳务成本；另一类是不应计入成本而应直接计入当期损益的期间费用，包括管理费用、财务费用、销售费用。

（2）费用的发生会导致经济利益流出企业，表现为资产的减少或负债的增加，或两者兼而有之。

（3）费用会导致企业所有者权益的减少。

（4）费用与向所有者分配利润无关。

（二）费用的分类

费用按其性质可分为营业成本和期间费用。

营业成本是指销售商品或提供劳务的成本，其内容包括主营业务成本和其他业务成本。

期间费用是指企业在日常活动中发生的、应直接计入当期损益的各项费用，如企业行政管理部门为组织和管理生产经营活动而发生的管理费用、企业为销售商品和提供劳务而发生的销售费用、企业为筹集资金等发生的财务费用。

六、利润

（一）利润的定义

利润是指企业在一定会计期间的经营成果。利润包括收入减去费用后的净额、直接计入当期利润的利得和损失等。

直接计入当期利润的利得和损失，是指应当计入当期损益的、会导致所有者权益发生增减变动的、与所有者投入资本或者向所有者分配利润无关的利得或损失。

利润金额取决于收入和费用、直接计入当期利润的利得和损失金额的计量。

（二）利润的分类

利润按照构成，可分为营业利润、利润总额和净利润。

营业利润是指营业收入减去营业成本、税金及附加、期间费用、资产减值损失、信用减值损失，加上其他收益、投资收益、公允价值变动收益、资产处置收益后的金额。

利润总额是指营业利润加上营业外收入，减去营业外支出后的金额。

净利润是指利润总额减去所得税费用后的金额。

第二节 会计等式

会计六大要素反映了资金运动的静态和动态两个方面，具有紧密的相关性，它们在数量上存在着特定的平衡关系，这种平衡关系可用公式来表示，即会计等式。会计等式又称会计恒等式或会计平衡公式，会计等式反映了会计要素之间的内在联系，也揭示了会计主体的产权关系、基本财务状况和经营成果。

一、会计等式的表现形式

（一）资产、负债、所有者权益的关系

任何企业要正常地开展生产经营活动，就必须拥有一定数量的资产，如银行存款、厂房、机器设备、原材料等。而企业拥有的资产，又必然有其来源，为企业提供资产来源的人，对企业的资产就具有索偿权，这种索偿权在会计上称为权益。因此权益代表着资产的来源，资产和权益相互依存，没有权益就没有资产，没有资产也就无所谓权益，两者在数量上体现为必然相等的关系。企业拥有的每一项资产，都是投资者或债权人所提供的。因此，资产和权益必须同时存在。资产和权益在任何一个时点的数额都必然保持恒等，这种恒等关系可用公式表示为

$$资产=权益$$

企业的资产来源于所有者的投入资本和债权人的借入资金及其在生产经营中所产生的

效益，它们分别归属于所有者和债权人。其中归属于所有者的部分形成所有者权益，归属于债权人的部分形成债权人权益，即负债，用公式表示为

$$资产=负债+所有者权益$$

上述会计等式被称为财务状况等式、基本会计等式或静态会计等式，是最基本的会计等式，这一等式反映了资产与负债、所有者权益之间的数量关系，即一定数额的资产必定等于一定数额的负债和所有者权益。

上述等式也反映了同一经济资源的两个方面，左边表示企业拥有什么经济资源，拥有多少经济资源；右边表示谁提供了这些经济资源，谁对这些经济资源拥有要求权。这一等式是企业资金运动的静态表现，是设置账户、复式记账、试算平衡和编制资产负债表的理论依据。

（二）收入、费用、利润的关系

企业随着商品的销售或者劳务的提供，一方面取得各类收入，另一方面为取得收入发生相关的各种耗费（即费用）。在一定的会计期间内，企业获得的总收入扣除相关的总费用就形成了企业的利润。用公式表示为

$$收入-费用=利润$$

这一等式可称为第二会计等式，是资金运动的动态表现，表明企业一定时期内的经营成果。收入、费用和利润之间的相互关系，是企业编制利润表的基础。

（三）会计六要素之间的关系

"资产=负债+所有者权益"会计等式反映的是企业在某个会计期间开始时（即某一特定时日）的财务状况。"收入-费用=利润"会计等式反映的是企业在某一会计期间的经营成果。随着企业经济活动的进行，在会计期间内，企业一方面取得了收入，并因此而增加了资产或减少了负债；另一方面要发生各种各样的费用，并因此而减少了资产或增加了负债。所以，企业在会计期间内的任一时点上，即未结账之前，原来的会计等式就转化为下面的形式：

$$资产=负债+所有者权益+（收入-费用）$$

到了会计期末，企业将收入与费用相抵减，计算出利润（或亏损），并按规定的程序进行分配，剩余的利润又全部归入所有者权益项目。这样在会计期末结账之后，会计等式又恢复会计期初的形式，即

$$资产=负债+所有者权益$$

二、经济业务对会计恒等式的影响

企业在生产经营过程中无论发生什么样的经济业务，引起会计要素在数额上发生怎样的增减变化，都不会破坏会计等式的平衡关系。下面举例说明经济业务对会计等式的影响。在实际工作中，企业实际发生的交易、事项是多种多样的，但是它们对会计等式的影响概括起来不外乎以下几种类型。

（1）交易、事项引起会计等式左右同时等额增加，会计等式仍然保持平衡，如图2-1

所示。

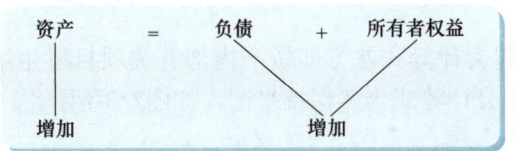

图2-1 交易、事项引起会计等式左右同时等额增加

> **资料**：北方公司2018年12月31日拥有资产1 000 000元，负债为350 000元，所有者权益为650 000元。2019年1月份发生下列经济业务。

【例2-1】2019年1月份该企业向银行借款100 000元，期限两年，款项存入银行。

这项经济业务的发生，一方面使该企业资产（银行存款）增加了100 000元，另一方面使负债（长期借款）增加了100 000元。资产和负债同增100 000元，对会计等式的影响为：

资产（1 000 000+100 000）＝负债（350 000+100 000）+所有者权益（650 000）

资产和负债同时等额增加100 000元，等式两边总额变为1 100 000元，等式仍然成立。

【例2-2】企业收到投资人陈昌平投资款300 000元，款项已存入银行。

这项经济业务的发生，一方面使该企业资产（银行存款）增加了300 000元，另一方面使所有者权益（实收资本）增加了300 000元。资产和所有者权益同增300 000元，对会计等式的影响为：

资产（1 100 000+300 000）＝负债（450 000）+所有者权益（650 000+300 000）

资产和所有者权益同时等额增加300 000元，等式两边总额变为1 400 000元，等式仍然成立。

（2）交易、事项引起会计等式左右同时等额减少。会计等式仍然保持平衡，如图2-2所示。

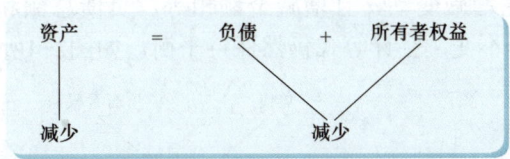

图2-2 交易、事项引起会计等式左右同时等额减少

【例2-3】企业用银行存款偿还上月购货所欠货款25 000元。

这项经济业务的发生，使该企业资产（银行存款）减少了25 000元，使负债（应付账款）减少了25 000元。资产和负债同减，对会计等式的影响为：

资产（1 400 000−25 000）＝负债（450 000−25 000）+所有者权益（950 000）

资产和负债权益同时等额减少25 000元，等式两边总额变为1 375 000元，等式仍然成立。

【例2-4】经批准投资人王平收回对企业原投资款100 000元，经办妥手续后，企业用银行存款支付。

这项经济业务的发生，使该企业资产（银行存款）减少了100 000元，使所有者权益（实收资本）减少了100 000元。资产和所有者权益同减100 000元，对会计等式的影响为：

资产（1 375 000−100 000）＝负债（425 000）+所有者权益（950 000−100 000）

资产和所有者权益同时等额减少100 000元，等式两边总额变为1 275 000元，等式仍然成立。

（3）交易、事项引起会计等式左方即资产内部有关项目发生增减变动，且增减金额相等，资产总额保持不变，会计等式仍然保持平衡，如图2-3所示。

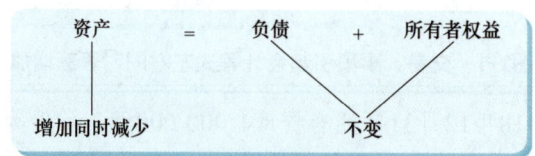

图2-3　交易、事项引起会计等式左方有关项目等额增减

【例2-5】企业从银行提取现金5 000元以备日常零用。

这项经济业务的发生，使该企业资产（库存现金）增加了5 000元，同时使另一项资产（银行存款）减少了5 000元。资产一增一减，数量相等，对会计等式的影响为：

资产（1 275 000+5 000−5 000）=负债（425 000）+所有者权益（850 000）

等式左边资产项目之间出现"此增彼减"，等额增减5 000元，负债和所有者权益无变化，资产总额仍为1 275 000元，等式仍然成立。

【例2-6】企业收回H公司偿还的前欠货款75 000元存入银行。

这项经济业务的发生，使该企业资产（银行存款）增加了75 000元，同时使另一项资产（应收账款）减少了75 000元。资产一增一减，数量相等，对会计等式的影响为：

资产（1 275 000+75 000−75 000）=负债（425 000）+所有者权益（850 000）

等式左边资产项目之间出现"此增彼减"，等额增减75 000元，负债和所有者权益无变化，资产总额仍为1 275 000元，等式仍然成立。

（4）交易、事项引起会计等式右方即负债内部、所有者权益内部或负债与所有者权益两者之间，有关项目发生增减变动，且增减金额相等，负债总额和所有者权益总额，或负债及所有者权益合计总额不变，会计等式仍然保持平衡，如图2-4所示。

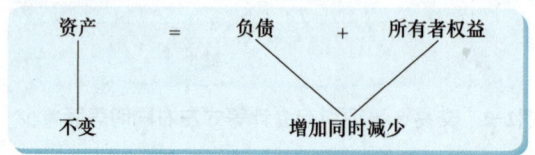

图2-4　交易、事项引起会计等式右方有关项目等额增减

【例2-7】企业从银行借款50 000元，期限6个月，此借款用于直接偿还企业所欠购货款。

这项经济业务的发生，使该企业一项负债（短期借款）增加了50 000元，同时使另一项负债（应付账款）减少了50 000元。负债一增一减，数额相等，对会计等式的影响为：

资产（1 275 000）=负债（425 000+50 000−50 000）+所有者权益（850 000）

等式右边负债项目之间出现"此增彼减"，等额增减50 000元，所有者权益无变化，资产总额仍为1 275 000元，等式仍然成立。

【例2-8】经研究决定将盈余公积30 000元转增资本。

这项经济业务的发生，使该企业一项所有者权益（实收资本）增加了30 000元，同时使另一项所有者权益（盈余公积）减少了30 000元。所有者权益一增一减，数额相等，对会计等式的影响为：

资产（1 275 000）=负债（425 000）+所有者权益（850 000+30 000-30 000）

等式右边所有者权益项目之间出现"此增彼减"，等额增减30 000元，负债无变化，资产总额仍为1 275 000元，等式仍然成立。

【例2-9】经研究决定向投资者发放股利120 000元，但尚未实际支付。

这项经济业务的发生，使该企业负债（应付股利）增加了120 000元，同时使所有者权益（未分配利润）减少了120 000元。负债和所有者权益一增一减，数额相等，对会计等式的影响为：

资产（1 275 000）=负债（425 000+120 000）+所有者权益（850 000-120 000）

等式右边负债增加120 000元，所有者权益减少120 000元，权益总额和资产总额均不变，仍为1 275 000元，等式仍然成立。

【例2-10】经协商批准同意，企业将所欠甲企业货款200 000元转作甲企业对北方公司的投资。

这项经济业务的发生，使该企业所有者权益（实收资本）增加了200 000元，同时使负债（应付账款）减少了200 000元。所有者权益和负债一增一减，数额相等，对会计等式的影响为：

资产（1 275 000）=负债（545 000-200 000）+所有者权益（730 000+200 000）

等式右边所有者权增加200 000元，负债减少200 000元，权益总额和资产总额均不变，仍为1 275 000元，等式仍然成立。

（5）企业收入的取得，表现为资产要素和收入要素同时等额增加（等式左右两边同时增加），或者表现为收入要素的增加和负债要素的减少且增减金额相等（等式右边要素项目等额增减），等式仍然保持平衡。

（6）企业费用的发生，表现为负债要素和费用要素同时等额增加（等式右边要素项目等额增减），或者表现为费用要素增加和资产要素同等金额减少（等式左右两边同减），等式仍然保持平衡。

【例2-11】1月10日，企业销售产品一批，货款30 000元（不考虑增值税）存入银行。

这项经济业务的发生，一方面使该企业的收入（主营业务收入）增加了30 000元，另一方面使资产（银行存款）增加了30 000元，对会计等式的影响为：

资产（1 275 000+30 000）=负债（345 000）+所有者权益（930 000）+[收入（30 000）-费用]

等式两边同时增加30 000元，等式仍然成立。

【例2-12】1月12日，用银行存款支付产品广告费20 000元。

这项经济业务的发生，一方面使该企业的费用（销售费用）增加了20 000元，另一方面使资产（银行存款）减少了20 000元，对会计等式的影响为：

资产（1 305 000-20 000）=负债（345 000）+所有者权益（930 000）+[收入（30 000）-费用（20 000）]

等式两边同时减少20 000元，等式仍然成立。

【例2-13】 1月15日，企业销售产品一批，货款50 000元（不考虑增值税），直接偿还银行的短期借款。

这项经济业务的发生，一方面使该企业的收入（主营业务收入）增加了50 000元，另一方面使负债（短期借款）减少了50 000元，对会计等式的影响为：

资产（1 285 000）=负债（345 000-50 000）+所有者权益（930 000）+[收入（30 000+50 000）-费用（20 000）]

等式右边收入增加50 000元，负债减少50 000元，等式仍然成立。

【例2-14】 1月30日，接到供电公司电费账单，本月应付办公用电费2 000元，款项暂未付。

这项经济业务的发生，一方面使该企业的费用（管理费用）增加了2 000元，另一方面使负债（应付账款）增加了2 000元，对会计等式的影响为：

资产（1 285 000）=负债（295 000+2 000）+所有者权益（930 000）+[收入（80 000）-费用（20 000+2 000）]

期末，收入减去费用后，得出企业的利润58 000元，利润又可以归入所有者权益部分，会计等式又恢复到：

资产（1 285 000）=负债（297 000）+所有者权益（988 000）

通过以上分析，可以说明资产、负债、所有者权益、收入、费用和利润六大会计要素之间存在着一种恒等关系，会计等式即反映了这种恒等关系，它始终是成立的。

由此可见，企业的经济业务无论怎样纷繁复杂，能引起资产和权益发生增减变动的，归纳起来不外乎四大类型九种情况，而这些经济业务无论怎样变化都不会破坏上述会计等式的平衡关系。企业在任何时点的资产总额总是等于负债和所有者权益总额。

1．对"资产=权益"等式的影响

企业经济业务的发生，对"资产=权益"等式的影响归纳起来有四大类型：

（1）资产与权益同时等额增加。
（2）资产方等额增减，权益不变。
（3）资产与权益同时等额减少。
（4）权益方等额增减，资产不变。

2．对"资产=负债+所有者权益"等式的影响

由于权益由负债和所有者权益两个会计要素构成，因此经济业务对会计等式"资产=负债+所有者权益"的影响，就可由上述的四大类型进一步扩展为九种情况，具体情况如下：

（1）资产和负债要素同时等额增加。
（2）资产和负债要素同时等额减少。
（3）资产和所有者权益要素同时等额增加。
（4）资产和所有者权益要素同时等额减少。
（5）资产要素内部项目等额增减，负债和所有者权益要素不变。
（6）负债要素内部项目等额增减，资产和所有者权益要素不变。
（7）所有者权益要素内部项目等额增减，资产和负债要素不变。

（8）负债要素增加，所有者权益要素等额减少，资产要素不变。
（9）负债要素减少，所有者权益要素等额增加，资产要素不变。

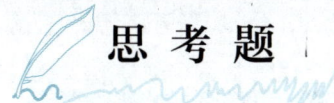

1. 什么叫会计要素？会计要素包括哪些内容？
2. 资产、负债的定义是什么？资产、负债应如何分类？
3. 收入、费用的定义是什么？收入、费用应如何分类？
4. 什么叫会计等式？会计等式具体有哪些？
5. 经济业务对会计等式有何影响？

第三章 账户与复式记账

知识学习目标

※ 掌握会计科目的概念、分类
※ 掌握账户的概念、基本结构及开设方法
※ 理解会计科目与账户之间的关系
※ 掌握借贷记账法的概念和基本内容

能力训练目标

※ 能根据经济业务设置会计科目
※ 能运用借贷记账法编制会计分录
※ 能根据借贷记账法的记账规则和会计等式进行账户试算平衡

第一节　会计科目和账户

一、会计科目

（一）会计科目的概念

会计科目是对会计要素具体内容进行分类核算的项目。设置会计科目是会计核算的方法之一，也是会计核算的基础。为了全面、系统、分类地反映和监督各项经济业务的发生情况，以及由此而引起的资产、负债、所有者权益等要素的增减变动，就有必要按照会计要素分别设置会计科目。设置会计科目就是对会计要素的具体内容加以科学归类，进行分类核算和监督的一种方法。

企业设置会计科目，是设置账户、进行账务处理的依据，同时也是正确组织会计核算的一个重要条件。根据经济管理的要求，企业应通过设置会计科目来进行分类别、分项目的核算。只有这样，才能为企业内部经营管理和外部有关方面提供所需要的一系列完整的会计信息。

（二）设置会计科目的原则

企业设置会计科目必须遵循以下原则：

（1）会计科目的设置要满足企业外部和内部各信息使用者的需要。会计科目的设置要保持会计指标体系的完整和统一，要在会计要素的基础上对会计对象的具体内容做进一步分类，达到全面反映企业生产经营活动情况，便于清楚提供会计信息的目的。反映的信息要既能满足国家宏观经济管理、制定方针政策、加强宏观调控的需要，又能满足债权人、投资者以及有关方面了解企业信息的需要，同时还要满足企业内部各职能部门进行企业经营管理的需要。

（2）会计科目设置，必须将统一性与灵活性相结合。我国当前会计科目是由财政部统一制定颁布的，企业应根据国家统一规定的会计科目具体进行会计核算。但是，由于企业的经济业务千差万别，各单位可以根据本单位的规模和经济业务的特点，以及经济管理要求的具体情况对统一的会计科目进行必要的合并和增补。也就是说，会计科目的设置要贯彻统一性和灵活性相结合的原则。

（3）会计科目设置要简单明了、通俗易懂。每一会计科目反映一项经济内容，不能模棱两可，相互混淆。为方便起见，对所设置的会计科目要进行适当的分类，给予一定的编号。

二、会计科目的分类

（一）按其反映的经济内容分类

会计科目按其所反映的经济内容不同，可分为资产类科目、负债类科目、共同类科目、所有者权益类科目、损益类科目和成本类科目。

（1）资产类科目是用以反映资产要素具体内容的会计科目，如反映货币资产的"库存现金""银行存款"等科目，反映债权资产的"应收账款""其他应收款"等科目，反映存货资产的"原材料""库存商品"等科目。

（2）负债类科目是用以反映负债要素具体内容的会计科目，如反映流动负债的"短期借款""应付账款""应交税费"等科目。

（3）共同类科目是既有资产性质又有负债性质的科目，如"清算资金往来""货币兑换""套期工具"等科目。

（4）所有者权益类科目是用以反映所有者权益要素具体内容的会计科目，如反映企业资本金的"实收资本"等科目，反映留存收益的"盈余公积"等科目。

（5）损益类科目是用以反映企业在生产经营过程中取得的各项收入和发生的各项费用的会计科目，如反映收入的"主营业务收入""其他业务收入"等科目，反映费用的"主营业务成本""其他业务成本""管理费用""财务费用"等科目。

（6）成本类科目是用以反映企业在产品生产过程中发生的各种直接费用和间接费用的会计科目，如反映产品制造成本的"生产成本"、提供劳务服务的"劳务成本"等科目，反映间接费用的"制造费用"等科目。

为便于会计核算工作的顺利进行，尤其是适应会计电算化的要求，通常要编制会计科目表，将所使用的全部会计科目列于其中，并对每一会计科目加以编号。会计科目的编号可以采用"四位数制"，以千位数数码代表会计科目按会计要素区分的类别，一般分为五个数码："1"为资产类、"2"为负债类、"3"为共同类（共同类科目是属于少数金融企业设置的，本书不做详细介绍）"4"为所有者权益类、"5"为成本类、"6"为损益类；百位数数码代表每大类会计科目下较为详细的类别，可根据实际需要取数；十位和个位上的数码一般代表会计科目的顺序号，为便于会计科目增减，在顺序号中一般都要留有间隔。

企业常用的会计科目见表3-1。

（二）按提供信息的详细程度及其统驭分类

会计科目按其提供信息的详细程度及其统驭，可以分为总分类科目和明细分类科目。

1. 总分类科目

总分类科目也称总账科目或一级科目，它是对会计要素具体内容进行总括分类的会计科目，是进行总分类核算的依据，提供总括核算指标，如"应收账款""原材料"等。总分类科目原则上是由财政部门统一制定的。

2. 明细分类科目

明细分类科目也称明细科目，它是对总分类科目做进一步分类，提供更详细、更具体会计核算指标，如"应收账款"科目按债务人名称或姓名设置明细科目，反映应收账款的具体对象；再如"原材料"科目按原料及材料的种类、规格等设置明细科目，反映各种原材料的具体构成内容。为了适应管理工作的要求，对于明细科目较多的总分类科目，可以在总分类科目和明细分类科目之间设置二级或多级科目，如设置二级明细科目、三级明细科目等。二级明细科目是对总分类科目进一步分类的科目，三级明细科目是对二级明细科目进一步分类的科目。

表3-1 会计科目表

顺序	编号	会计科目	顺序	编号	会计科目
		一、资产类			二、负债类
1	1001	库存现金	44	2001	短期借款
2	1002	银行存款	45	2002	存入保证金
3	1012	其他货币资金	46	2101	交易性金融负债
4	1101	交易性金融资产	47	2111	卖出回购金融资产款
5	1111	买入返售金融资产	48	2201	应付票据
6	1121	应收票据	49	2202	应付账款
7	1122	应收账款	50	2203	预收账款
8	1123	预付账款	51	2211	应付职工薪酬
9	1131	应收股利	52	2221	应交税费
10	1132	应收利息	53	2231	应付利息
11	1221	其他应收款	54	2232	应付股利
12	1231	坏账准备	55	2241	其他应付款
13	1401	材料采购	56	2501	长期借款
14	1402	在途物资	57	2502	应付债券
15	1403	原材料	58	2701	长期应付款
16	1404	材料成本差异	59	2702	未确认融资费用
17	1405	库存商品	60	2711	专项应付款
18	1406	发出商品	61	2801	预计负债
19	1407	商品进销差价	62	2901	递延所得税负债
20	1408	委托加工物资			四、所有者权益类
21	1461	融资租赁资产	63	4001	实收资本
22	1471	存货跌价准备	64	4002	资本公积
23	1501	持有至到期投资	65	4101	盈余公积
24	1502	持有至到期投资减值准备	66	4102	一般风险准备
25	1503	可供出售金融资产	67	4103	本年利润
26	1511	长期股权投资	68	4104	利润分配
27	1512	长期股权投资减值准备			五、成本类
28	1521	投资性房地产	69	5001	生产成本
29	1531	长期应收款	70	5101	制造费用
30	1532	未实现融资收益	71	5201	劳务成本
31	1601	固定资产			六、损益类
32	1602	累计折旧	72	6001	主营业务收入
33	1603	固定资产减值准备	73	6051	其他业务收入
34	1604	在建工程	74	6111	投资收益
35	1605	工程物资	75	6301	营业外收入
36	1606	固定资产清理	76	6401	主营业务成本
37	1701	无形资产	77	6402	其他业务成本
38	1702	累计摊销	78	6403	税金及附加
39	1703	无形资产减值准备	79	6601	销售费用
40	1711	商誉	80	6602	管理费用
41	1801	长期待摊费用	81	6603	财务费用
42	1811	递延所得税资产	82	6701	资产减值损失
43	1901	待处理财产损溢	83	6711	营业外支出
			84	6801	所得税费用
			85	6901	以前年度损益调整

3．总分类科目与明细分类科目的关系

总分类科目与明细分类科目之间既有联系又有区别，总分类科目是概括地反映会计要素的具体内容，提供的是总括性的指标。而明细分类科目是详细地反映会计要素的具体内容，提供的是比较详细具体的指标。总分类科目对明细分类科目具有统驭控制作用，而明细分类科目则是对总分类科目的具体化和详细说明。

下面以生产成本为例，说明总分类科目和各级明细分类科目之间的关系，见表3-2。

表3-2 总分类科目与各级明细分类科目之间的关系

总分类科目（一级科目）	明细分类科目	
	二级明细科目	三级明细科目
生产成本	甲产品	直接材料
		直接人工
		制造费用
	乙产品	直接材料
		直接人工
		制造费用

（三）会计科目运用举例

【例3-1】从银行提取现金300元。

该项业务应设置"银行存款"和"库存现金"科目。

【例3-2】购买材料7 000元，料款尚未支付。

该项业务应设置"原材料"和"应付账款"科目。

【例3-3】某投资者投入设备一台，价值300 000元。

该项业务应设置"实收资本"和"固定资产"科目。

【例3-4】某企业销售产品一批，价值3 000元，货款尚未收到。

该项业务应设置"主营业务收入"和"应收账款"科目。

三、账户

（一）账户的概念

会计科目只是对会计要素的具体内容进行分类的项目，没有一定的结构格式，它本身不能进行具体的核算。为了全面、连续、系统地把经济业务的发生而引起会计要素的增减变动情况记录下来，还必须根据会计科目开设账户。

账户是根据会计科目设置的，具有一定格式，用来分类、连续地记录经济业务，反映会计要素增减变动及其结果的一种核算工具。设置账户是会计核算的一种专门方法，通过设置账户可以对大量繁杂的经济业务进行分类核算和监督，从而提供不同性质和内容的会计信息。

（二）账户与科目的关系

账户与会计科目是两个既有联系又有区别的概念。账户是根据会计科目开设的，会计科目是会计账户的名称。账户是会计科目的具体运用，没有会计科目，账户便失去了设置的依据；没有账户，会计科目就无法发挥作用。

账户与会计科目的共同点在于：两者都是对经济业务内容分类，都说明一定的经济业务内容，并且分类的指标、口径是一致的。两者不同点在于：会计科目只是对会计要素具体内容的分类，本身没有结构；而账户不仅表明经济业务的内容，而且具有一定的结构格式，并可以把经济业务内容的增减变动及其结果具体记录下来，提供具体的数据资料。因此，账户与会计科目相比，内容更为丰富，分类更为明细。然而由于会计科目就是账户的名称，所以在实际工作中，会计科目与账户常被当成同义语来理解，互相通用，不加区别。

在实际工作中，为满足会计核算的要求，应分别按总分类科目开设总分类账，进行总分类核算，提供总分类核算指标；按明细分类科目开设明细分类账，进行明细分类核算，提供明细分类核算指标。

（三）账户的基本结构及格式

账户的结构是指账页的格式。账户要记录由于经济业务发生而引起的各会计要素的增减变化，就必须要拥有一定格式的账页。

作为账户，首先需要一个名称（会计科目），账户的名称规定了账户所要核算的经济业务内容。经济业务的发生，引起资产、负债和所有者权益项目金额的变化错综复杂，但归纳起来不外乎增加和减少两种情况。因此，用来记录其变化的账户，其基本结构至少要有两个部分：一部分反映增加数，一部分反映减少数。同时，为了反映增减变化的结果，账户还需要设置反映余额的部分。账户中还应简要记录登记账户的时间、依据等。

一个完整的账户结构，一般应包括以下内容：①账户的名称，即会计科目；②日期和凭证号数，即用来说明账户记录的日期及依据；③摘要，即经济业务的简要说明；④反映增加和减少的金额；⑤余额。具体见表3-3。

表3-3 账户名称（会计科目）

年		凭证编号	摘要	借方	贷方	借或贷	余额
月	日						

在教学中，为了便于授课和学习，通常采用一种简化的格式来表示，即"T"形账户，其具体格式如图3-1所示。

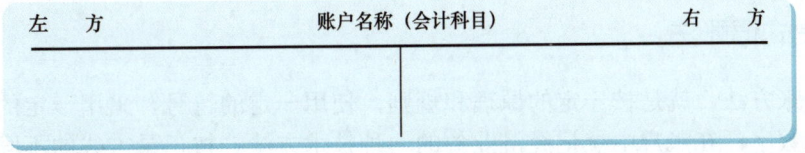

图3-1 "T"形账户示意图

账户一般有四个金额要素，即期初余额、本期增加额、本期减少额和期末余额。本期增加额是指在一定的会计期间内，记录到增加方的金额；本期减少额是指在一定的会计期间内，记录到减少方的金额。本期增加金额合计和本期减少金额合计，也称为本期增加发生额和本期减少发生额。本期增加发生额和本期减少发生额相抵后的差额即为本期的期末余额。本期的期末余额转入下一期就是期初余额。上述四项金额的关系可以用公式表示为

$$本期期末余额=本期期初余额+本期增加发生额-本期减少发生额$$

账户的左右两方是按相反方向来记录增加额和减少额的，也就是说，如果账户在左方记录增加额，则在右方记录减少额；反之，如果账户在右方记录增加额，则在左方记录减少额。在每一个具体账户的左右两方中，究竟哪一方记录增加额，哪一方记录减少额，取决于所采用的记账方法和账户所记录的经济内容。账户的余额一般与记录增加额在同一方向。

例如，某企业在某一会计期间"库存商品"账户记录如图3-2所示。

左　　方	库存商品	右　　方	
期初余额	100 000		
本期增加	80 000	本期减少	110 000
本期增加发生额	80 000	本期减少发生额	110 000
期末余额	70 000		

图3-2　"库存商品"账户结构

（四）账户的设置

账户的开设应与会计科目的设置相适应，会计科目分为总分类科目、二级明细科目和三级明细科目，账户也应相应地分为总分类账（一级账户）和明细分类账（二、三级账户）。总分类账所属的各明细分类账余额合计与总分类账余额相等。

所以总分类账是明细分类账的统驭账户，它对明细分类账起着控制作用；明细分类账则是总分类账的从属账户，它对总分类账起着辅助和补充作用，两者结合起来就能概括而详细地反映同一经济业务的核算内容。

第二节　复式记账

一、复式记账法

所谓记账方法，就是按一定的原理和规则，使用一定的符号，采用一定的计量单位，利用文字和数字，在账户中登记经济业务的一种技术方法。按记录方式的不同，记账方法有单式与复式之分，即单式记账法和复式记账法。

单式记账法是指对发生的每一项经济业务所引起的会计要素增减变动，一般只从一个方面在一个账户中进行单方面记录的方法。这种单方面记录一般只记录库存现金、银行存款的收付业务和应收、应付款的结算等业务。例如，用库存现金500元购买办公用品，在记账时，只记库存现金减少500元，至于办公用品增加500元则略而不记。可见，单式记账法的优点为记账手续简单，易学易懂，但是它不能全面反映经济业务的来龙去脉，只是孤立地反映一项经济业务引起资金运动的某一方面变化，难以保证账户记录的正确性。因此，单式记账法只能在商品经济不发达、经济业务十分简单的情况下采用。

复式记账法是指对发生每一项经济业务所引起会计要素的增减变动，都以相等的金额，同时在两个或两个以上相互联系的账户中进行登记的一种记账方法。复式记账法是一种科学的记账方法，在复式记账法下账户体系设置完整，可以将经济业务引起的会计要素的增减变动，在两个或两个以上相互联系的账户中全面、系统地进行记录，可以全面、系统地反映经济业务的来龙去脉，可以对账户记录的结果进行试算平衡，以检查账簿记录的正确性。

复式记账法根据其使用的记账符号、记账规则、试算方法的不同，又可具体分为借贷记账法、增减记账法和收付记账法等。目前，世界各国广泛采用借贷记账法，我国颁布的《企业会计准则》规定所有企业一律采用借贷记账法记账。因此，借贷记账法成为各行各业广泛采用的复式记账法。

二、借贷记账法

（一）借贷记账法的产生和发展

借贷记账法是以借、贷二字作为记账符号的一种复式记账法。

借贷记账法起源于西方资本主义商品经济发展较早的意大利，是适应十二、十三世纪商业资本和借贷资本经营管理的需要而产生的。借、贷二字的最初含义是从借贷资本家的角度解释的，借贷资本家把从债权人借入的款项，记在贷主名下，表示自身债务的增加。借贷资本家把向债务人贷出的款项，记在借主名下，表示自身债权的增加。借贷资本家的主要经营业务就是款项的借入和贷出，因此用借、贷二字表示自身与债权人、债务人之间的借贷关系及其变化。

随着商品经济的发展、经济活动内容的拓宽以及其他行业逐步采用借贷记账法，记录的经济业务也由借贷业务扩展到财产物资、成本费用、经营损益等业务，对于非借贷业务也用借、贷二字说明其增减变动情况。这时，借、贷二字便逐渐失去了原来的含义，转化为纯粹的记账符号，成为会计的专门用语。借贷记账法随着经济的发展和管理水平的提高，经过了上百年的不断健全和完备，直至15世纪有会计学者提出了借贷记账法的理论依据，确立了借贷记账法的记账规则，借贷记账法才逐渐成为一种科学的记账方法。

（二）借贷记账法的内容

借贷记账法是以"借""贷"为记账符号，记录和反映经济业务增减变化及结果的一种复式记账法。借贷记账法的基本内容包括记账符号、账户结构、记账规则和试算平衡四项。

1. 记账符号

借贷记账法以"借""贷"作为记账符号，来表示账户金额的增减变动；把每个账户结构都划分为"借方""贷方"和"余额"三栏。借方在左，贷方在右，以反映资金变动情况。至于"借""贷"究竟表示增加数还是减少数，则要视账户的性质而定，具体见表3-4。

表3-4 记账符号

账户类别	借方	贷方
资产	增加	减少
费用	增加	减少
负债	减少	增加
所有者权益	减少	增加
收入	减少	增加

2. 账户结构

账户的具体结构取决于其本身的性质。按照会计等式"资产+费用=负债+所有者权益+收入"，把账户分为两类性质不同的账户。处于等式左边的资产和费用账户为一类，反映资金的占用形式，其借方记录增加，贷方记录减少；处于等式右边的负债、所有者权益和收入账户为一类，反映资金的来源渠道，其贷方记录增加，借方记录减少。

（1）资产类、成本类账户。资产类、成本类账户的结构是：借方登记增加额，贷方登记减少额。期末余额一般在借方，表示资产、成本类账户的期末实有数额。资产、成本类账户的结构如图3-3所示。

借方	资产、成本类账户		贷方
期初余额	×××		
本期增加	×××	本期减少	×××
本期发生额	×××	本期发生额	×××
期末余额	×××		

图3-3 资产、成本类账户结构图

该类账户期末余额计算公式为

资产、成本类账户期末借方余额=期初借方余额+本期借方发生额-本期贷方发生额

（2）负债及所有者权益类账户。负债及所有者权益类账户的结构是：贷方登记增加额，借方登记减少额。期末余额一般在贷方，表示负债及所有者权益的期末实有数额。负债及所有者权益类账户的结构如图3-4所示。

借方	负债及所有者权益类账户	贷方
		期初余额 ×××
本期减少 ×××	本期增加 ×××
本期发生额 ×××	本期发生额 ×××
	期末余额 ×××

图3-4　负债及所有者权益类账户结构图

该类账户期末余额计算公式为

负债及所有者权益类账户期末贷方余额=期初贷方余额+本期贷方发生额−本期借方发生额

（3）费用类账户。费用类账户的结构是：借方登记增加额，贷方登记减少（结转）额。期末结转后通常没有余额。费用类账户的结构如图3-5所示。

借方	费用类账户	贷方
本期增加 ×××	本期减少（结转） ×××
本期发生额 ×××	本期发生额 ×××

图3-5　费用类账户结构图

（4）收益类账户。收益类账户结构与负债及所有者权益类账户基本相同，账户贷方登记增加额，借方登记减少（结转）额。期末结转后通常没有余额。收益类账户的结构如图3-6所示。

借方	收益类账户	贷方
本期减少（结转） ×××	本期增加 ×××
本期发生额 ×××	本期发生额 ×××

图3-6　收益类账户结构图

在借贷记账法下，各类账户的余额与记录增加额的方向一致，即资产、成本类账户的期末余额一般在借方，负债及所有者权益类账户的期末余额一般在贷方。因此，我们可以根据账户余额所在的方向，判断账户的性质，即账户若是借方余额，则为资产、成本类账户；若是贷方余额，则为负债及所有者权益类账户。

综合以上对各类账户结构的说明，将全部借方和贷方所记录的经济内容加以归纳，如图3-7所示。

借　方	账户名称	贷　方
增加：		增加：
资产		负债
成本		所有者权益
费用		收入
减少：		利润
负债		减少：
所有者权益		资产
收入		成本
利润		费用
期末余额：资产和成本的余额		期末余额：负债和所有者权益的余额

图3-7　各类账户结构

3. 记账规则

借贷记账法的记账规则是：有借必有贷，借贷必相等。它包含两方面的含义：①对于任何一项经济业务，如果在一个账户的借方进行了登记，就必须同时在另外一个或几个账户的贷方进行登记；如果在一个账户的贷方进行了登记，就必须同时在另外一个或几个账户的借方进行登记。②在借方账户登记的金额与贷方账户登记的金额必须相等。

下面举例说明借贷记账法的记账规则。

【例3-5】昌南公司20××年2月1日收到亚太集团投入的资本600 000元并存入银行。

该项经济业务的发生，一方面引起资产要素中"银行存款"账户的增加，应记其借方；另一方面引起所有者权益要素中"实收资本"账户的增加，应记其贷方。记录结果如图3-8所示。

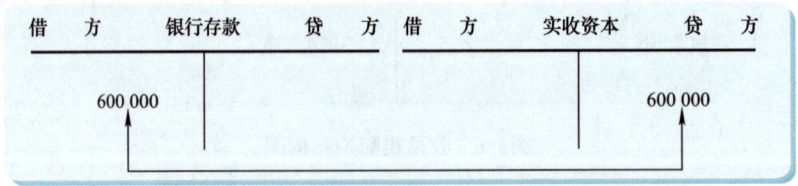

图3-8　"银行存款""实收资本"账户登记图

【例3-6】2月3日昌南公司用银行存款150 000元偿还前欠泰安公司的材料款。

该项经济业务的发生，一方面引起资产要素中"银行存款"账户的减少，应记其贷方；另一方面引起负债要素中"应付账款"账户的减少，应记其借方。记录结果如图3-9所示。

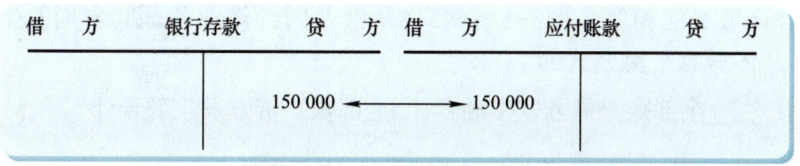

图3-9 "银行存款""应付账款"账户登记图

【例3-7】2月8日，昌南公司以银行存款购买设备一台，价款500 000元。

该项经济业务的发生，一方面引起资产要素中"银行存款"账户的减少，应记其贷方；另一方面引起资产要素中"固定资产"账户的增加，应记其借方。记录结果如图3-10所示。

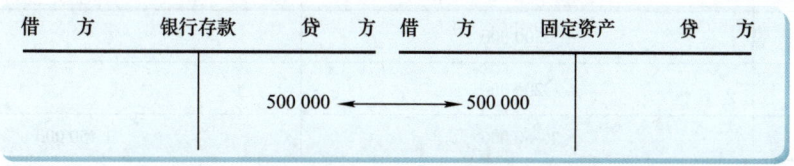

图3-10 "银行存款""固定资产"账户登记图

【例3-8】2月10日，昌南公司用资本公积200 000元转增资本。

该项经济业务的发生，一方面引起所有者权益要素中"资本公积"账户的减少，应记其借方；另一方面引起所有者权益中"实收资本"账户的增加，应记其贷方。记录结果如图3-11所示。

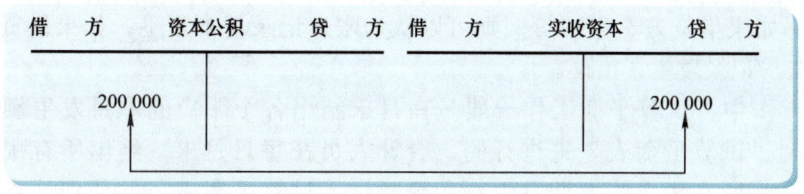

图3-11 "资本公积""实收资本"账户登记图

通过上面的例题可以看出，不管是资产与负债或所有者权益同增同减的业务，还是资产内部一增一减的业务，或是负债和所有者权益内部一增一减的业务，都同样适用于"有借必有贷，借贷必相等"的记账规则。

4．试算平衡

试算平衡就是根据"资产=负债+所有者权益"的平衡关系，和"有借必有贷，借贷必相等"的记账规则，通过汇总计算和比较，来检查账户记录的正确性和完整性的一种方法。

试算平衡的方法包括"账户发生额试算平衡法"和"账户余额试算平衡法"两种。

（1）账户发生额试算平衡法。采用借贷记账法，由于每一笔经济业务发生后，在记入一个或几个账户借方的同时，又以相等的金额记入另一个或几个账户的贷方，因此，当一定会计期间内的全部经济业务都记入有关账户后，所有账户的借方发生额合计数与

贷方发生额合计数必然相等。例3-5～例3-8所涉及的经济业务，其本期发生额试算平衡表见表3-5。具体试算平衡公式为

全部账户借方发生额合计=全部账户贷方发生额合计

表3-5 本期发生额试算平衡表

会计科目	本期发生额	
	借方	贷方
银行存款	⑤600 000	⑥150 000 ⑦500 000
实收资本		⑤600 000 ⑧200 000
应付账款	⑥150 000	
固定资产	⑦500 000	
资本公积	⑧200 000	
合计	1 450 000	1 450 000

（2）账户余额试算平衡法。会计期末，资产类和成本类账户一般为借方余额，表示期末资产总额；负债和所有者权益类账户一般为贷方余额，表示期末权益总额；损益类账户期末没有余额。因此，根据会计等式"资产=负债+所有者权益"的平衡关系，可以得出：所有账户的借方余额合计数应与所有账户的贷方余额合计数相等，用公式表示为

全部账户期初（期末）借方余额合计=全部账户期初（期末）贷方余额合计

这样我们就可以通过所有账户借贷两方本期发生额和期末余额的试算，来检查账户记录是否正确。如果借贷方金额相等，则可以认为账户记录基本正确；如果借贷方金额不相等，则表明账户记录发生了错误。

在实际工作中，试算平衡工作一般是在月末结出各个账户的本月发生额和月末余额后，通过编制"试算平衡表"来进行的。会计人员在每月月末，结出所有账户本期发生额及余额后，将所有账户的本期发生额和余额过入试算平衡表，并分别计算出"期初余额""本期发生额"和"期末余额"借、贷方各自的合计数，验证账户记录是否存在发生额及余额的平衡关系。例3-5～例3-8所涉及的经济业务，其余额试算平衡表见表3-6。

表3-6 余额试算平衡表

会计科目	期初余额		本期发生额		期末余额	
	借方	贷方	借方	贷方	借方	贷方
银行存款	1 000 000		600 000	650 000	950 000	
实收资本		900 000		800 000		1 700 000
应付账款		250 000	150 000			100 000
固定资产	400 000		500 000		900 000	
资本公积		250 000	200 000			50 000
合计	1 400 000	1 400 000	1 450 000	1 450 000	1 850 000	1 850 000

应当注意的是，试算平衡表只是通过借贷金额是否平衡来检查账户记录是否正确。如果借贷不平衡，可以肯定账户的记录或计算有误，应进一步查明原因，予以纠正；但是，如果试算平衡，并不能说明账户记录一定正确，这是因为有些错误并不影响借贷双方的平衡，如某项经济业务在有关账户中被重记、漏记，或错记了账户，或借贷方向记反了等，诸如此类的错误，并不能通过试算平衡而检查出来。

（三）会计分录和账户的对应关系

1. 会计分录

为了保证账户记录的正确性，在账户中记录任何一笔交易或者事项，都应当根据交易或者事项所涉及的账户名称及其应借、应贷的方向和金额，编制会计分录。

所谓会计分录，是对每项交易或者事项按照复式记账的要求，确定账户名称、借贷方向和金额的一种记录。编制会计分录是会计工作的初始阶段，是对经济业务所做的会计确认，会计分录是登记账簿的依据。

会计分录应具备三项基本内容：账户名称、记账符号和应记金额。

运用借贷记账法编制会计分录的步骤：

第一，确定账户，分析经济业务的内容，确定所涉及的账户名称及其类别。

第二，确定方向，分析账户应记金额是增还是减，依据账户的性质，判断应该记入该账户的借方还是贷方。

第三，确定金额，分析经济业务的金额是多少，据以确定应该记入账户中的金额。

编制会计分录应当注意的格式要求如下：

（1）先借后贷，借贷分行写，且相互错一格或两格。

（2）同行文字与金额的数字应适当错开位置。

（3）复合会计分录的借方或贷方的文字和金额数字必须分别对齐。

例如前面4笔经济业务可做如下会计分录：

【例3-9】

借：银行存款　　　　　　　　　　　　　　　　　　600 000
　　贷：实收资本　　　　　　　　　　　　　　　　　　600 000

【例3-10】

借：应付账款　　　　　　　　　　　　　　　　　　150 000
　　贷：银行存款　　　　　　　　　　　　　　　　　　150 000

【例3-11】

借：固定资产　　　　　　　　　　　　　　　　　　500 000
　　贷：银行存款　　　　　　　　　　　　　　　　　　500 000

【例3-12】

借：资本公积　　　　　　　　　　　　　　　　　　200 000
　　贷：实收资本　　　　　　　　　　　　　　　　　　200 000

会计分录按其所反映的经济业务复杂程度，分为简单分录和复合分录两种。所谓简单分录是指由两个账户组成的会计分录，即"一借一贷"的会计分录；所谓复合分录是指由两个以上账户组成的一借多贷、多借一贷和多借多贷的会计分录。

现将复合分录举例如下：

【例3-13】昌南公司从长安公司购入原材料一批75 000元，其中50 000元以银行存款支付，余款25 000元暂欠（不考虑增值税）。

该项经济业务的发生，一方面引起企业资产原材料的增加，应在"原材料"账户的借方登记；另一方面引起企业的另一项资产银行存款的减少，应在"银行存款"账户的贷方登记；余款暂欠确认为企业负债增加，应在"应付账款"账户的贷方登记。其会计分录为：

借：原材料　　　　　　　　　　　　　　　　　　　　　75 000
　　贷：银行存款　　　　　　　　　　　　　　　　　　　50 000
　　　　应付账款　　　　　　　　　　　　　　　　　　　25 000

需要注意的是，为了便于了解经济活动的内容，使账户对应关系清晰明确，我们一般编制"一借一贷""一借多贷""多借一贷"的会计分录，经济业务本身需要时，也可以编制"多借多贷"的会计分录，但不能将不同性质的多笔经济业务合并编制"多借多贷"的会计分录。

2. 账户的对应关系

我们从上面几项经济业务可以看出，采用借贷记账法，对每一项经济业务进行账务处理时，都会在两个或两个以上相互联系的账户中进行登记，这样就在有关账户间形成了一种应借、应贷的对应关系，账户之间的这种相互依存的关系，就是账户的对应关系。发生对应关系的账户，称为对应账户。

【例3-14】昌南公司20××年2月1日收到亚太集团投入的资本600 000元存入银行。编制的会计分录为：

借：银行存款　　　　　　　　　　　　　　　　　　　　600 000
　　贷：实收资本　　　　　　　　　　　　　　　　　　　600 000

"银行存款"账户的借方和"实收资本"账户的贷方分别登记了600 000元，这样"银行存款"和"实收资本"两个账户就发生了对应关系，这两个账户也就成了对应账户。掌握账户对应关系很重要，通过账户的对应关系可以了解经济业务的内容，检查经济业务的处理是否正确。

第三节　总分类账户与明细分类账户的平行登记

一、总分类账户与明细分类账户平行登记的内容

平行登记是指对每笔经济业务事项都要以会计凭证为依据，一方面记入有关总分类账户，另一方面又要记入其所属明细分类账户。平行登记的四个要点是：

（1）同期间。即将一笔经济业务在记入总分类账户和其所属明细分类账户过程中，可以有先有后，但必须在同一会计期间全部登记入账。

（2）同方向。即总分类账户的登记在借方，明细分类账户也应登记在借方；总分类账户的登记在贷方，明细分类账户也应登记在贷方。

（3）同依据。即对发生的经济业务，都要以相同的会计凭证为依据，既登记有关总分类账户，又登记其所属的明细分类账户。

（4）同金额。即将一笔经济业务记入几个明细分类账户时，则记入总分类账户的金额应与记入几个明细分类账户的金额之和相等。具体包括：

总分类账户本期发生额＝其所属明细分类账户本期发生额合计

总分类账户期末余额＝其所属明细分类账户期末余额合计

二、总分类账户与明细分类账户平行登记举例

昌南公司20××年3月1日有关"原材料"和"应付账款"总分类账户及其所属明细分类账户的月初余额如下：

"原材料"总分类账户借方余额78 000元，其中甲材料300千克，每千克200元，计60 000元，乙材料900千克，每千克20元，计18 000元。"应付账款"总分类账户贷方余额9 500元，其中泰安公司明细账户贷方余额5 500元，泰达公司明细账户贷方余额4 000元。

昌南公司20××年3月份发生以下经济业务：

（1）3月3日，从中北公司购入乙材料400千克，每千克20元，计8 000元；购入丙材料1 000件，每件4元，计4 000元。材料均已验收入库，货款未付。

（2）3月5日，用银行存款偿还泰安公司货款4 000元。

（3）3月8日，向泰达公司购入丙材料200件，每件4元，计800元。材料均已验收入库，货款未付。

（4）3月15日，仓库发出原材料投入A产品生产，其中甲材料200千克，每千克200元，计40 000元；乙材料500千克，每千克20元，计10 000元；丙材料1 000件，每件4元，计4 000元。合计54 000元。

要求：根据期初资料，登记"原材料"和"应付账款"总分类账户及其所属明细分类账。

【工作过程】

（1）根据本月发生的经济业务，编制会计分录如下：

① 借：原材料——乙材料　　　　　　　　　　　　　　8 000
　　　　　　——丙材料　　　　　　　　　　　　　　4 000
　　　贷：应付账款——中北公司　　　　　　　　　　12 000

② 借：应付账款——泰安公司　　　　　　　　　　　　4 000
　　　贷：银行存款　　　　　　　　　　　　　　　　4 000

③ 借：原材料——丙材料　　　　　　　　　　　　　　800
　　　贷：应付账款——泰达公司　　　　　　　　　　800

④ 借：生产成本——A产品　　　　　　　　　　　　　54 000
　　　贷：原材料——甲材料　　　　　　　　　　　　40 000
　　　　　　——乙材料　　　　　　　　　　　　　　10 000
　　　　　　——丙材料　　　　　　　　　　　　　　4 000

（2）根据会计分录，登记"原材料"和"应付账款"总分类账户及其所属明细分类账。

会计人员根据审核后的转账凭证登记"原材料"总账和明细账（表3-7～表3-10）。

表3-7　原材料总账

20××年		凭证号数	摘　要	借方金额	贷方金额	借或贷	余　额
月	日						
3	1		期初余额			借	78 000
	3	①	乙、丙材料入库	12 000		借	90 000
	8	③	丙材料入库	800		借	90 800
	15	④	领用材料		54 000	借	36 800
	31		本月合计	12 800	54 000	借	36 800

表3-8　原材料明细账

材料编号：3001　　　　　　　　　　　　　　　计量单位：千克
材料类别：原料及主要材料　　　　　　　　　　存放地点：1号仓库
品名及规格：甲材料　　　　　　　　　　　　　储备定额：4 000

20××年		凭证号数	摘　要	收　入			发　出			结　存		
月	日			数量	单价	金额	数量	单价	金额	数量	单价	金额
3	1		月初余额							300	200	60 000
	15	④	领用				200	200	40 000	100	200	20 000
	31		本月合计				200	200	40 000	100	200	20 000

表3-9　原材料明细账

材料编号：3002　　　　　　　　　　　　　　　计量单位：千克
材料类别：原料及主要材料　　　　　　　　　　存放地点：1号仓库
品名及规格：乙材料　　　　　　　　　　　　　储备定额：3 000

20××年		凭证号数	摘　要	收　入			发　出			结　存		
月	日			数量	单价	金额	数量	单价	金额	数量	单价	金额
3	1		月初余额							900	20	18 000
	3	①	购入	400	20	8 000				1 300	20	26 000
	15	④	领用				500	20	10 000	800	20	16 000
	31		本月合计	400	20	8 000	500	20	10 000	800	20	16 000

表3-10　原材料明细账

材料编号：3003　　　　　　　　　　　　　　　计量单位：件
材料类别：原料及主要材料　　　　　　　　　　存放地点：2号仓库
品名及规格：丙材料　　　　　　　　　　　　　储备定额：2 000

20××年		凭证号数	摘　要	收　入			发　出			结　存		
月	日			数量	单价	金额	数量	单价	金额	数量	单价	金额
3	3	①	购入	1 000	4	4 000				1 000	4	4 000
	8	③	购入	200	4	800				1 200	4	4 800
	15	④	领用				1 000	4	4 000	200	4	800
	31		本月合计	1 200	4	4 800	1 000	4	4 000	200	4	800

会计人员根据审核后的转账凭证登记"应付账款"总账和明细账（表3-11～表3-14）。

表3-11　应付账款总账

20××年		凭证号数	摘　要	借方金额	贷方金额	借或贷	余　额
月	日						
3	1		期初余额			贷	9 500
	3	①	购入乙、丙材料		12 000	贷	21 500
	5	②	偿还货款	4 000		贷	17 500
	8	③	购入丙材料		800	贷	18 300
	31		本月合计	4 000	12 800	贷	18 300

表3-12　应付账款明细账

二级科目编号及名称：泰安公司

20××年		凭证号数	摘　要	借方金额	贷方金额	借或贷	余　额
月	日						
3	1		月初余额			贷	5 500
	5	②	偿还货款	4 000		贷	1 500
	31		本月合计	4 000		贷	1 500

表3-13　应付账款明细账

二级科目编号及名称：泰达公司

20××年		凭证号数	摘　要	借方金额	贷方金额	借或贷	余　额
月	日						
3	1		月初余额			贷	4 000
	8	③	购入丙材料		800	贷	4 800
	31		本月合计		800	贷	4 800

表3-14　应付账款明细账

二级科目编号及名称：中北公司

20××年		凭证号数	摘　要	借方金额	贷方金额	借或贷	余　额
月	日						
3	3	①	购入乙、丙材料		12 000	贷	12 000
	31		本月合计		12 000	贷	12 000

（3）根据本期"原材料"和"应付账款"明细分类账户的记录，分别编制本期发生额及余额表（表3-15和表3-16）。

表3-15　"原材料"总分类账户所属明细分类账户发生额及余额表

	原材料总分类账户	原材料明细分类账户			
		合计	甲材料	乙材料	丙材料
期初余额	78 000	78 000	60 000	18 000	—
本期借方发生额	12 800	12 800	—	8 000	4 800
本期贷方发生额	54 000	54 000	40 000	10 000	4 000
期末余额	36 800	36 800	20 000	16 000	800

表3-16 "应付账款"总分类账户所属明细分类账户发生额及余额表

	应付账款总分类账户	应付账款明细分类账户			
		合计	泰安公司	泰达公司	中北公司
期初余额	9 500	9 500	5 500	4 000	—
本期借方发生额	4 000	4 000	4 000	—	—
本期贷方发生额	12 800	12 800	—	800	12 000
期末余额	18 300	18 300	1 500	4 800	12 000

思 考 题

1. 会计科目和账户的关系是什么？
2. 复式记账法的理论基础及优缺点是什么？
3. 借贷记账法的具体内容有哪些？
4. 总分类账与明细分类账平行登记的要点是什么？

第四章 企业主要经济业务的核算

知识学习目标

※ 掌握资金筹集过程的账户设置、核算内容及账务处理
※ 掌握供应过程的账户设置、核算内容及账务处理
※ 掌握生产过程的账户设置、核算内容及账务处理
※ 掌握销售过程的账户设置、核算内容及账务处理
※ 掌握财务成果形成和分配过程的账户设置、核算内容及账务处理

能力训练目标

※ 能计算借款利息
※ 能计算外购材料的采购成本
※ 能分配制造费用并计算产品成本
※ 能计算销售成本和其他业务成本
※ 能计算营业利润、利润总额、所得税费用和净利润
※ 能进行利润分配
※ 能根据制造业企业的主要经济业务事项进行账务处理

企业从事生产经营活动，必须拥有一定数量的资金。这些资金主要是所有者投入和债权人提供，随着生产经营活动的进行，不断地被运用出去，其形态也相应地从货币资金变成生产资金，最后再变成货币资金。这种变化周而复始不断进行，形成了资金的循环和周转。

企业的生产经营过程一般可以分为三个阶段，即供应过程、生产过程和销售过程。企业从各种渠道筹集的资金，首先表现为货币资金，在供应过程中，企业以货币资金建造或购买厂房、建筑物、机器设备和各种材料物资，为进行产品生产准备必要的劳动资料，这时资金就从货币资金形态转化为固定资金形态和储备资金形态。

在生产过程中，劳动者借助于劳动资料对劳动对象进行加工，制造出各种为社会所需要的产品。在产品生产过程中发生的各种材料费用、固定资产折旧费用、工资费用等生产费用的总和构成了产品成本。这时资金从固定资金、储备资金和货币资金形态转化为生产资金形态。

随着产品的完工和验收入库，资金又从生产资金形态转化为成品资金形态。在销售过程中，企业将产品销售出去，收回货币资金，这时资金从成品资金形态转化为货币资金形态。

为了及时计算一个企业在一定时期内的财务成果，将企业一定会计期间所取得的全部收入与全部费用相抵。如果收入大于费用，即为利润；如果收入小于费用，则为亏损。如果形成利润，还应按照有关规定进行利润分配。通过分配，一部分资金退出企业，一部分资金又重新投入企业生产经营的循环和周转。

因此，随着企业生产经营活动的进行，资金以货币资金→储备资金→生产资金→成品资金→货币资金的形式不断运动。

综上所述，制造企业可根据生产经营活动过程中各环节的业务特点，将其主要经济业务分为资金筹集业务、购进业务、生产业务、销售业务、期间费用、利润形成及分配业务等。

第一节 资金筹集业务的核算

资金的筹集渠道主要有两个：一是所有者投入；二是向债权人借入。因此，资金筹集业务的核算主要包括所有者投入资本业务的核算和向债权人借入资金业务的核算。

一、所有者投入资本业务的核算

（一）投入资本的分类

投入资本是指企业的投资者实际投入企业经营活动的货币资金及各种财产物资，这部分资金是企业从事生产经营活动的基本条件，是企业独立承担民事责任的资金保证。

投入资本按其投资主体不同，分为国家投入资本、法人投入资本、个人投入资本和外商投入资本。

国家投入资本是指有权代表国家投资的政府部门或者投资机构以国有资产投入企业形成的资本金数额，包括国家以各种形式对企业的实物投资、货币投资，以及所有权属于国家的发明创造、技术成果等无形资产投资。

法人投入资本是指其他法人单位以其依法可以支配的资产投入企业形成的资本金数额，包括实物资产、货币资产和无形资产。

个人投入资本是指社会个人或本企业职工以其合法财产投入企业形成的资本金数额，个人资本金大部分是以货币形式投入的。

外商投入资本是指外国投资者以及我国港、澳、台投资者以其合法财产投入企业形成的资本金数额，包括实物资产、货币资产和无形资产等。

（二）投入资本的形式及计价

投入资本按其形式不同分为货币投资、实物投资和无形资产投资。货币投资是指投资者以货币形式投入的资本；实物投资是指投资者以厂房、设备、材料、商品等实物资产形式投入的资本；无形资产投资是指投资者以商标、专利、土地使用权等无形资产形式投入的资本。

企业收到投资者的投资，应按实际投资数额入账。其中以货币出资的，应按实际收到或存入企业开户银行的金额作为实收资本入账。以非货币资产投入的资本，应按投资各方确认的价值作为实收资本入账。企业在生产经营过程中所取得的收入和利得、所发生的费用和损失，不得直接增减投入资本。

（三）投入资本业务核算的账户设置

为了核算和反映所有者投入资本业务的增减变动情况及其结果，应设置"实收资本"账户。

1. "实收资本"账户

"实收资本"账户用来核算与反映企业实际收到投资者投入的资本增减变动的情况及其结果。

该账户属于所有者权益类账户，贷方登记企业实际收到的货币资金，投资者投入的房屋、建筑物、机器设备等固定资产，评估确认的无形资产以及资本公积金转增资本的价值；借方登记实收资本的减少，即投资者按法定程序收回投资或减少的股本数；期末余额在贷方，表示企业实际拥有的资本数额。

该账户应按投资者户名设置明细账，进行明细分类核算。

2. "银行存款"账户

"银行存款"账户用来核算和反映企业存入银行或其他金融机构的各种存款。

该账户属于资产类账户，借方登记企业银行存款的增加；贷方登记企业银行存款的减少；期末余额在借方，表示企业期末银行存款的余额。

该账户应分别按银行及其他金融机构和账户设置"银行存款日记账"，进行明细分类核算。

3. "库存现金"账户

"库存现金"账户用来核算和反映企业库存现金的收、支和结存情况。

该账户属于资产类账户，借方登记库存现金的收入；贷方登记库存现金的支出；期末余额在借方，表示企业期末库存现金的余额。

该账户应设置"现金日记账",进行明细分类核算。

(四)所有者投入资本业务的会计处理

所有者投入资本业务的核算,主要是反映实收资本的增减变动情况。

【例4-1】企业收到国家10 000 000元的货币资金投资,款项已存入银行。

该项经济业务的发生,一方面是款项已存入银行,使得银行存款增加10 000 000元;另一方面是企业收到国家投资,使企业的资本金增加10 000 000元。因此,该项经济业务涉及"银行存款"和"实收资本"两个账户。银行存款的增加是企业资产的增加,应记入"银行存款"账户的借方;资本金的增加是所有者权益的增加,应记入"实收资本"账户的贷方。该项经济业务的会计分录如下:

借:银行存款　　　　　　　　　　　　　　　　　10 000 000
　　贷:实收资本——国家　　　　　　　　　　　　　　10 000 000

该笔经济业务除登记"银行存款"和"实收资本"两个总分类账户以外,还应在"实收资本——国家"明细分类账户的贷方登记10 000 000元,在"银行存款日记账"的借方登记10 000 000元,进行明细分类核算。

【例4-2】企业收到甲单位投入的新设备2台,价值400 000元。

该项经济业务的发生,一方面使企业的固定资产增加400 000元;另一方面是企业收到法人单位的投资,使企业资本金增加400 000元。因此,该项经济业务涉及"固定资产"和"实收资本"两个账户。固定资产的增加是企业资产的增加,应记入"固定资产"账户的借方;资本金的增加是所有者权益的增加,应记入"实收资本"账户的贷方。该项经济业务的会计分录如下:

借:固定资产　　　　　　　　　　　　　　　　　　400 000
　　贷:实收资本——甲单位　　　　　　　　　　　　　400 000

该笔经济业务除登记"固定资产"和"实收资本"两个总分类账户外,还应在"实收资本——甲单位"明细分类账户的贷方登记400 000元,在固定资产明细账的借方登记400 000元,进行明细分类核算。

【例4-3】企业收到薛丹个人一项专利权投资,经评估确认价值为120 000元。

该项经济业务的发生,一方面使企业无形资产增加120 000元;另一方面企业收到个人投入的无形资产投资,使企业资本金增加120 000元。因此,该项经济业务涉及"无形资产"和"实收资本"两个账户。无形资产的增加是企业资产的增加,应记入"无形资产"账户的借方;资本金的增加是所有者权益的增加,应记入"实收资本"账户的贷方。该项经济业务的会计分录如下:

借:无形资产——专利权　　　　　　　　　　　　　120 000
　　贷:实收资本——薛丹　　　　　　　　　　　　　　120 000

该笔经济业务除登记"无形资产"和"实收资本"两个总分类账户外,还应在"实收资本——薛丹"明细账户的贷方登记120 000元,在"无形资产——专利权"明细分类账户的借方登记120 000元,进行明细分类核算。

【例4-4】企业收到A单位投资的甲材料一批,价值为200 000元。

该项经济业务的发生,一方面使企业原材料增加200 000元;另一方面企业收到原材料投资,使企业资本金增加200 000元。因此,该项经济业务涉及"原材料"和"实收资本"两个账户。原材料的增加是企业资产的增加,应记入"原材料"账户的借方;资本金的增加是所有者权益的增加,应记入"实收资本"账户的贷方,该项经济业务的会计分录如下:

借:原材料——甲材料　　　　　　　　　　　　　　　　　　　　200 000
　　　贷:实收资本——A单位　　　　　　　　　　　　　　　　　　200 000

该笔经济业务除登记"原材料"和"实收资本"两个总分类账户外,还应在"实收资本——A单位"明细账户的贷方登记200 000元,在"原材料——甲材料"明细分类账户的借方登记200 000元,进行明细分类核算。

二、向债权人借入资金的核算

(一)向债权人借入资金业务的主要内容

企业为了进行生产经营活动或扩大生产经营规模,除了从投资者处筹集资金外,还经常需要向银行或其他金融机构借入资金,包括短期借款、长期借款和应付债券。短期借款是指企业向银行或其他金融机构借入的期限在1年以下(含1年)的各种借款。长期借款是指企业向银行或其他金融机构借入的期限在1年以上(不含1年)的各种借款。应付债券是指企业依照法定程序发行,约定在一定期限内向债权人还本付息的具有一定价值的证券。向债权人借款业务核算的主要内容包括取得借款本金、计提利息、归还本金及利息等业务。

(二)向债权人借入资金业务核算的账户设置

1. "短期借款"账户

"短期借款"账户用来核算和反映企业向银行或其他金融机构借入的期限在1年以下(含1年)的各种借款。

该账户属于负债类账户,贷方登记企业借入的各种短期借款的本金数额;借方登记企业归还的短期借款本金数额;期末余额在贷方,表示企业尚未偿还的短期借款本金数额。

该账户应按贷款人设置明细分类账,并按借款的种类进行明细分类核算。

2. "长期借款"账户

"长期借款"账户用来核算和反映企业借入的期限在1年以上(不含1年)的各种借款。

该账户属于负债类账户,贷方登记企业借入的各种长期借款的本金及利息数额;借方登记各种长期借款本金和利息的归还数额;期末余额在贷方,表示企业尚未偿还的各种长期借款本金和利息数额。如果是分期支付利息,则本账户只核算借款本金部分。

该账户应按贷款人设置明细账,并按借款种类进行明细分类核算。

3. "应付债券"账户

"应付债券"账户用来核算和反映企业为筹集长期资金而实际发行的债券及应付利息。

该账户属于负债类账户,贷方登记发行债券的票面金额、溢价金额、债券应计利息及应摊销的折价金额;借方登记实际归还的债券本息、折价以及应摊销的溢价金额;期末余额在贷方,表示企业尚未归还的本息数。

该账户应按"债券面值""债券溢价""债券折价"和"应计利息"设置明细分类账户,并按债券的种类进行明细分类核算。

4．"财务费用"账户

"财务费用"账户用来核算与反映企业为筹集生产经营所需资金等而发生的筹资费用,包括利息支出(减利息收入)、汇兑损失(减汇兑收益)以及相关的银行手续费等。

该账户属于损益类账户,借方登记企业发生的各项财务费用;贷方登记利息收入及期末结转记入"本年利润"账户的金额;期末结转后该账户无余额。

该账户按照费用类别设置明细账,进行明细分类核算。

5．"应付利息"账户

"应付利息"账户用来核算企业按照合同约定应支付的利息。

该账户属于负债类账户,贷方登记资产负债表日按合同利率计算确定的应付未付利息;借方登记实际支付利息;期末余额在贷方,反映企业应付未付的利息。

(三)向债权人借入资金业务核算的会计处理

【例4-5】20××年3月1日企业取得一项期限为3个月,年利率为7.2%,到期还本付息的银行借款200 000元,所借款项存入银行。

该项经济业务的发生,一方面使企业银行存款增加200 000元;另一方面使企业短期借款增加200 000元。因此,该项经济业务涉及"银行存款"和"短期借款"两个账户。银行存款的增加是企业资产的增加,应记入"银行存款"账户的借方;短期借款的增加是负债的增加,应记入"短期借款"账户的贷方。该项经济业务的会计分录如下:

借:银行存款　　　　　　　　　　　　　　　　　　　　200 000
　　贷:短期借款　　　　　　　　　　　　　　　　　　　　　200 000

【例4-6】20××年3月10日企业为建造一幢厂房,向银行申请取得3年期借款2 000 000元,款项已存入企业银行账户。

该项经济业务的发生,一方面使企业银行存款增加2 000 000元,另一方面使企业长期借款增加2 000 000元。因此,该项经济业务涉及"银行存款"和"长期借款"两个账户。银行存款的增加是企业资产的增加,应记入"银行存款"账户的借方;长期借款的增加是负债的增加,应记入"长期借款"账户的贷方。该项经济业务的会计分录如下:

借:银行存款　　　　　　　　　　　　　　　　　　　　2 000 000
　　贷:长期借款　　　　　　　　　　　　　　　　　　　　　2 000 000

【例4-7】20××年3月20日企业经批准,按面值发行3年期企业债券25 000张,每张面值500元,票面利率10%。每半年计息一次,债券本息到期一次偿还。债券发行完毕,所得款项已存入银行。

该项经济业务的发生,一方面使企业银行存款增加12 500 000元;另一方面企业按面值发行3年期债券,使企业长期负债增加12 500 000元。因此,该项经济业务涉及"银行存款"和"应付债券"两个账户。银行存款的增加是企业资产的增加,应记入"银行存款"账户的借方;应付债券的增加是负债的增加,应记入"应付债券"账户的贷方。该项经济业务的会计分录如下:

借：银行存款　　　　　　　　　　　　　　　　　　　　　　　　12 500 000
　　贷：应付债券——债券面值　　　　　　　　　　　　　　　　　　12 500 000

【例4-8】20××年3月31日，预提当月短期借款利息。会计人员根据审核后的借款利息计算表计算本月利息=200 000×7.2%÷12×1=1 200（元），编制如下会计分录：

借：财务费用——利息支出　　　　　　　　　　　　　　　　　　　1 200
　　贷：应付利息　　　　　　　　　　　　　　　　　　　　　　　　1 200

20××年4月末、5月末，做相同的会计分录。

【例4-9】20××年6月1日短期借款到期，一次性以银行存款归还本金200 000元和利息3 600元。

该项经济业务的发生，一方面使企业短期借款减少200 000元，应付利息减少3 600元；另一方面使企业银行存款减少203 600元。因此，该项经济业务涉及"短期借款""应付利息"和"银行存款"三个账户。短期借款、应付利息的减少是企业负债的减少，应记入"短期借款"和"应付利息"账户的借方；银行存款的减少是资产的减少，应记入"银行存款"账户的贷方。该项经济业务的会计分录如下：

借：应付利息　　　　　　　　　　　　　　　　　　　　　　　　　3 600
　　短期借款　　　　　　　　　　　　　　　　　　　　　　　　　200 000
　　贷：银行存款　　　　　　　　　　　　　　　　　　　　　　　203 600

【例4-10】用银行存款支付银行手续费150元。

该项经济业务的发生，一方面使企业费用增加150元，应记入"财务费用"账户的借方；另一方面使企业银行存款减少150元，应记入"银行存款"账户的贷方。该项经济业务的会计分录如下：

借：财务费用——手续费　　　　　　　　　　　　　　　　　　　　　150
　　贷：银行存款　　　　　　　　　　　　　　　　　　　　　　　　　150

第二节　购进业务的核算

企业的购进业务主要包括固定资产的购进和材料的购进两种业务。

一、固定资产购进业务的核算

（一）固定资产购进业务的主要内容

企业为了进行产品生产，必须建造厂房、建筑物和购买机器设备等固定资产。

固定资产是指同时具有以下特征的有形资产：①为生产商品、提供劳务、出租或经营管理而持有的；②使用年限超过1年；③单位价值较高，如企业的房屋及建筑物、机器设备、运输设备以及其他与生产、经营有关的设备、器具、工具等。固定资产应按其取得时的成本作为入账的价值，取得时的成本包括买价、进口关税、运输和保险等相关费用，以及为使固定资产达到预定可使用状态前所发生的必要支出。

（二）固定资产购进业务核算的账户设置

为了核算固定资产购进业务，应设置"固定资产""在建工程"等账户。

1．"固定资产"账户

"固定资产"账户用来核算和反映企业固定资产原始价值的增减变动和结存情况。

该账户属于资产类账户，借方登记固定资产增加的原始价值；贷方登记固定资产减少的原始价值；期末余额在借方，反映企业期末结存的固定资产的原始价值。

该账户应按固定资产类别、使用部门和每项固定资产设置固定资产明细账或固定资产卡片，进行明细分类核算。

2．"在建工程"账户

"在建工程"账户用来核算和反映企业进行基建工程、安装工程、技术改造工程、大修理工程等发生的实际支出（包括需要安装设备的价值）。

该账户属于资产类账户，借方登记建造和安装过程中所发生的全部支出；贷方登记结转完工工程实际成本；期末借方余额，反映企业尚未完工的基建工程发生的各项实际支出。

该账户应按建筑工程、安装工程、技术改造工程等设置明细账，进行明细分类核算。

（三）固定资产购进业务的会计处理

固定资产购进业务的核算，主要是反映固定资产增加的业务。现以机器设备为例说明购进固定资产业务的会计处理。

企业购入的机器设备中，有的不需要安装即可投入生产使用，有的则需要安装、调试后才能投入生产使用。如果购入的是不需要安装的设备，应按购入时的实际成本（即原始价值）入账，实际成本包括买价、运杂费、包装费、缴纳的有关税金等；如果购入的是需要安装的设备，则应通过"在建工程"账户核算其安装工程成本，将其购进时支付的买价、运杂费、包装费以及安装时发生的安装费记入"在建工程"账户的借方。当安装工程达到预定可使用状态时，再按安装工程的全部支出（即实际成本），从"在建工程"账户的贷方转入"固定资产"账户的借方。

【例4-11】企业购入不需要安装的机器设备1台，买价230 000元，增值税进项税额29 900元，运费20 000元，增值税进项税额1 800元，包装费10 000元，增值税进项税额1 300元，全部款项已用银行存款支付。

该项经济业务的发生，一方面使企业固定资产增加260 000元，增值税进项税额增加33 000元，另一方面使企业银行存款减少293 000元。因此，该项经济业务涉及"固定资产""应交税费"和"银行存款"三个账户。固定资产的增加是企业资产的增加，应记入"固定资产"账户的借方；可以抵扣的进项税额是负债的减少，应记入"应交税费"账户的借方，银行存款的减少是资产的减少，应记入"银行存款"账户的贷方。该项经济业务的会计分录如下：

借：固定资产　　　　　　　　　　　　　　　　　260 000
　　应交税费——应交增值税（进项税额）　　　　 33 000
　　贷：银行存款　　　　　　　　　　　　　　　　　　　293 000

【例4-12】企业购入需要安装的机器设备1台,买价1 060 000元,增值税进项税额137 800元,包装费和运杂费分别为100 000元和75 000元,增值税进项税额分别为13 000元和6 750元,全部款项以银行存款支付。安装过程中领用库存原材料294 000元,应付安装人员工资161 000元。

该项经济业务的发生,一方面使企业的在建工程支出增加1 690 000元(1 060 000+175 000+294 000+161 000),增值税进项税额增加157 550元;另一方面使企业银行存款减少1 392 550元,库存材料减少294 000元,应付职工薪酬增加161 000元。因此,该项经济业务涉及"在建工程""银行存款""应交税费""原材料""应付职工薪酬"五个账户。在建工程支出的增加是长期资产的增加,应记入"在建工程"账户的借方;可以抵扣的进项税额是负债的减少,应记入"应交税费——应交增值税"账户的借方;银行存款和库存材料的减少是资产的减少,应记入"银行存款"和"原材料"账户的贷方;应付职工薪酬的增加是负债的增加,应记入"应付职工薪酬"账户的贷方。该项经济业务的会计分录如下:

  借:在建工程   1 690 000
    应交税费——应交增值税(进项税额)   157 550
    贷:银行存款   1 392 550
      原材料   294 000
      应付职工薪酬   161 000

【例4-13】例4-12所购设备安装完毕,达到预定可使用状态,结转安装工程成本。

安装工程达到预定可使用状态,使企业固定资产增加1 690 000元,应按实际成本记入"固定资产"账户的借方;结转完工工程成本,记入"在建工程"账户的贷方。应编制会计分录如下:

  借:固定资产   1 690 000
    贷:在建工程   1 690 000

二、材料购进业务的核算

(一)材料购进业务的主要内容

采购过程是制造业生产经营过程的第一阶段。制造企业要进行正常的生产经营活动,除购建固定资产外,还必须购买和储备一定品种和数量的材料。在企业购进材料的过程中,一方面从供应单位购进各种材料;另一方面要支付采购材料的货款和运输费、装卸费等各种采购费用,并与供应单位办理款项的结算。材料运达企业后,应由仓库验收并保管,以备生产车间或管理部门领用。采购过程中支付给供应单位的材料货款和各项采购费用,构成材料的采购成本。

受结算方式的制约,在与供应单位办理款项结算时,会出现三种情况:

1. 购进材料时直接支付货款

企业采用转账支票等结算方式或直接支付现金时,可以在购进材料的同时支付货款和采购费用。由于直接支付货款,一方面使企业材料增加;另一方面使企业的银行存款或现金减少。

2. 购进材料未付款

由于材料款尚未支付，因此形成企业的一项流动负债。这种情况一方面使得企业材料增加；另一方面负债增加。负债必须在将来按规定的时间偿还。

3. 预付购货款后取得材料

企业购进材料过程中有时需先预付部分购货款。企业虽先付款，但没有取得材料，这时不能作为材料增加处理，只能作为预付账款的增加。当收到材料时，再作为材料增加处理，同时冲减预付账款。

综上，材料购进业务的核算主要任务是：核算材料的买价和采购费用，确定材料的采购成本，以及由采购业务引起的与供应单位的货款结算。

（二）材料购进业务核算的账户设置

为了核算材料购进业务，应设置"在途物资""应付账款""预付账款""应交税费"等账户。

1."在途物资"账户

"在途物资"账户用来核算和反映企业各种外购材料物资买价和采购费用，并据以计算在途材料实际成本。

该账户属于资产类账户，借方登记外购材料的实际采购成本，包括买价和采购费用；贷方登记已验收入库材料物资的实际成本；期末余额在借方，表示在途材料的实际采购成本。

该账户应按材料的类别、品种或规格设置明细账，进行明细分类核算。

2."原材料"账户

"原材料"账户用来核算和反映企业各种库存材料增减变化和结存情况。

该账户属于资产类账户，借方登记已验收入库材料的实际成本；贷方登记领用材料的实际成本；期末余额在借方，表示各种库存材料的实际成本。

该账户应按材料的品种、类别、规格等设置明细账，进行明细分类核算。

3."应付账款"账户

"应付账款"账户用来核算和反映企业因购买材料、商品和接受劳务供应等而应付给供货单位的款项。

该账户属于负债类账户，贷方登记因购买材料、商品或接受劳务供应等而发生的应付未付的款项；借方登记已经支付的应付款项；期末余额在贷方，表示尚未偿还的款项。

该账户应按照供应单位设置明细账，进行明细分类核算。

如果企业按合同规定先预付货款，后购入材料、商品，则应在"预付账款"账户中核算。

4."预付账款"账户

"预付账款"账户用来核算和反映企业按照购货合同规定预付给供应单位的款项。

该账户属于资产类账户，借方登记按照合同规定预付给供应单位的货款和补付的款项；贷方登记收到所购货物的货款和退回多付的款项；期末余额如在借方，表示企业预付的款项,期末余额如在贷方,则表示企业尚未补付的款项。

该账户应按供应单位设置明细账,进行明细分类核算。

预付款项不多的企业,也可以将预付的款项直接记入"应付账款"账户的借方,不设置"预付账款"账户。

5. "应交税费"账户

"应交税费"账户用来核算和反映企业与国家税务机关之间各种税金的应缴和实缴情况,包括增值税、消费税、所得税、城市维护建设税、教育费附加等。

该账户属于负债类账户,贷方登记应缴纳的各种税金及增值税的销项税额、出口退税和进项税额转出;借方登记实际已缴纳的各种税金及增值税的进项税额;期末贷方余额,表示企业应缴未缴的各种税金,借方余额表示企业多缴的税金或尚未抵扣的增值税进项税额。该账户应按税种设置明细账,进行明细分类核算。

其中,"应交税费——应交增值税"是用来核算和反映企业应缴和实缴增值税结算情况的账户,其明细账还应分别设置"进项税额""销项税额""出口退税""进项税额转出""已交税金"等专栏。企业购买材料时向供货单位支付的增值税(进项税额)记入该账户的借方;企业销售产品时向购买单位收取的增值税(销项税额)记入该账户的贷方。

(三)材料购进业务核算的会计处理

材料采购业务的核算,主要涉及收料和付款两个方面。收料由材料仓库办理收料手续,会计部门根据材料仓库转来的收料单和供应单位开来的发票账单等办理付款并登记入账。

【例4-14】企业向顺华工厂购入甲材料,收到顺华工厂开来的增值税专用发票,数量是3 000千克,单价50元,价款150 000元,增值税进项税额19 500元,货款及增值税均以银行存款支付,材料尚未入库。

该项经济业务的发生,一方面使材料的购买支出增加150 000元,增值税进项税额增加19 500元;另一方面使企业银行存款减少169 500元。因此,该项经济业务涉及"在途物资""应交税费""银行存款"三个账户。支付的材料买价构成材料采购成本,应记入"在途物资"账户的借方;增值税进项税额应记入"应交税费——应交增值税"账户的借方;银行存款的减少是资产的减少,应记入"银行存款"账户的贷方。该项经济业务的会计分录如下:

借:在途物资——甲材料　　　　　　　　　　　　　　　　150 000
　　应交税费——应交增值税(进项税额)　　　　　　　　 19 500
　　贷:银行存款　　　　　　　　　　　　　　　　　　　　　　169 500

【例4-15】用银行存款支付例4-14中购入甲材料的运杂费9 000元,增值税810元,合计9 810元。

该项经济业务的发生,一方面使材料的采购费用支出增加9 000元,增值税进项税额增加810元;另一方面使企业银行存款减少9 810元。因此,该项经济业务涉及"在途物资""应交税费"和"银行存款"三个账户。支付的材料采购费用构成材料采购成本,应记入"在途物资"账户的借方;增值税进项税额应记入"应交税费——应交增值税"账户的借方;银行存款的减少是资产的减少,应记入"银行存款"账户的贷方。该项经济业务的会计分录如下:

借：在途物资——甲材料 9 000
　　应交税费——应交增值税（进项税额） 810
　　贷：银行存款 9 810

【例4-16】企业向利华工厂购入原材料，收到利华工厂开来的增值税专用发票，乙材料数量3 000千克，单价300元，丙材料2 000千克，单价180元，共计1 260 000元，增值税进项税额163 800元，货款及增值税均未支付，材料尚未入库。

该项经济业务的发生，一方面使材料的买价支出增加1 260 000元，增值税进项税额增加163 800元；另一方面使企业应付账款增加1 423 800元。因此，该项经济业务涉及"在途物资""应交税费""应付账款"三个账户。材料买价构成材料采购成本，应记入"在途物资"账户的借方；增值税进项税额应记入"应交税费——应交增值税"账户的借方；应付账款的增加是负债的增加，应记入"应付账款"账户的贷方。该项经济业务的会计分录如下：

借：在途物资——乙材料 900 000
　　　　　　——丙材料 360 000
　　应交税费——应交增值税（进项税额） 163 800
　　贷：应付账款——利华工厂 1 423 800

【例4-17】企业以银行存款支付例4-16中乙、丙两种材料的运费14 400元，增值税进项税额1 296元，入库前挑选整理费3 600元，合计19 296元。

该项经济业务的发生，一方面使材料的采购费用支出增加18 000元，增值税进项税额增加1 296元；另一方面使企业银行存款减少19 296元。因此，该项经济业务涉及"在途物资""应交税费"和"银行存款"三个账户。支付的材料采购费用构成材料采购成本，应记入"在途物资"账户的借方；增值税进项税额应记入"应交税费——应交增值税"账户的借方；银行存款的减少是资产的减少，应记入"银行存款"账户的贷方。该项经济业务的会计分录如下：

借：在途物资——乙材料 10 800
　　　　　　——丙材料 7 200
　　应交税费——应交增值税（进项税额） 1 296
　　贷：银行存款 19 296

【例4-18】企业以银行存款偿还前欠利华工厂货款1 423 800元。

该项经济业务的发生，一方面使企业应付账款减少1 423 800元；另一方面使企业银行存款减少1 423 800元。因此，该项经济业务涉及"应付账款"和"银行存款"两个账户。应付账款的减少是负债的减少，应记入"应付账款"账户的借方；银行存款的减少是资产的减少，应记入"银行存款"账户的贷方。该项经济业务的会计分录如下：

借：应付账款——利华工厂 1 423 800
　　贷：银行存款 1 423 800

【例4-19】企业向南华工厂购买乙材料，根据合同规定预付款项305 100元，从银行存款支付。

该项经济业务的发生，一方面使企业预付账款增加305 100元；另一方面使银行存款减少305 100元。因此，该项经济业务涉及"预付账款"和"银行存款"两个账户。预付账款的增加是资产的增加，应记入"预付账款"账户的借方；银行存款的减少是资产的减少，应记入"银行存款"账户的贷方。该项经济业务的会计分录如下：

借：预付账款——南华工厂　　　　　　　　　　　　　　　　　　　　　305 100
　　　　贷：银行存款　　　　　　　　　　　　　　　　　　　　　　　　　　305 100

【例4-20】企业收到例4-19中南华工厂发来的乙材料，专用发票载明数量900千克，单价300元，价款270 000元，增值税进项税额35 100元。

　　该项经济业务的发生，一方面使材料的购买价款支出增加270 000元，增值税进项税额增加35 100元；另一方面使企业预付账款减少305 100元。因此，该项经济业务涉及"在途物资""应交税费""预付账款"三个账户。支付的材料买价构成材料采购成本，应记入"在途物资"账户的借方；增值税进项税额应记入"应交税费——应交增值税"账户的借方；预付账款的减少是资产的减少，应记入"预付账款"账户的贷方。该项经济业务的会计分录如下：

　　借：在途物资——乙材料　　　　　　　　　　　　　　　　　　　　　270 000
　　　　应交税费——应交增值税（进项税额）　　　　　　　　　　　　　　 35 100
　　　　贷：预付账款——南华工厂　　　　　　　　　　　　　　　　　　　305 100

【例4-21】例4-14～例4-20中的甲、乙、丙三种材料均已验收入库，结转其采购成本。

（1）计算验收入库材料的采购成本。购入材料的采购成本，一般由买价和采购费用组成，其计算公式为

$$材料的采购成本＝买价＋采购费用$$

买价是指材料供应单位所开发货票上所填列的货款，买价可以直接确定为某种材料的成本。采购费用是指企业在采购材料过程中所发生的各项费用，包括材料的运输费、装卸费、包装费、保险费、仓储费、运输途中的合理损耗、入库前的挑选整理费及购入材料应负担的税金（如关税）和其他费用等。采购费用中有些能分清是某种材料负担的，可以直接计入该种材料的采购成本，如例4-14中甲材料的运费就属直接费用，直接记入甲材料的成本；有些不能分清是某种材料负担的，应采用合理的分配标准，如材料的重量、买价等比例，运用一定的方法，分配计入各种材料的采购成本。采购费用的分配，可用以下公式计算：

$$采购费用分配率＝采购费用合计÷各种材料的重量（或买价）之和$$

$$某种材料应负担的采购费用＝该种材料的重量（或买价）×采购费用分配率$$

如例4-17由乙、丙两种材料共同负担的运杂费和挑选整理费18 000元，按材料重量比例分配如下：

　　采购费用分配率＝（14 400＋3 600）÷（3 000＋2 000）＝3.6
　　乙材料应分摊的采购费用＝3 000×3.6＝10 800（元）
　　丙材料应分摊的采购费用＝2 000×3.6＝7 200（元）

根据以上资料，企业可编制材料采购成本计算表，见表4-1。

表4-1　材料采购成本计算表

（单位：元）

成本项目	甲材料		乙材料		丙材料	
	总成本（3 000千克）	单位成本	总成本（3 900千克）	单位成本	总成本（2 000千克）	单位成本
买价	150 000	50	1 170 000	300	360 000	180
采购费用	9 000	3	10 800	2.77	7 200	3.60
采购成本合计	159 000	53	1 180 800	302.77	367 200	183.60

（2）结转入库材料的采购成本。甲、乙、丙三种材料实际采购成本确定以后，应从"在途物资"账户的贷方转入"原材料"账户的借方。根据表4-1编制会计分录如下：

借：原材料——甲材料	159 000
——乙材料	1 180 800
——丙材料	367 200
贷：在途物资——甲材料	159 000
——乙材料	1 180 800
——丙材料	367 200

上述分配完成后，应在"在途物资——乙材料"和"在途物资——丙材料"明细分类账户的借方"运杂费"栏分别登记10 800元和7 200元。

第三节　生产业务的核算

一、生产业务的主要内容

企业的生产过程一方面是产品制造的过程，另一方面也是各种耗费发生的过程。生产业务核算的主要内容就是归集和分配各项费用，确定产品的制造成本。

为了制造一定数量的产品，企业必然要发生各种材料费用。材料在生产过程中要么一次性被消耗掉，要么改变原有的实物形态，其价值也随之全部转移到新产品的价值中去，构成产品制造成本的一部分。产品在生产过程中还要使用机器、设备等固定资产对材料进行加工。这些固定资产可以被长期使用而保持其原有的实物形态，但经过较长时间使用后，最终会报废，因此其价值随着固定资产的损耗，逐渐转移到它所参与生产的新产品中去，构成产品制造成本的一部分。固定资产在使用过程中逐渐损耗而转移到产品成本中去的那部分价值，称为固定资产折旧。

产品的生产是通过劳动者的活劳动得以实现的。劳动者的劳动所创造的那部分价值，企业以工资薪酬的形式支付给劳动者，形成企业的工资费用，这部分费用也构成产品制造成本的一部分。除了上述费用外，在生产过程中还会发生为组织和管理生产活动而支付的各项间接费用，如车间管理人员的工资及福利费、车间机物料消耗等，这些费用也成为产品制造成本的一部分。

综上，为制造产品所发生的各种耗费，如材料费、人工费、折旧费以及其他各项间接费用，构成了产品的制造成本。产品完工后，随着产成品的验收入库，为制造产品所发生的制造成本也应转入产成品成本中。

此外，企业的行政管理部门还会发生为组织和管理生产活动而支付的各项费用，这些费用不构成产品的制造成本，形成期间费用的一部分，计入管理费用。

二、生产业务核算的账户设置

（一）"生产成本"账户

"生产成本"账户用来核算和反映企业生产的各种产品（包括产成品、自制半成品、工业性劳务等）、自制材料、自制工具、自制设备等所发生的各项生产费用。

该账户属于成本类账户，借方登记为制造产品所发生的各项直接材料、直接人工等费用以及由"制造费用"账户转入的应该计入产品成本的间接费用；贷方登记产品生产完工并验收入库的产品、自制半成品等实际成本；期末余额在借方，表示尚未加工完成的各项在产品的成本。

该账户一般按产品的品种或类别设置明细账，进行明细分类核算。

（二）"制造费用"账户

"制造费用"账户用来核算企业各生产车间为生产产品和提供劳务而发生的各项间接费用。这里的费用包括生产单位管理人员工资、社会保险费、生产单位房屋建筑物及机器设备的折旧费、机物料消耗、低值易耗品摊销、取暖费、水电费、办公费、保险费、季节性或修理期间的停工损失等。

该账户属于成本类账户，借方登记各项制造费用的发生额；贷方登记计入有关产品成本的各项制造费用的分配额；月末，除季节性生产企业外，"制造费用"账户一般应无余额。

该账户应按生产车间或部门设置明细账，并按费用项目设置专栏，进行明细分类核算。

（三）"库存商品"账户

"库存商品"账户用来核算和反映企业库存各种商品成本增减变动情况。

该账户属于资产类账户，借方登记已验收入库商品的成本；贷方登记发出商品的成本；期末余额在借方，表示库存商品成本。

该账户应按商品的种类、品种和规格设置明细账，进行明细分类核算。

（四）"应付职工薪酬"账户

"应付职工薪酬"账户用来核算企业根据有关规定应付给职工的各种薪酬。

该账户属于负债类账户，贷方登记已分配计入有关成本费用项目的职工薪酬的数额；借方登记实际发放职工薪酬的数额；期末贷方余额，表示企业应付未付的职工薪酬。

该账户应按照"工资""职工福利""社会保险费""住房公积金""工会经费""职工教育经费""非货币性福利"等项目设置明细账，进行明细分类核算。

（五）"累计折旧"账户

"累计折旧"账户用来核算和反映固定资产累计损耗价值。

该账户属于资产类账户，它是固定资产的备抵账户，其贷方登记企业按月计提的固定资产的折旧数；借方登记企业由于出售、报废、毁损及盘亏固定资产等原因而相应减少的折旧数；期末贷方余额表示企业现有固定资产已提取的折旧累计数。

（六）"管理费用"账户

"管理费用"账户用来核算企业行政部门为组织和管理生产经营活动而发生的各项费用，包括：企业的董事会和行政管理部门在企业的经营管理中发生的，或者应由企业统一负担的公司经费，如行政管理部门职工薪酬、社会保险费、车间及管理部门使用固定资产修理费、物料消耗、低值易耗品摊销、办公费和差旅费、业务招待费、工会经费、咨询费、水电费、法务费以及其他费用等。

该账户属于损益类账户，借方登记发生的各项管理费用；贷方登记期末结转转入"本年利润"账户的金额数，结转后该账户应无余额。

该账户应按照费用项目设置明细账，进行明细分类核算。

（七）"销售费用"账户

"销售费用"账户是用来核算和反映企业在销售商品过程中发生的费用，包括销售商品时的运输费、装卸费、包装费、保险费、展览费和广告费，以及为销售本企业商品而专设的销售机构（含销售网点、售后服务网点等）的职工工资及福利费、社会保险费、业务招待费等经营费用。

该账户属于损益类账户，借方登记发生的各种销售费用；贷方登记期末转入"本年利润"账户的销售费用；期末结转后该账户应无余额。

该账户应按照费用项目设置明细账，进行明细分类核算。

三、生产业务核算的会计处理

（一）材料费用的核算

制造企业在生产经营过程中要发生大量的材料费用，通常，生产部门或其他部门在领用材料时必须填制领料单，仓库部门根据领料单发出材料后，领料单的一联交给会计部门用以记账。会计部门对领料单进行汇总计算，按各部门及不同用途领用材料的数额分别计入有关账户。在实际工作中，材料费用的分配是通过编制"材料费用分配表"进行的。

【例4-22】企业月末根据领料单进行汇总计算编制"材料费用分配表"，见表4-2。

表4-2 材料费用分配表

（单位：元）

项 目	甲 材 料	乙 材 料	丙 材 料	合 计
生产A产品耗用	625 000	12 500		637 500
生产B产品耗用		210 000	102 500	312 500
车间耗用		27 500	2 500	30 000
厂部管理部门耗用			20 000	20 000
合 计	625 000	250 000	125 000	1 000 000

根据材料费用分配表可知，本月共发出材料1 000 000元。其中，直接用于生产A产品的费用为637 500元，直接用于生产B产品的费用为312 500元，应直接记入"生产成本"账户的借方；基本生产车间一般性耗用材料30 000元，不属于直接材料费用，应记入"制造费用"账户的借方；企业管理部门领用材料20 000元，应记入"管理费用"账户的借方；同时，仓库发出材料，使库存材料减少1 000 000元，记入"原材料"账户的贷方。该项经济业务的会计分录如下：

  借：生产成本——A产品（直接材料）   637 500
      ——B产品（直接材料）   312 500
    制造费用——机物料消耗   30 000

管理费用——物料消耗	20 000
贷：原材料——甲材料	625 000
——乙材料	250 000
——丙材料	125 000

（二）工资、福利及社会保险费的核算

工资费用是指企业支付给劳动者的劳动报酬，包括工资、奖金和各种津贴。企业职工除了可以按规定取得工资外，还可以享受一定的福利待遇。通常，企业可以按照应付职工薪酬总额的14%列支职工福利费。职工福利费主要用于职工就餐支出、职工困难补助及集体福利支出。同时，企业还要根据规定按照工资一定比例缴纳社会养老及医疗保险等费用。为了正确计算产品成本，确定当期损益，企业必须进行工资福利及社会保险费的核算，正确地归集和分配工资等费用。在实际工作中，工资费用是通过编制工资费用分配表进行的。

【例4-23】企业本月共发生工资费用730 000元。其中，直接生产A产品工人的工资费用为240 000元，直接生产B产品工人的工资费用为320 000元，应直接记入"生产成本"账户的借方；生产车间管理人员的工资费用40 000元，不属于直接费用，应记入"制造费用"的借方；厂部管理人员的工资费用80 000元，属于期间费用，应记入"管理费用"的借方；销售机构人员的工资费用50 000元，属于期间费用，应记入"销售费用"的借方。同时，企业所发生的工资费用并没有实际支付，形成企业对职工的负债，故应记入"应付职工薪酬"账户的贷方。该项经济业务的会计分录如下：

借：生产成本——A产品（直接人工）	240 000
——B产品（直接人工）	320 000
制造费用——工资	40 000
管理费用——工资	80 000
销售费用——工资	50 000
贷：应付职工薪酬——工资	730 000

【例4-24】计算应付职工养老、医疗等社会保险费合计75 000元。其中，A产品工人的社保费为25 000元，B产品工人的社保费为35 000元，生产车间管理人员的社保费为4 000元，厂部管理人员的社保费为6 000元，销售机构人员的社保费为5 000元，该项经济业务的会计分录如下：

借：生产成本——A产品（直接人工）	25 000
——B产品（直接人工）	35 000
制造费用——社保费	4 000
管理费用——社保费	6 000
销售费用——社保费	5 000
贷：应付职工薪酬——社保费	75 000

（三）制造费用的核算

如前所述，为组织和管理生产活动而发生的各项制造费用，不能直接计入产品的成本。为了正确计算产品的成本，必须将这些费用先记入"制造费用"账户，然后再按照一定的标准，将其分配计入各有关产品成本。

【例4-25】月末，企业计提生产部门分摊的固定资产折旧费61 200元，管理部门分摊的固定资产折旧费28 800元。

该经济业务说明，一方面企业计提的生产部门分摊的固定资产折旧费用增加61 200元，计提的管理部门分摊的固定资产折旧费用增加28 800元，应分别记入"制造费用"账户及"管理费用"账户的借方；另一方面固定资产损耗的价值增加90 000元，记入"累计折旧"账户的贷方。该项经济业务的会计分录如下：

借：制造费用——折旧费　　　　　　　　　　　　　　61 200
　　管理费用——折旧费　　　　　　　　　　　　　　28 800
　　贷：累计折旧　　　　　　　　　　　　　　　　　　　90 000

【例4-26】企业用银行存款支付下季度报纸杂志费3 600元。

该经济业务说明，一方面企业本月支付的下季度报纸杂志费3 600元，使得待摊费用增加，应记入"预付账款"账户的借方，另一方面银行存款减少3 600元，应记入"银行存款"账户的贷方。该项经济业务的会计分录如下：

借：预付账款——待摊书报费　　　　　　　　　　　　3 600
　　贷：银行存款　　　　　　　　　　　　　　　　　　　3 600

【例4-27】企业用银行存款支付生产车间的办公费2 200元、电话费1 400元。

该项经济业务说明，生产车间发生办公费和电话费，一方面使得制造费用增加3 600元，记入"制造费用"账户的借方；另一方面银行存款减少3 600元，记入"银行存款"账户的贷方。该项经济业务的会计分录如下：

借：制造费用——办公费　　　　　　　　　　　　　　3 600
　　贷：银行存款　　　　　　　　　　　　　　　　　　　3 600

【例4-28】本月生产车间用电5 400元，管理部门用电1 600元，增值税进项税额910元，价税款全部以银行存款支付。

该项经济业务说明，生产车间用电，使得制造费用增加，应记入"制造费用"账户的借方；管理部门用电，应记入"管理费用"账户的借方；发生的增值税进项税额，应记入"应交税费——应交增值税"账户的借方。银行存款减少，应记入"银行存款"账户的贷方。该项经济业务的会计分录如下：

借：制造费用——水电费　　　　　　　　　　　　　　5 400
　　管理费用——水电费　　　　　　　　　　　　　　1 600
　　应交税费——应交增值税（进项税额）　　　　　　910
　　贷：银行存款　　　　　　　　　　　　　　　　　　　7 910

【例4-29】根据例4-22～例4-28的资料，"制造费用"账户的借方已归集了本月发生的制造费用，现根据上述资料编制制造费用分配表（表4-3）。

表4-3　制造费用分配表

20××年3月31日

产品名称	生产工人工资（元）	分配率	分配额（元）
A 产品	240 000	0.257 5	61 800
B 产品	320 000	0.257 5	82 400
合　计	560 000		144 200

$$制造费用分配率 = \frac{制造费用总额}{生产工人工资（或工时）总额}$$

某产品应分摊的制造费用=该产品生产工人工资（或工时）×制造费用分配率

月末按A、B两种产品生产工人工资比例分配制造费用。

制造费用分配率=144 200÷（240 000+320 000）=0.257 5

A产品应负担的制造费用=240 000×0.257 5=61 800（元）

B产品应负担的制造费用=320 000×0.257 5=82 400（元）

  借：生产成本——A产品（制造费用）   61 800
      ——B产品（制造费用）   82 400
   贷：制造费用   144 200

【例4-30】企业本月对车间一台设备进行日常维护，发生修理费3 000元，增值税进项税额390元，全部以银行存款支付。

该经济业务说明，生产车间设备发生修理费，一方面使得管理费用增加3 000元，记入"管理费用"账户的借方，增值税进项税额增加390元，应记入"应交税费——应交增值税"账户的借方；另一方面银行存款减少3 390元，应记入"银行存款"账户的贷方。该项经济业务的会计分录如下：

  借：管理费用——修理费   3 000
    应交税费——应交增值税（进项税额）   390
   贷：银行存款   3 390

（四）产品成本的计算

1. 成本项目的确定

产品成本的计算过程，就是生产费用的归集和分配过程。企业发生的各项费用，可以按照不同的标准进行分类。按照费用的经济内容来分类，可分为劳动对象、劳动资料和活劳动三方面的耗费，具体可以分为材料费用、折旧费用、工资费用及其他费用等，这种划分的结果，会计上称为费用要素。费用按经济内容划分为若干要素，可以反映企业一定时期内在生产经营中发生了哪些费用，数额是多少，并据以分析企业各个时期各种费用的构成水平。但这种分类未能说明费用的具体用途，不能揭示产品成本的高低及费用支出的合理性。因此，为了说明费用的具体去向，还要按经济用途进行分类。按费用的经济用途分类，可将企业一定时期内所发生的费用分为计入产品成本的生产费用和期间费用。计入产品成本的生产费用可以进一步划分为若干个项目，会计上称为成本项目。具体包括：

（1）直接材料。直接材料是指直接用于产品生产的各种材料费用，包括构成产品实体的主要材料与外购半成品，有助于产品形成的辅助材料、包装物以及用于生产的燃料和动力等。

（2）直接人工。直接人工是指直接参与产品制造过程的生产工人的工资、奖金、津贴、补贴以及列支的职工福利费和社会保险费等。

（3）制造费用。制造费用是指企业各个生产单位（分厂、车间）为组织和管理生产所发生的各项费用，包括生产单位管理人员工资、职工福利费、生产单位房屋建筑物及机器设备等的折旧费、租赁费（不含融资租赁费）、社会保险费、机物料消耗、低值易耗品、取暖费、水电费、办公费、差旅费、劳动保护费、季节性或修理期间的停工损失及其他制造费用等。

2．成本计算的程序

企业因生产工艺特点、生产组织方式及管理要求的不同，可以采用不同的成本计算方法。这些方法大致包括以下程序：

（1）确定成本计算对象。成本计算对象就是生产费用归集的对象。它是费用归集和分配的依据，是成本计算所要解决的主要问题。

在制造企业中，成本计算对象可以是最终的产成品，也可以是加工到一定程度的半成品；可以是单独的产品，也可以是一批产品。企业应结合自身的实际情况确定自己的成本计算对象，以便正确、及时地归集和分配费用，计算成本、加强成本管理和控制。

（2）归集和分配成本费用。成本计算对象确定以后，应根据成本计算的要求，对本期发生的各项费用在各成本计算对象之间进行归集和分配。

（3）费用在完工产品和月末在产品之间分配。月末计算产品成本时，如果某种产品全部完工，这种产品的各项费用之和，就是这种产品的完工产品成本；如果某种产品都未完工，这种产品的各项生产费用之和，就是这种产品的月末在产品成本；如果某种产品一部分已经完工，另一部分尚未完工，这种产品的各项费用，还应采用适当的分配方法，在完工产品与月末在产品之间进行分配，分别计算完工产品成本和月末在产品成本。

（4）编制成本计算单。在成本计算过程中，为系统地归集、分配应计入各种成本计算对象的费用，要按成本计算对象和成本核算项目分别设置和登记费用、成本明细分类账户，然后根据这些账户资料，编制各种成本计算表，借以计算确定各种成本计算对象的总成本和单位成本，全面、系统地反映各种成本指标的经济构成和形成情况。

【例4-31】企业生产A产品和B产品，有关产量和月初在产品成本资料见表4-4和表4-5。

根据例4-22～例4-29"生产成本——A产品"和"生产成本——B产品"两个明细分类账户的借方已经归集了本月发生的生产费用，A产品本月发生的生产费用如下：直接材料637 500元，直接人工265 000元，制造费用61 800元，合计964 300元。由于A产品本月全部完工，因此A产品月初在产品成本加上本月归集的生产费用就应该等于本月A产品完工产品成本。A产品完工产品成本计算如下：

直接材料=212 500+637 500=850 000（元）
直接人工=96 000+265 000=361 000（元）
制造费用=97 200+61 800=159 000（元）
合计=850 000+361 000+159 000=1 370 000（元）

根据上述计算结果，编制本月完工的A产品成本计算表（表4-4）。

表4-4 产品成本计算表

产品名称：A产品　　　　　　　　　　　20××年3月　　　　　　　　　　　　单位：元

项目	数量	直接材料费	直接人工费	制造费用	合计
月初在产品成本		212 500	96 000	97 200	405 700
本月费用		637 500	265 000	61 800	964 300
合计		850 000	361 000	159 000	1 370 000
完工产品成本	2 100	850 000	361 000	159 000	1 370 000
单位成本		404.76	171.90	75.71	652.38
月末在产品成本		—	—	—	—

B产品本月发生的生产费用如下：直接材料312 500元，直接人工355 000元，制造费用82 400元，合计749 900元。由于B产品本月全部完工，因此，B产品月初在产品成本加上本月归集的生产费用就应该等于本月B产品完工产品成本。B产品完工产品成本计算如下：

直接材料=150 000+312 500=462 500（元）

直接人工=120 800+355 000=475 800（元）

制造费用=102 780+82 400=185 180（元）

合计=462 500+475 800+185 180=1 123 480（元）

根据上述计算结果，编制本月完工的B产品成本计算表（表4-5）。

表4-5 产品成本计算表

产品名称：B产品　　　　　　　　　20××年3月　　　　　　　　　　　单位：元

项　目	数　量	直接材料费	直接人工费	制 造 费 用	合　计
月初在产品成本		150 000	120 800	102 780	373 580
本月费用		312 500	355 000	82 400	749 900
合　计	2 550	462 500	475 800	185 180	1 123 480
完工产品成本	2 550	462 500	475 800	185 180	1 123 480
单位成本		181.37	186.59	72.62	440.58
月末在产品成本		—	—	—	—

【例4-32】本月完工的A、B两种产品已经验收入库。结转本月完工产品成本（表4-6）。

表4-6 产成品入库单

交库车间：一车间　　　　　　　20××年3月31日　　　　　　　　No：0034567

产品编号	产品名称	型号规格	计量单位	送验数量	检验结果 合　格	检验结果 不合格	实收数量	备　注
	A产品		件	2 100	2 100	—	2 100	
	B产品		件	2 550	2 550		2 550	

保管员：王雷　　检验员：李明　　车间负责人：王仁山　　统计员：吴云　　制单：胡慧中

随着本月完工产品的入库，一方面使A产品库存商品数量增加2 100件，金额1 370 000元，B产品库存商品数量增加2 550件，金额1 123 480元，记入"库存商品"账户的借方；另一方面使"生产成本——A产品"减少1 370 000元，"生产成本——B产品"减少1 123 480元，记入"生产成本"账户的贷方。该项经济业务的会计分录如下：

借：库存商品——A产品　　　　　　　　　　　　　　　　　　1 370 000
　　　　　　——B产品　　　　　　　　　　　　　　　　　　1 123 480
　　贷：生产成本——A产品　　　　　　　　　　　　　　　　1 370 000
　　　　　　　　——B产品　　　　　　　　　　　　　　　　1 123 480

第四节　销售业务的核算

一、销售业务的主要内容

在销售过程中，一方面，将生产出来的符合标准的产品，按照合同规定的条件发送给订货单位，以满足社会消费的需要；另一方面，按照销售价格和结算制度的规定，向购货方办理结算手续，及时收取货款或形成债权，通常把这种货款或债权称作商品销售收入。在商品销售过程中，企业为取得一定数量的销售收入，必须付出相应数量的产品，为制造这些销售产品而耗费的生产成本，称为产品销售成本。为了将产品销售出去，还会发生各种费用，如广告费、包装费、装卸费和运输费等，称作销售费用。企业在取得销售收入时，按照国家税法规定，应计算缴纳企业生产经营活动应负担的税金。此外，企业还可能发生一些其他经营业务，取得其他业务收入和发生其他业务成本。

综上，销售业务核算的主要内容包括产品销售收入、产品销售成本、销售费用、税金及附加的核算以及与购货单位发生的货款结算业务等。

二、销售业务核算的账户设置

企业为了核算销售业务，应设置"主营业务收入""主营业务成本""税金及附加""应收账款""预收账款"等账户。

1. "主营业务收入"账户

"主营业务收入"账户用来核算和反映企业在销售商品、提供劳务等日常活动中所产生的收入。

该账户属于损益类账户，贷方登记企业销售商品（包括产成品、自制半成品等）或提供劳务所实现的收入；借方登记发生的销售退回和期末转入"本年利润"账户的收入；期末结转后该账户应无余额。

"主营业务收入"账户应按主营业务的种类设置明细账，进行明细分类核算。

2. "主营业务成本"账户

"主营业务成本"账户用来核算和反映企业因销售商品、提供劳务等日常活动而发生的实际成本。

该账户属于损益类账户，借方登记结转已售商品、提供的各种劳务等的实际成本；贷方登记当月发生销售退回的商品成本和期末转入"本年利润"账户的本期销售产品成本；期末结转后该账户应无余额。

该账户应按照主营业务的种类设置明细账，进行明细分类核算。

3. "税金及附加"账户

"税金及附加"账户用来核算和反映企业日常活动应负担的税金及附加，包括消费税、城市维护建设税、资源税、房产税、车船税、印花税、土地使用税、教育费附加等。

该账户属于损益类账户，借方登记按照规定计算应由企业负担的税金及附加；贷方登记期末转入"本年利润"账户中的税金及附加；期末结转后该账户应无余额。

4. "应收账款"账户

"应收账款"账户用来核算企业因销售商品、提供劳务等，应向购货单位或接受劳务单位收取的款项。

该账户属于资产类账户，借方登记销售商品、提供劳务发生的应收款项；贷方登记收回的应收款项；期末借方余额表示尚未收回的应收款项。

该账户应按照购货单位或接受劳务单位设置明细账，进行明细分类核算。

5. "预收账款"账户

"预收账款"账户用来核算和反映企业按照合同规定向购货单位预先收取的款项。

该账户属于负债类账户，贷方登记预收购货单位的款项和购货单位补付的款项；借方登记向购货单位发出商品实现销售的货款和退回多付的款项；期末余额一般在贷方，表示预收购货单位的款项。

该账户应按照购货单位设置明细账，进行明细分类核算。

预收账款不多的企业，也可以将预收的款项直接记入"应收账款"账户的贷方，不设本账户。

6. "其他应收款"账户

"其他应收款"账户用来核算企业除应收票据、应收账款和预付账款以外的其他各种应收、暂付款项，包括职工借款，应收的各种赔款、罚款，应收取的租金等。

该账户属于资产类账户，借方登记发生的应收款项；贷方登记收回及报销结转的款项；期末借方余额表示尚未收回的款项。

该账户应按债务人设置明细账，进行明细分类核算。

三、主营业务核算的会计处理

销售过程主营业务的核算主要涉及主营业务收入的实现，销售货款的结算与收回，销售费用的发生，税金及附加的计算与缴纳，主营业务成本的确定与结转等。

【例4-33】企业销售A产品1 200件，每件售价1 400元，货款计1 680 000元，增值税218 400元，款项已存入银行。

该项经济业务的发生，一方面使企业银行存款增加1 898 400元，应记入"银行存款"账户的借方；另一方面使企业主营业务收入增加1 680 000元，应记入"主营业务收入"账户的贷方；企业向购货方收取的增值税销项税额增加218 400元，应记入"应交税费——应交增值税"账户的贷方。该项经济业务的会计分录如下：

借：银行存款　　　　　　　　　　　　　　　　　　　1 898 400
　　贷：主营业务收入——A产品　　　　　　　　　　　　1 680 000
　　　　应交税费——应交增值税（销项税额）　　　　　　218 400

【例4-34】企业向南京中北公司销售B产品1 000件，每件1 200元，货款计1 200 000元，增值税156 000元，商品已发出，款项尚未收到。

该项经济业务的发生，一方面使企业应收账款增加1 356 000元，应记入"应收账款"

账户的借方；另一方面使企业主营业务收入增加1 200 000元，应记入"主营业务收入"账户的贷方；企业向购货方应收取的增值税销项税额增加156 000元，应记入"应交税费——应交增值税"账户的贷方。该项经济业务的会计分录如下：

  借：应收账款——南京中北公司   1 356 000
    贷：主营业务收入——B产品   1 200 000
      应交税费——应交增值税（销项税额）   156 000

【例4-35】根据合同规定，预收购货单位上海茂源公司购买B产品价款678 000元，存入银行。

该项经济业务的发生，一方面使企业预收账款增加678 000元，应记入"预收账款"账户的贷方；另一方面使银行存款增加678 000元，应记入"银行存款"账户的借方。该项经济业务的会计分录如下：

  借：银行存款   678 000
    贷：预收账款——上海茂源公司   678 000

【例4-36】企业向例4-35中预付货款的单位上海茂源公司发出B产品500件，单价1 200元，价款600 000元，增值税78 000元。

该项经济业务的发生，一方面使企业预收账款减少678 000元，应记入"预收账款"账户的借方；另一方面使企业主营业务收入增加600 000元，应记入"主营业务收入"账户的贷方；企业向购货方收取的增值税销项税额增加78 000元，应记入"应交税费——应交增值税"账户的贷方。该项经济业务的会计分录如下：

  借：预收账款——上海茂源公司   678 000
    贷：主营业务收入——B产品   600 000
      应交税费——应交增值税（销项税额）   78 000

【例4-37】企业接到银行通知，收到销售给南京中北公司的销货款1 356 000元。

该经济业务的发生，一方面使企业银行存款增加1 356 000元，应记入"银行存款"账户的借方；另一方面使企业应收账款减少1 356 000元，应记入"应收账款"账户的贷方。该项经济业务的会计分录如下：

  借：银行存款   1 356 000
    贷：应收账款——南京中北公司   1 356 000

【例4-38】企业职工黄磊因公出差向财务部门预借差旅费3 000元，以现金支付。

该项经济业务的发生，一方面使得企业其他应收款增加3 000元，应记入"其他应收款"账户的借方；另一方面使企业库存现金减少3 000元，应记入"库存现金"账户的贷方。该项经济业务的会计分录如下：

  借：其他应收款——黄磊   3 000
    贷：库存现金   3 000

【例4-39】企业以银行存款支付销售产品的广告费100 000元、增值税进项税额6 000元，销货运费20 000元、增值税进项税额1 800元。

该项经济业务的发生，一方面使得企业销售费用增加120 000元，应记入"销售费用"账户的借方，增值税进项税额7 800元应记入"应交税费——应交增值税"账户的借方；另一方面使企业银行存款减少127 800元，应记入"银行存款"账户的贷方。该项经济业务的会计分录如下：

借：销售费用——广告费　　　　　　　　　　　　　　　　　　　100 000
　　　　　　——运输费　　　　　　　　　　　　　　　　　　　 20 000
　　应交税费——应交增值税（进项税额）　　　　　　　　　　　 7 800
　　贷：银行存款　　　　　　　　　　　　　　　　　　　　　　127 800

【例4-40】企业按规定，计算A、B两种产品应缴纳的消费税，税率为5%。

该经济业务说明，A、B两种产品均属于消费税应税范围。消费税的计算公式为：主营业务收入×消费税税率。根据前述资料，应纳消费税=（1 680 000+1 200 000+600 000）×5%=174 000（元）。企业因销售商品应纳消费税，一方面使消费税增加174 000元，应记入"税金及附加"账户的借方；另一方面消费税尚未实际支付，形成企业的一项负债，使得应交税费增加174 000元，应记入"应交税费"账户的贷方，该项经济业务的会计分录如下：

借：税金及附加　　　　　　　　　　　　　　　　　　　　　　174 000
　　贷：应交税费——应交消费税　　　　　　　　　　　　　　　174 000

【例4-41】月末，职工黄磊出差归来，报销差旅费2 500元，交回现金500元。

该项经济业务的发生，一方面使得企业差旅费用增加2 500元，应记入"管理费用"账户的借方；交回的现金使得库存现金增加500元，应记入"库存现金"账户的借方；另一方面使企业其他应收款项减少3 000元，应记入"其他应收款"账户的贷方。该项经济业务的会计分录如下：

借：管理费用——差旅费　　　　　　　　　　　　　　　　　　　2 500
　　库存现金　　　　　　　　　　　　　　　　　　　　　　　　　500
　　贷：其他应收款——黄磊　　　　　　　　　　　　　　　　　3 000

【例4-42】月末，计算并结转已售商品的销售成本，其中A产品的销售成本为782 856元，B产品的销售成本为660 870元。具体计算见表4-7。

表4-7　主营业务成本计算表

20××年3月31日

产品名称		A 产 品	B 产 品
本月销售产品	数量（件）	1 200	1 500
	单位成本（元）	652.38	440.58
	总成本（元）	782 856	660 870

该经济业务说明，结转A、B产品的销售成本，一方面使主营业务成本增加1 443 726元，记入"主营业务成本"账户的借方；另一方面使库存产成品减少1 443 726元，记入"库存商品"账户的贷方。该项经济业务的会计分录如下：

借：主营业务成本——A产品　　　　　　　　　　　　　　　　782 856
　　　　　　　　——B产品　　　　　　　　　　　　　　　　660 870
　　贷：库存商品——A产品　　　　　　　　　　　　　　　　　782 856
　　　　　　　——B产品　　　　　　　　　　　　　　　　　 660 870

【例4-43】月末，企业以银行存款支付咨询费5 600元，增值税进项税额168元。

企业发生的咨询费是指企业为生产经营的需要而支付的咨询费用，在管理费用中列支。该项经济业务的发生，一方面使得管理费用增加5 600元，应记入"管理费用"账户的借方，增值税进项税额168元,应记入"应交税费——应交增值税"账户的借方;另一方面使银行存款减少5 768元,应记入"银行存款"账户的贷方。该项经济业务的会计分录如下:

  借:管理费用——咨询费   5 600
    应交税费——应交增值税(进项税额)   168
   贷:银行存款   5 768

四、其他业务收支的核算

制造企业除了购进、生产和销售产品以外,还要发生一些其他经营业务,取得其他业务收入,发生其他业务成本。企业的其他经营业务主要有:材料销售、技术转让、固定资产和包装物的出租等。其他业务收支的核算是指核算其他经营业务中所取得的收入和发生的支出。这些其他业务收支,在会计上必须如实地反映和监督,并正确地组织核算。

(一)其他业务收支核算的账户设置

1. "其他业务收入"账户

"其他业务收入"账户用来核算企业除主营业务活动以外的其他经营活动实现的收入,如"材料销售""技术转让""包装物出租""固定资产出租"等收入。

该账户属于损益类账户,贷方登记企业获得的其他业务收入;借方登记期末结转到"本年利润"账户的已实现的其他业务收入,结转以后该账户应无余额。

该账户应按其他业务收入的种类等设置明细账,进行明细分类核算。

2. "其他业务成本"账户

"其他业务成本"账户用来核算企业确认的除主营业务活动以外的其他经营活动所发生的支出,如"材料销售""技术转让""包装物出租""固定资产出租"等支出。

该账户属于损益类账户,借方登记其他业务所发生的各项支出;贷方登记期末结转到"本年利润"账户的其他业务支出,结转以后该账户应无余额。

该账户应按其他业务成本的种类等设置明细账,进行明细分类核算。

(二)其他业务收支核算的会计处理

其他业务收支的核算,主要涉及其他业务收入的取得和其他业务成本的发生。

【例4-44】企业出售甲材料400件,单价200元,增值税销项税额10 400元。款项合计90 400元已存入银行。

该项经济业务的发生,一方面使企业银行存款增加90 400元,应记入"银行存款"账户的借方;另一方面使企业其他业务收入增加80 000元,应记入"其他业务收入"账户的贷方,企业向购货方收取的增值税销项税额增加10 400元,应记入"应交税费——应交增值税"账户的贷方。该项经济业务的会计分录如下:

  借:银行存款   90 400
   贷:其他业务收入   80 000
    应交税费——应交增值税(销项税额)   10 400

【例4-45】结转出售甲材料的成本400件，单位成本160元，计64 000元。

该项经济业务的发生，一方面使其他业务成本增加64 000元，应记入"其他业务成本"账户的借方；另一方面使库存材料减少64 000元，应记入"原材料"账户的贷方。该项经济业务的会计分录如下：

借：其他业务成本　　　　　　　　　　　　　　　　　　　　　　64 000
　　贷：原材料——甲材料　　　　　　　　　　　　　　　　　　　　64 000

【例4-46】企业出租包装物，收到出租包装物租金收入72 000元，增值税9 360元，款项合计81 360元已存入银行。

该项经济业务的发生，一方面使企业其他业务收入增加72 000元，记入"其他业务收入"账户的贷方，收取的增值税销项税额增加9 360元，应记入"应交税费——应交增值税"账户的贷方；另一方面收到的款项存入银行，使银行存款增加81 360元，应记入"银行存款"账户的借方。该项经济业务的会计分录如下：

借：银行存款　　　　　　　　　　　　　　　　　　　　　　　　81 360
　　贷：其他业务收入　　　　　　　　　　　　　　　　　　　　　　72 000
　　　　应交税费——应交增值税（销项税额）　　　　　　　　　　　9 360

【例4-47】摊销上述出租包装物的成本43 200元。

该项经济业务的发生，一方面使得其他业务成本增加43 200元，应记入"其他业务成本"（与出租包装物的租金收入配比）账户的借方；另一方面使包装物减少43 200元，应记入"周转材料——包装物"账户的贷方。该项经济业务的会计分录如下：

借：其他业务成本　　　　　　　　　　　　　　　　　　　　　　43 200
　　贷：周转材料——包装物　　　　　　　　　　　　　　　　　　　43 200

【例4-48】月末计算应纳增值税，见表4-8。

表4-8　增值税计算表

（单位：元）

项　　目	金　　额
销项税额	472 160
进项税额	420 324
应纳增值税额	51 836

月末通过计算，本月应交增值税51 836元，该项经济业务的发生，一方面使得"应交税费——应交增值税（转出未交增值税）"减少51 836元，应记入"应交税费——应交增值税（转出未交增值税）"账户的借方；另一方面使得期末"应交税费——未交增值税"增加51 836元，即企业负债增加51 836元，应记入"应交税费——未交增值税"账户的贷方。该项经济业务的会计分录如下：

借：应交税费——应交增值税（转出未交增值税）　　　　　　　　51 836
　　贷：应交税费——未交增值税　　　　　　　　　　　　　　　　　51 836

【例4-49】月末企业按照本月应缴消费税、增值税额的7%提取城市维护建设税，按5%提取教育费附加，见表4-9。

表4-9 城市维护建设税及教育费附加计算表

（单位：元）

项　目	金　额
销项税额	472 160
进项税额	420 324
应纳增值税额	51 836
应纳消费税额	174 000
流转税额合计	225 836
应纳城市维护建设税额（7%）	15 808.52
应纳教育费附加（5%）	11 291.80

该项经济业务的发生，一方面使得城市维护建设税增加15 808.52元，教育费附加增加11 291.8元，应记入"税金及附加"账户的借方；另一方面税金及附加尚未缴纳，使得企业负债增加27 100.32元，应记入"应交税费"账户的贷方。该项经济业务的会计分录如下：

借：税金及附加　　　　　　　　　　　　　　　　　27 100.32
　　贷：应交税费——应交城市维护建设税　　　　　　15 808.52
　　　　　　　　——应交教育费附加　　　　　　　　11 291.80

第五节　利润形成及分配业务的核算

一、利润形成的核算

（一）利润的构成

利润是企业在一定期间生产经营活动的最终成果，也就是收入与费用相抵后的差额；如果收入小于费用，差额称为亏损。

企业生产经营活动的主要目的，就是要不断提高企业的盈利水平，增强企业的获利能力，企业只有最大限度地获取利润，才能为企业积累资金，不断促进社会生产的发展，满足人们日益增长的生活需要。因此，利润不仅是衡量一个企业经营管理的主要综合性指标，同时也反映企业向整个社会所做的贡献的大小。

企业的利润，就其构成来看，除了在生产经营活动中销售商品所实现的主营业务利润外，还有其他经营活动引起的收入和支出，如销售材料等所实现的其他业务利润，通过投资活动所取得的投资收益，与生产经营活动无直接关系的事项所引起的盈亏。

1. 营业利润

营业利润是企业利润的主要来源，它是营业收入减去营业成本、税金及附加、销售费用、管理费用、研发费用、财务费用后再加上其他收益、投资收益、公允价值变动收益、资产处置收益等构成。营业利润的计算公式为

营业利润=营业收入-营业成本-税金及附加-销售费用-管理费用-研发费用-
　　　　 财务费用+其他收益+投资收益+公允价值变动收益+资产处置收益

其中：营业收入=主营业务收入+其他业务收入
营业成本=主营业务成本+其他业务成本

2．利润总额

利润总额是指营业利润加上营业外收入，减去营业外支出后的金额。其中，营业外收入是指企业发生的与其日常活动无直接关系的各项利得；营业外支出是指企业发生的与其日常活动无直接关系的各项损失。利润总额的计算公式为

利润总额=营业利润+营业外收入−营业外支出

3．净利润

净利润是指利润总额减去所得税后的金额。所得税是指企业应计入当期损益的所得税费用。它是企业按照税法规定，就其生产经营所得和其他所得计算并缴纳的一种税金。净利润的计算公式为

净利润=利润总额−所得税费用

其中，所得税费用=应纳税所得额×适用税率

（二）财务成果形成核算的账户设置

1．"营业外收入"账户

"营业外收入"账户用来核算企业发生的与企业生产经营无直接关系的各项收入，包括债务重组利得、与企业日常活动无关的政府补助、盘盈利得、捐赠利得、罚款利得等。

该账户属于损益类账户，贷方登记企业发生的各项营业外收入；借方登记期末转入"本年利润"账户的收入数；期末结转后一般应无余额。

该账户应按收入项目设置明细账，进行明细分类核算。

2．"营业外支出"账户

"营业外支出"账户用来核算企业发生的与企业生产经营无直接关系的各项支出，包括债务重组损失、公益性捐赠支出、非常损失、盘亏损失、非流动资产毁损报废损失、罚款支出等。

该账户属于损益类账户，借方登记企业发生的各项营业外支出；贷方登记期末转入"本年利润"账户的支出数；期末结转后该账户一般应无余额。

该账户应按支出项目设置明细账，进行明细分类核算。

3．"投资收益"账户

"投资收益"账户用来核算企业对外投资取得的收益或发生的损失。

该账户属于损益类账户，贷方登记取得的投资收益或期末投资损失的转出数；借方登记投资损失和期末投资净收益的转出数；期末结转后该账户应无余额。

该账户应按投资收益的种类设置明细账，进行明细分类核算。

4．"所得税费用"账户

"所得税费用"账户用来核算企业按税法规定计算应在本期缴纳的企业所得税费用。

该账户属于损益类账户，借方登记企业计算应计入本期损益的所得税额；贷方登记企业期末转入"本年利润"账户的所得税额；结转后该账户应无余额。

5. "本年利润"账户

"本年利润"账户用来核算和反映企业实现的净利润（或发生的净亏损）情况。

该账户属于所有者权益类账户，贷方登记期末从"主营业务收入""其他业务收入""营业外收入"以及"投资收益"（投资净收益）等账户的转入数；借方登记期末从"主营业务成本""税金及附加""其他业务成本""销售费用""管理费用""财务费用""营业外支出""所得税费用"以及"投资收益"（投资净损失）等账户的转入数。

将本期转入的收入与费用账户的发生额进行对比，若为贷方余额表示实现的净利润；若为借方余额表示发生的亏损。在年度中间，该账户的余额保留在本账户，不予结转，表示截止到本期末的本年累计实现的净利润（或亏损）。年度终了，应将"本年利润"账户的余额转入"利润分配"账户。结转后该账户应无余额。

账务处理如图4-1所示。

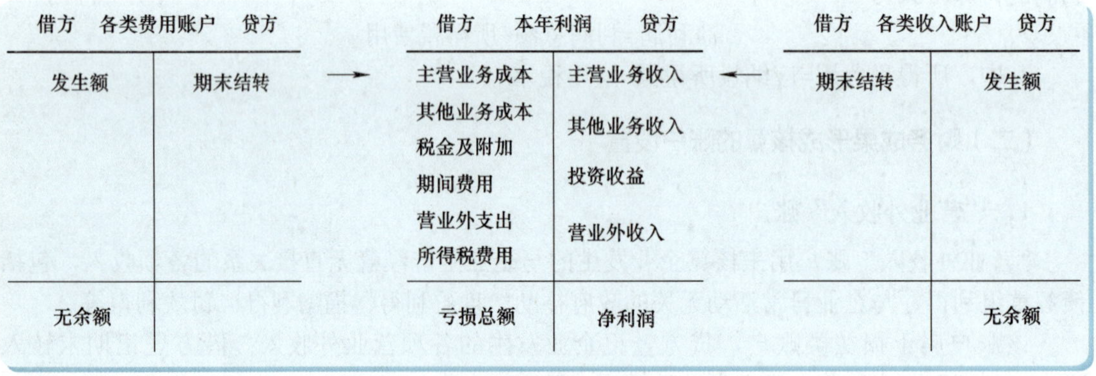

借方 各类费用账户 贷方		借方 本年利润 贷方		借方 各类收入账户 贷方	
发生额	期末结转 →	主营业务成本 其他业务成本 税金及附加 期间费用 营业外支出 所得税费用	主营业务收入 其他业务收入 投资收益 营业外收入 ←	期末结转	发生额
无余额		亏损总额	净利润		无余额

图4-1 收入、成本费用账户结转示意图

期末结转收入、收益类账户本期发生额：
借：主营业务收入
　　其他业务收入
　　营业外收入
　　投资收益等
　　　贷：本年利润

期末结转成本、费用类账户本期发生额：
借：本年利润
　　　贷：主营业务成本
　　　　　其他业务成本
　　　　　税金及附加
　　　　　管理费用
　　　　　销售费用
　　　　　财务费用
　　　　　营业外支出
　　　　　所得税费用

年末结转"本年利润"账户的余额，结转净利润：

借：本年利润
    贷：利润分配——未分配利润
结转亏损：
借：利润分配——未分配利润
    贷：本年利润

（三）利润形成核算的会计处理

【例4-50】 企业收到M公司违约罚款55 000元存入银行。

该项经济业务的发生，一方面使银行存款增加55 000元，应记入"银行存款"账户的借方；另一方面使营业外收入增加55 000元，应记入"营业外收入"账户的贷方。该项经济业务的会计分录如下：

借：银行存款　　　　　　　　　　　　　　　　　　　　　　　55 000
    贷：营业外收入——罚款收入　　　　　　　　　　　　　　　　　55 000

【例4-51】 企业以银行存款35 000元支付税款滞纳金。

该项经济业务的发生，一方面使营业外支出增加35 000元，应记入"营业外支出"账户的借方；另一方面使银行存款减少35 000元，应记入"银行存款"账户的贷方。该项经济业务的会计分录如下：

借：营业外支出——滞纳金支出　　　　　　　　　　　　　　　35 000
    贷：银行存款　　　　　　　　　　　　　　　　　　　　　　　35 000

（四）投资收益的核算

【例4-52】 企业收到从其他单位分得的投资利润160 000元，存入银行。

该项经济业务的发生，一方面使银行存款增加160 000元，应记入"银行存款"账户的借方；另一方面使投资收益增加160 000元，应记入"投资收益"账户的贷方。该项经济业务的会计分录如下：

借：银行存款　　　　　　　　　　　　　　　　　　　　　　　160 000
    贷：投资收益　　　　　　　　　　　　　　　　　　　　　　　160 000

【例4-53】 期末，将各项收入、费用类账户余额转入"本年利润"账户。根据例4-1～例4-52，"主营业务收入"账户贷方余额3 480 000元，"其他业务收入"账户贷方余额152 000元，"投资收益"账户贷方余额160 000元，"营业外收入"账户贷方余额55 000元。"主营业务成本"账户借方余额1 443 726元，"税金及附加"账户借方余额201 100.32元，"其他业务成本"账户借方余额107 200元，"销售费用"账户借方余额175 000元，"管理费用"账户借方余额147 500元，"财务费用"账户借方余额1 350元，"营业外支出"账户借方余额35 000元。

（1）结转各项收入，其会计分录如下：

借：主营业务收入　　　　　　　　　　　　　　　　　　　　3 480 000
    其他业务收入　　　　　　　　　　　　　　　　　　　　　152 000
    投资收益　　　　　　　　　　　　　　　　　　　　　　　160 000
    营业外收入　　　　　　　　　　　　　　　　　　　　　　55 000
    贷：本年利润　　　　　　　　　　　　　　　　　　　　　　3 847 000

（2）结转各项费用支出，其会计分录如下：

借：本年利润　　　　　　　　　　　　　　　　　　　　　2 110 876.32
　　贷：主营业务成本　　　　　　　　　　　　　　　　　　1 443 726
　　　　税金及附加　　　　　　　　　　　　　　　　　　　　201 100.32
　　　　其他业务成本　　　　　　　　　　　　　　　　　　　107 200
　　　　管理费用　　　　　　　　　　　　　　　　　　　　　147 500
　　　　销售费用　　　　　　　　　　　　　　　　　　　　　175 000
　　　　财务费用　　　　　　　　　　　　　　　　　　　　　　1 350
　　　　营业外支出　　　　　　　　　　　　　　　　　　　　 35 000

【例4-54】期末，按照25%的所得税税率计算本期应纳所得税。

假设该企业不存在纳税调整事项，按实现的利润总额3 847 000–2 110 876.32=1 736 123.68（元），计算应纳所得税额如下：

应纳所得税额=1 736 123.68×25%=434 030.92（元）

计算出的企业应纳所得税，一方面反映企业所得税费用增加434 030.92元，记入"所得税费用"账户的借方；另一方面所得税在未实际支付前形成企业的一项负债，使得企业应交税费增加434 030.92元，记入"应交税费"账户的贷方。该项经济业务的会计分录如下：

借：所得税费用　　　　　　　　　　　　　　　　　　　　　434 030.92
　　贷：应交税费——应交所得税　　　　　　　　　　　　　　434 030.92

【例4-55】企业用银行存款向税务部门缴纳所得税434 030.92元。

该项经济业务的发生，一方面使企业应交税费减少434 030.92元，应记入"应交税费"账户的借方；另一方面使银行存款减少434 030.92元，应记入"银行存款"账户的贷方。该项经济业务的会计分录如下：

借：应交税费——应交所得税　　　　　　　　　　　　　　　434 030.92
　　贷：银行存款　　　　　　　　　　　　　　　　　　　　　434 030.92

【例4-56】将所得税费用账户发生额434 030.92转入"本年利润"账户。

该项经济业务的发生，一方面使企业本年利润减少434 030.92元，应记入"本年利润"账户的借方；另一方面使所得税减少434 030.92元，应记入"所得税费用"账户的贷方。该项经济业务的会计分录如下：

借：本年利润　　　　　　　　　　　　　　　　　　　　　　434 030.92
　　贷：所得税费用　　　　　　　　　　　　　　　　　　　 434 030.92

二、利润分配的核算

（一）利润分配的内容及顺序

企业的利润分配是指按照国家的规定或企业董事会决议提请股东大会批准的年度利润分配方案，对企业实现的净利润进行的分配。企业的利润分配涉及各方面的经济利益，因此必须严格按照企业会计制度及会计法规的有关规定来进行。

企业当期实现的净利润，加上年初未分配利润（或减去年初未弥补亏损）和其他转入后的余额，为可供分配的利润。企业可供分配的利润，应按下列顺序分配：

（1）提取法定盈余公积。

(2) 提取任意盈余公积。
(3) 向投资者分配利润。

(二) 利润分配业务核算的账户设置

为了核算利润分配业务,企业应设置"利润分配""盈余公积"和"应付股利"等账户。

1. "利润分配"账户

"利润分配"账户用来核算企业利润的分配(或亏损的弥补)和历年分配(或弥补)后的积存余额。

该账户属于所有者权益类账户,借方登记按规定实际分配的利润数,或年终时从"本年利润"账户的贷方转来的全年亏损总额;贷方登记年终时从"本年利润"账户借方转来的全年实现的净利润总额;年终贷方余额表示历年积存的未分配利润,如为借方余额,则表示历年积存的未弥补亏损。

该账户按利润分配的具体项目,一般应设置"提取法定盈余公积""提取任意盈余公积""应付股利"和"未分配利润"等明细科目,进行明细分类核算。

2. "盈余公积"账户

"盈余公积"账户用来核算企业从净利润中提取的盈余公积金。

该账户属于所有者权益类账户,贷方登记企业从净利润中提取的盈余公积金;借方登记以盈余公积金转增资本、弥补亏损的数额;期末余额在贷方,表示企业提取的盈余公积金实际结存数额。

企业应按盈余公积的种类设置明细账,进行明细分类核算。

3. "应付股利"账户

"应付股利"账户用来核算企业对投资者的利润分配情况和实际支付情况。

该账户属于负债类账户,贷方登记应支付给投资者的利润分配数;借方登记实际支付给投资者的利润数;期末余额在贷方,表示企业尚未支付的利润数。

(三) 利润分配业务核算的会计处理

利润分配业务的核算,主要涉及提取盈余公积金、向投资者分配股利或利润等。

年终决算时,要结平"本年利润"账户和"利润分配"账户(除未分配利润明细账户外)。

【例4-57】将"本年利润"账户的余额转入"利润分配"账户。

年终决算时,企业应将"本年利润"账户的借贷方差额转入"利润分配"账户及其所属的"未分配利润"明细账,结平"本年利润"账户。

借:本年利润　　　　　　　　　　　　　　　　　　　　1 302 092.76
　　贷:利润分配——未分配利润　　　　　　　　　　　　　　1 302 092.76

【例4-58】企业根据规定按净利润的10%提取法定盈余公积金,15%任意盈余公积金。

应提取的法定盈余公积金=1 302 092.76×10%=130 209.28(元)
应提取的任意盈余公积金=1 302 092.76×15%=195 313.91(元)
借:利润分配——提取法定盈余公积金　　　　　　　　　　130 209.28
　　　　　——提取任意盈余公积金　　　　　　　　　　195 313.91

贷：盈余公积——法定盈余公积金　　　　　　　　　　　　　　130 209.28
　　　　　　　——任意盈余公积金　　　　　　　　　　　　　　195 313.91

【例4-59】 企业根据批准的利润分配方案，向投资者分配利润300 000元。

　　该经济业务说明，企业向投资者分配利润，属于利润分配的一项内容。一方面，企业向投资者分配利润300 000元，应记入"利润分配"账户的借方；另一方面，向投资者分配利润在没有实际支付之前，形成了企业的一项负债，应记入"应付利润"账户的贷方。其会计分录如下：

　　借：利润分配——应付利润　　　　　　　　　　　　　　　　300 000
　　　　贷：应付利润　　　　　　　　　　　　　　　　　　　　　300 000

【例4-60】 将"利润分配"账户所属的各明细分类账户的借方合计数625 523.19（130 209.28+195 313.91+300 000）元结转到"利润分配——未分配利润"明细分类账户的借方。其会计分录如下：

　　借：利润分配——未分配利润　　　　　　　　　　　　　　　625 523.19
　　　　贷：利润分配——提取法定盈余公积金　　　　　　　　　　130 209.28
　　　　　　　　——提取任意盈余公积金　　　　　　　　　　　　195 313.91
　　　　　　　　——应付利润　　　　　　　　　　　　　　　　　300 000

　　经过上述结转后，"利润分配——未分配利润"明细分类账户的借方合计为625 523.19元，贷方合计为1 302 092.76元，借贷方相抵后差额为676 569.57元，即为年末的未分配利润，结转到下年为年初余额。"利润分配"账户的其他各明细分类账户借贷方合计数相等，年末没有余额。利润分配各账户核算如图4-2所示。

图4-2　利润分配各账户核算示意图

思 考 题

1. 材料供应过程的主要经济业务有哪些？
2. 产品生产过程的主要经济业务有哪些？
3. 产品销售过程的主要经济业务有哪些？
4. 利润是怎样形成和分配的？
5. 资金是如何进入和退出企业的？

第五章 会计凭证

知识学习目标

※ 掌握原始凭证和记账凭证的概念和基本分类
※ 掌握原始凭证和记账凭证的填制要求及填制方法
※ 掌握原始凭证和记账凭证的审核内容
※ 理解会计凭证的传递与保管

能力训练目标

※ 能根据经济业务识别不同种类的原始凭证
※ 能根据经济业务正确填制和审核原始凭证
※ 能根据原始凭证正确填制和审核记账凭证
※ 能对会计凭证进行整理、装订与保管

第一节 会计凭证概述

一、会计凭证的概念

会计凭证简称凭证,是记录交易或事项的发生或完成情况、明确经济责任的书面证明,也是登记账簿的依据。

填制和审核会计凭证是会计核算的专门方法之一,也是会计核算工作的起点。企业发生的经济业务事项,都必须由执行和完成该项经济业务的有关人员填制或取得能证明经济业务的性质、内容、数量、金额等的会计凭证,并在会计凭证上签名或盖章,以对经济业务的合法性和凭证的真实性、完整性负责。一切会计凭证都必须经过有关人员的审核,只有审核无误的会计凭证才能作为登记账簿的依据。

二、会计凭证的作用

正确填制和审核会计凭证,对于保证会计核算资料的完整性、真实性、合法性,发挥会计在经济管理中的作用,具有十分重要的意义。

1. 取得和填制会计凭证,客观及时地反映交易或事项的发生和完成情况,是企业进行会计核算的依据

各单位首先通过取得或填制会计凭证,及时地将日常发生的交易或事项进行全面记录,保证会计信息的真实、可靠、及时。经过分类与汇总的会计凭证是登记账簿的依据,是各单位日后进行经济活动分析和会计检查的基本原始档案。

2. 填制和审核会计凭证,便于明确经济责任,强化企业内部控制

任何会计凭证除记录有关经济业务的基本内容外,还必须由有关部门和人员签名、盖章,对会计凭证所记录经济业务的真实性、正确性、合法性、合理性负责,以便分清经济责任,加强责任意识,从而促进单位内部分工协作,相互牵制,防止舞弊行为,加强内部控制。

3. 审核会计凭证,可以监督经济活动,控制经济运行

通过审核会计凭证,可以监督检查各项经济业务是否符合国家的政策、法律、法规、制度规定,是否符合企业目标和财务计划,是否有违法乱纪、奢侈浪费的现象。这样可以及时发现、制止和纠正经济管理中存在的问题和管理制度中存在的漏洞,促使企业财产物资的合理使用,保护财产物资的安全,改善经营管理,提高经济效益。

三、会计凭证的种类

经济业务的纷繁复杂决定了会计凭证是多种多样的。为了正确地使用和填制会计凭证，必须对会计凭证进行分类。会计凭证按照填制的程序和用途不同，可分为原始凭证和记账凭证。

第二节 原始凭证

一、原始凭证的概念和种类

（一）原始凭证的概念

原始凭证又称"单据"，是指在交易或事项发生或完成时取得或填制的，用以记录、证明交易、事项已经发生或完成情况的文字凭证。它是会计核算的原始资料和重要依据，是经济业务发生过程中直接产生的，是经济业务的最初证明，是具有法律效力的一种书面证明文件。

会计管理工作要求会计核算提供真实的会计资料，强调记录的经济业务必须有根有据。因此，任何单位，每发生一笔交易或事项，都必须由执行或完成该项交易或事项的有关人员取得或填制会计凭证，并在凭证上签名或盖章，以对凭证上所记载的内容负责。例如：购买商品、材料由供货方开出发票；支出款项由收款方开出收据；接收商品、材料入库要有收货单；发出商品要有发货单；发出材料要有领料单，等等。这些发票、收据、收货单、发货单、领料单、各种转账结算凭证等都是原始凭证。

凡是不能证明交易或事项已经发生或完成情况的各种书面文件，如"借款协议""购料申请单""购销合同""生产计划""费用预算表""派工单"等，不能作为原始凭证据以记账。

（二）原始凭证的种类

1. 原始凭证按其来源不同，分为外来原始凭证和自制原始凭证两类

（1）外来原始凭证。外来原始凭证是指在交易或事项发生或完成时，从外单位或个人处直接取得的原始凭证。如购买材料物资从供货单位取得的增值税专用发票、办理货款结算取得的银行结算凭证、收款单位或个人开具的收款收据、出差人员取得的车船票和住宿费单等。外来原始凭证的格式见表5-1～表5-3。

表5-1 山西省增值税专用发票

发票联

No. 00860788
开票日期：　　年　月　日

购货单位	名　　称：		密码区
	纳税人识别号：		
	地　址、电　话：		
	开户行及账号：		

货物或应税劳务名称	规格型号	单位	数量	单价	金额	税率	税额
合计							

价税合计（大写）　　　　　　　　　　　　　　（小写）¥：

销货单位	名　　称：	备注
	纳税人识别号：	
	地　址、电　话：	
	开户行及账号：	

收款人：　　复核：　　开票人：　　销货单位：（章）

第三联：发票联 购货方记账凭证

表5-2 中国工商银行进账单（回单或收账通知）

2019年1月8日　　　　　　　　　　　　　　第　　号

付款人	全称	市物资回收公司	收款人	全称	广发工业公司
	账号	805-311-426		账号	805-663-5740
	开户银行	工行延安路分理处		开户银行	工行滨河路分理处

人民币（大写）	贰仟捌佰零拾零元零角零分	万	千	百	十	元	角	分
		¥	2	8	0	0	0	0

票据种类	转账支票	票据张数	壹张	收款人开户银行盖章
票据号码		038291320		
单位主管　　会计　　复核　　记账				

表5-3 收款收据

2019年2月20日　　　　　　　　　　　　No 00293128

交款单位　江苏天山工业公司　　　　　收款方式　现金
人民币（大写）　叁佰元整　　　　　　（小写）¥ 300.00
收款事由　清理费

2019年2月20日

单位盖章：淮安快捷物业公司　　记账：　　出纳：李虎　　审核：　　经办：魏晔

（2）自制原始凭证。自制原始凭证是指由本单位内部经办业务的部门和人员，在执行或完成某项交易或事项时，根据业务的内容填制的、仅供本单位内部使用的原始凭证。如销售产品时对外开出的销售发票，仓库收发材料时开出的"领料单""收料单""产品入库单""产品出库单"，计算折旧时填写的折旧计算表，职工出差借款填写的借款单以及差旅费报销单等。自制原始凭证的一般格式见表5-4~表5-7。

表5-4　收料单

供应单位：南京庆丰公司　　　　　2019年1月21日

发　票　号：No.007363　　　　　　　　　　　　　　　　　　　编号：20013

类别	材料名称	规格材质	单位	数量		实际成本			
				应收	实收	单价	发票价格	运杂费	合计
	乙材料		吨	30	30	2 400	72 000		72 000

备注：

仓库主管：胡宝冠　　　材料会计：石娇　　　收料员：钱枫　　　经办人：张敬　　　制单：齐萌

表5-5　领料单

领料部门：　生产二车间　　　　　2019年1月5日

用　　途：　生产B产品　　　　　　　　　　　　　　　　　　　编号：1220023

材料类别	材料编号	名称	规格	计量单位	请领数量	实发数量	单位成本	金额
	0912	钢管	⌀20mm	kg	1 000	1 000	6.2	6 200.00
备注：							合计	6 200.00

记账：石娇　　　领料人：冷康康　　　发料人：钱枫　　　领料部门负责人：薛恺

表5-6　借款单

借款日期2019年1月12日

单位或部门	采购部	借款事由	采购材料
申请借款金额	人民币金额（大写）叁仟元整	￥：3 000.00	
批准金额	人民币金额（大写）叁仟元整	￥：3 000.00	
领导批示	王林	财务主管	周明	借款人	周涛

表5-7　差旅费报销单

2019年12月10日

姓　名		李丽		出差事由		洽谈业务		出差日期		自2019年11月26日至2019年12月5日共10天			
起讫时间及地点				车船票		夜间乘车补助费			出差乘补费		住宿费		其他
月	日	起	月	日	讫	类别	金额	时间	标准	金额	天数	标准	金额	天数	金额	金额
11	26	A市	11	26	北京	汽车	140.00									
11	26	A市	12	4	北京						9	50.00	450.00	9	2 160	
12	4	北京	12	5	A市	汽车	140.00									
		小　　计					280.00				9	50.00	450.00	9	2 160	

附单据共4张

合计人民币金额（大写）贰仟捌佰玖拾元零角零分　　　　合计人民币金额（小写）：¥2 890.00

预支3 000.00　　　　报销2 890.00　　　　退（补）110.00

会计主管：孙梅　　　　　　部门：销售部　　　　　　经手人：李丽

交易或事项一般是在单位和单位之间发生的，反映这项交易或事项只需一方开出凭证。因此，开出的凭证一般是一式两联或一式多联的，对于开出的一方来说是自制原始凭证，对于取得的一方来说就是外来原始凭证。

2. 原始凭证按其填制方法不同，可分为一次原始凭证、累计原始凭证和汇总原始凭证

（1）一次原始凭证。一次原始凭证是指反映一项交易或事项或同时反映若干同类交易或事项时，填制手续一次完成的原始凭证。它是一次有效的凭证，即一次填写完毕就不能再次填写使用的凭证。外来原始凭证都是一次原始凭证，自制原始凭证中大多数也是一次原始凭证，如增值税专用发票、普通发票、收料单、借款单、收据等。

（2）累计原始凭证。累计原始凭证是指在一定时期内，在一张凭证中连续登记不断重复发生的若干同类交易或事项的原始凭证。它是多次有效的原始凭证，能随时结出累计数及结余数，并按照费用限额进行费用控制，期末按实际发生额记账。它主要适用于一些经常重复发生的交易或事项，如工业企业使用的限额领料单，它可以在核定的限额内多次领用材料，并可以多次记载有关的业务内容。限额领料单的格式见表5-8。

表5-8　限额领料单

领料车间：生产一车间　　　　　　　　　　　　　　　　发料仓库：3号库

用　途：生产A产品　　　　2019年12月　　　　编　号：900418

材料类别	材料编号	材料名称	规格	计量单位	单价	领用限额	实际领用	
							数量	金额
	1312	钢管	⌀25mm	m	620	500	480	297 600

日期	请领		实发			限额结余	退库	
	数量	负责人签章	数量	发料人	领料人		数量	退料单编号
12/2	150	薛恺	150	钱枫	冷康康	350		
12/15	150	薛恺	150	钱枫	冷康康	200		
12/22	180	薛恺	180	钱枫	冷康康	20		
12/31	480		480			20	20	09124#
累计实发金额			贰拾玖万柒仟陆佰元					

采购部门负责人：薛志强　　　　　生产部门负责人：邹志远　　　　　仓库负责人：胡宝冠

(3) 汇总原始凭证。汇总原始凭证是将一定时期内反映交易或事项内容相同的若干张原始凭证,按照一定标准综合汇总填制在一张凭证上的原始凭证,亦称原始凭证汇总表。汇总原始凭证可以简化核算手续,提高核算工作效率,使核算资料更为系统化,并为根据原始凭证直接登记账簿提供依据,如收料凭证汇总表、发料凭证汇总表、工资分配汇总表、差旅费报销单等。汇总原始凭证的一般格式见表5-9、表5-10。

表5-9　发料凭证汇总表

单位：江苏天和工业公司　　　　2019年1月1日～31日　　　　　　　　附件：28张

材料名称＼借方科目	生产成本	制造费用	管理费用	……	合计
甲材料	224 000				224 000
乙材料	96 000				96 000
丙材料	240 000	60 000	3 000		303 000
合计	560 000	60 000	3 000		623 000

会计主管：王冲　　　　记账：石娇　　　　审核：孙岩　　　　填制：齐萌

表5-10　工资分配汇总表

2019年1月31日

部门	岗位工资	薪级工资	职务津贴	补贴	……	应发工资	公积金	失业保险	……	实发合计
经理室	5 400	7 950	5 800	800		19 950	2 400	470		17 080
生产总部	98 700	14 500	8 510	2 000		123 710	15 900	2 400		105 410
……	……	……	……	……	……	……	……	……	……	……
合计										

会计主管：张铁　　　　复核：刘刚　　　　制表：王强

汇总原始凭证只能将同类内容的经济业务汇总在一张凭证上,不能将不同类的经济业务汇总在一起。

3. 原始凭证按照格式不同,可分为通用原始凭证和专用原始凭证

(1) 通用原始凭证。通用原始凭证是指由有关部门统一印制、在一定范围内使用的具有统一格式和使用方法的原始凭证。它的使用范围可以是某一地区、某一行业,也可以是全国,由其主管部门制定,如全国统一使用的"银行承兑汇票""增值税专用发票",中国人民银行统一制定的"支票""银行汇票"等结算凭证等。

(2) 专用原始凭证。专用原始凭证是指由单位自行印制、仅在本单位内部使用的原始凭证,如某单位的收料单、领料单、工资费用分配表、折旧计算表等。

二、原始凭证的基本内容

原始凭证是会计核算的基础和起点,是记账的原始依据。任何一张原始凭证都必须同时具备一些相同的内容,这些内容被称为原始凭证的基本内容或基本要素。原始凭证的基本内容主要包括以下几个方面:

(1)原始凭证的名称。
(2)填制原始凭证的日期和编号。
(3)接受原始凭证的单位名称。
(4)交易或事项的基本内容,包括交易或事项的内容摘要、数量、单价、金额等。
(5)填制凭证单位名称或者填制人名称。
(6)有关人员(部门负责人、经办人员)签章。

在实际工作中,原始凭证除了具有以上基本内容外,还可以根据经营管理和特殊业务的需要等,补充一些必要的内容,如计划任务、工作令号、合同号数、预算项目等。有些特殊的原始凭证,可不加盖公章,但这种凭证一般有固定的特殊标志,如铁路部门统一印制的火车票等。

三、原始凭证的填制要求及书写规范

原始凭证是会计核算的原始依据,是明确经济责任的具有法律效力的文件,所以对其填制方法有严格的要求。

1.记录要真实

原始凭证填制的内容和各项数据必须真实可靠,必须根据实际发生的交易或事项填制,任何单位不得以虚假的交易或事项或资料填制原始凭证。对实物的数量和金额计算,要准确无误,不能填写估计数或匡算数。

2.内容要完整

原始凭证的各项内容必须逐项填写齐全,凭证的填制日期、交易或事项的内容、数量、金额都必须认真填写,不得遗漏和省略。

3.手续要完备

单位自制的原始凭证必须有经办单位领导人或者其他指定的人员签名盖章;对外开出的原始凭证必须加盖本单位公章;从外部取得的原始凭证,必须盖有填制单位的公章;从个人处取得的原始凭证,必须有填制人员的签名盖章。购买实物的原始凭证,必须有验收证明;支付款项的原始凭证,必须有收款单位和收款人的收款证明;发生销货退回的,除填制退货发票外,还必须有退货验收证明;退款时,必须取得对方的收款收据或者银行汇款的凭证,不得以退货发票代替收据。经办业务的有关部门和人员要认真审核,经审核合格的凭证必须签名盖章,做到手续完备,经济责任明确。

4.书写要清楚规范

原始凭证要按规定填写,文字应简要,字迹要清楚、易于辨认,不得使用未经国务院公布的简化汉字。如果填写过程中出现文字或数字错误，不得任意涂改、刮擦或挖补，应按规定的方法予以更正。书写时要符合下列技术性要求：

（1）各种凭证的书写要按规定使用蓝黑、碳素墨水，字迹要工整、清晰，易于辨认。属于套写的凭证，要一次套写清楚，不能描写。

（2）大小写金额必须相符且填写规范，小写金额用阿拉伯数字逐个书写，不得写连笔字。在金额前要填写人民币符号"¥"，人民币符号"¥"与阿拉伯数字之间不得留有空白。金额数字一律填写到角、分，无角、分的，写"00"或符号"-"；有角无分的，分位写"0"，不得用符号"-"。大写金额用汉字壹、贰、叁、肆、伍、陆、柒、捌、玖、拾、佰、仟、万、亿、元、角、分、零、整等，一律用正楷或行书字书写。大写金额前未印有"人民币"字样的，应加写"人民币"三个字，"人民币"字样和大写金额之间不得留有空白。大写金额到元或角为止的，后面要写"整"或"正"字；有分的，不写"整"或"正"字。如小写金额为¥4 009.00，大写金额应写成"肆仟零玖元整"。

（3）编号要连续。如果原始凭证已预先印定编号，在写坏作废时，应加盖"作废"戳记，妥善保管，不得撕毁。

（4）不得涂改、刮擦、挖补。原始凭证有错误的，应当由出具单位重开或更正，更正处应当加盖出具单位印章。原始凭证金额有错误的，应当由出具单位重开，不得在原始凭证上更正。

5．填制要及时

各种原始凭证一定要及时填写，并按规定的程序及时送交会计机构、会计人员进行审核。

四、原始凭证的审核

为了如实反映交易或事项的发生和完成情况，保证会计信息的真实、可靠，充分发挥会计监督职能的作用，应由有关人员对填制和取得的原始凭证进行审核。只有审核无误后，才能作为记账的依据。这既是会计的基础工作，也是会计监督的重要环节。原始凭证的审核主要包括以下几个方面的内容：

1．审核原始凭证的真实性

原始凭证是会计核算的原始资料，其真实与否直接影响着会计信息的质量。真实性的审核包括原始凭证是否根据实际发生的交易或事项填列，原始凭证的日期是否真实、业务内容是否真实、数据是否真实等。对于外来原始凭证，必须有填制单位发票专用章和填制人的签章；对于自制原始凭证，必须有经办部门和经办人的签名或盖章；对于通用原始凭证，还应审核凭证本身的真伪，以防假冒。

2．审核原始凭证的合法性和合理性

审核原始凭证所反映的交易或事项是否合法、合理，即是否符合有关政策、法律、制度、计划、预算和合同等规定，是否符合审批权限和手续，是否履行了规定的凭证传递程序；费用开支是否符合开支标准、是否符合节约原则等。对于违法乱纪、涂改、伪造冒领等非法行为，应扣留凭证，根据有关法规，进行严肃处理。

3．审核原始凭证的完整性

审核原始凭证的项目内容是否填列齐全，手续是否完备，凭证联次是否正确，有关经办人员是否都已签名或盖章，是否经过有关主管人员审批同意等。

4．审核原始凭证的正确性

审核原始凭证内容是否正确，包括在原始凭证上填写的数量、单价、金额等数据是否清晰且计算正确，文字是否工整、书写是否规范，凭证联次是否连续，有无刮擦、涂改和挖补等。

5．审核原始凭证的及时性

审核交易或事项发生或完成时是否及时填制了有关原始凭证，是否及时进行了凭证的传递。审核时应注意审查凭证的填制日期，尤其是支票、银行汇票等时效性较强的原始凭证，更应仔细验证其签发日期。

原始凭证的审核，是一项严肃而细致的工作，会计人员必须坚持原则，履行应尽的职责。任何单位和个人都不允许以任何方式要求和强迫会计机构和会计人员为违法和虚假事项制造掩护。

6．审核后原始凭证的处理

（1）对于完全符合要求的原始凭证，应及时据以编制记账凭证入账。

（2）对于真实、合法、合理但内容不够完整、填写有错误的原始凭证，应退回给有关经办人员，由其负责将有关凭证补充完整、更正错误或重开后，再办理正式会计手续；但原始凭证金额有错误的，应当由出具单位重开，不得在原始凭证上更正。

（3）对于不真实、不合法的原始凭证，会计机构和会计人员有权不予接受，并向单位负责人报告。

第三节 记账凭证

一、记账凭证的概念及种类

（一）记账凭证的概念

记账凭证又称记账凭单，是会计人员根据审核无误的原始凭证填制的，简要载明交易或事项内容、确定会计分录并作为记账依据的会计凭证。它是介于原始凭证与账簿之间的中间环节，将原始凭证中的一般数据转化为会计语言，是登记账簿的直接依据。

(二)记账凭证的种类

1. 记账凭证按其使用范围的不同,分为专用记账凭证和通用记账凭证

(1)专用记账凭证。专用记账凭证是指专门记录某一类经济业务的记账凭证。专用记账凭证按照记录的交易或事项是否与货币资金的收付有关,又可分为收款凭证、付款凭证和转账凭证。专用记账凭证一般适用于企业规模较大、经济业务数量以及收付款业务较多的单位。

1)收款凭证。收款凭证是指用来记录现金和银行存款收入业务的记账凭证,分为现金收款凭证和银行存款收款凭证,其格式见表5-11。

表5-11 收款凭证

借方科目: 　　　　　　　　　年　月　日　　　　　　　字第_____号

摘要	贷方科目		金额										附单据
	总账科目	明细科目	千	百	十	万	千	百	十	元	角	分	√
													张

会计主管:　　　　记账:　　　　出纳:　　　　复核:　　　　制单:

2)付款凭证。付款凭证是指用来记录现金和银行存款付出业务的记账凭证,分为现金付款凭证和银行存款付款凭证。对于库存现金和银行存款之间的相互划转业务,为避免重复记账,只填付款凭证,不填收款凭证。付款凭证的格式见表5-12。

表5-12 付款凭证

贷方科目: 　　　　　　　　　年　月　日　　　　　　　字第_____号

摘要	借方科目		金额										附单据
	总账科目	明细科目	千	百	十	万	千	百	十	元	角	分	√
													张

会计主管:　　　　记账:　　　　出纳:　　　　复核:　　　　制单:

3)转账凭证。转账凭证是指用来记录不涉及现金和银行存款收付款业务的交易或事项的记账凭证,即用于记录转账业务的记账凭证。转账凭证的格式见表5-13。

表5-13 转账凭证

　　　　　年　　月　　日　　　　　　　　　　　　　　　转字第　　号

摘要	总账科目	明细科目	借方金额									贷方金额									√	
			百	十	万	千	百	十	元	角	分	百	十	万	千	百	十	元	角	分		附单据　　　　张
合　计																						

会计主管：　　　　审核：　　　　记账：　　　　制单：

（2）通用记账凭证。通用记账凭证是指使用统一的格式记录所有发生的交易或事项的记账凭证。在交易或事项比较简单、经营规模较小的单位，为了简化会计凭证，不再划分收款凭证、付款凭证和转账凭证，一般使用通用记账凭证记录所发生的各种交易或事项。通用记账凭证的格式与转账凭证基本相同，只是凭证的名称不一样。通用记账凭证的格式见表5-14。

表5-14 通用记账凭证

　　　　　年　　月　　日　　　　　　　　　　　　　　　第　　号

摘要	总账科目	明细科目	借方金额									贷方金额									√	
			百	十	万	千	百	十	元	角	分	百	十	万	千	百	十	元	角	分		附单据　　　　张
合　计																						

会计主管：　　记账：　　出纳：　　审核：　　制单：

2．记账凭证按其填制方式的不同，分为单式记账凭证和复式记账凭证

（1）单式记账凭证。单式记账凭证是指按每笔交易或事项所涉及的每个会计科目，分别填制的记账凭证，即一张凭证上只填制一个会计科目的记账凭证。其中，只记录借方账户的称为借项记账凭证，只记录贷方账户的称为贷项记账凭证。采用单式记账凭证使每笔交易或事项至少要填制两张记账凭证，其优点是便于分工记账和编制科目汇总表；但填制凭证的工作量较大，数量较多，且不能在一张凭证上完整地反映经济业务的全貌，也不便于查账。单式记账凭证的格式及内容见表5-15和表5-16。

表5-15 借项记账凭证

对应科目：银行存款　　　　　　2019年1月17日　　　　　　　　　编号：$29\frac{1}{2}$

摘　要	一　级　科　目	二级或明细科目	金　　额	记　　账	附件1张
归还前欠货款	应付账款	北方建材公司	1 247 500		

会计主管：　　　　记账：　　　　出纳：薛凯　　　　审核：　　　　制单：赵敏

表5-16 贷项记账凭证

对应科目：应付账款　　　　　　2019年1月17日　　　　　　　　　编号：$29\frac{2}{2}$

摘　要	一　级　科　目	二级或明细科目	金　　额	记　　账	附件1张
归还前欠货款	银行存款		1 247 500		

会计主管：　　　　记账：　　　　出纳：薛凯　　　　审核：　　　　制单：赵敏

（2）复式记账凭证。复式记账凭证是指能反映一笔完整交易或事项的记账凭证，即凡属于同一笔经济业务的会计分录，不论涉及几个会计科目，一般都要填制在一张记账凭证上。在实际工作中，普遍使用的是复式记账凭证。上述收款、付款、转账凭证及通用记账凭证的格式都属于复式记账凭证。复式记账凭证可以集中反映账户的对应关系，有利于了解交易或事项的全貌，便于查账，同时还可以减少编制记账凭证的数量，但不便于分工记账及会计科目的汇总。

二、记账凭证的基本内容

作为登记会计账簿直接依据的记账凭证，因各单位规模大小不同，其反映交易或事项的内容以及对会计核算的要求也不同，所以记账凭证多种多样。但各种记账凭证都必须保证会计核算的基本要求，必须具备以下基本内容（凭证要素）：

（1）记账凭证的名称。
（2）填制记账凭证的日期。
（3）记账凭证的编号。
（4）经济业务事项的内容摘要。
（5）经济业务事项所涉及的会计科目及其记账方向。
（6）经济业务事项的金额。
（7）记账标记。
（8）所附原始凭证张数。
（9）会计主管、记账、审核、制单等有关人员的签章。此外，收款和付款凭证还需有出纳人员的签章。

三、记账凭证填制的要求及书写规范

（一）记账凭证填制的要求

记账凭证的填制，除必须做到记录真实、内容完整、填制及时、书写清楚规范和手续完备外，还应符合以下要求：

1．确定应使用的记账凭证

使用专用记账凭证的单位，应根据经济业务的性质，先确定使用收款凭证、付款凭证还是转账凭证。对于涉及现金和银行存款之间的划转业务，如将现金存入银行或从银行提取现金，一般只需填制付款凭证，以避免重复记账。

2．恰当填写"摘要"栏

记账凭证中"摘要"栏的填写，一要真实准确，二要简明扼要。对于冲销或补充等更正查错事项，在其所编记账凭证"摘要"栏内应注明"注销某月某日某号凭证"或"订正某月某日某号凭证"字样。

3．确定会计分录

按会计制度的规定和借贷记账法的记账规则，要确定会计分录，不得任意变更会计科目的名称和核算内容。会计科目应填写全称，不得简写或只写编号而不写名称。要写明必要的二级科目和明细科目。

4．记账凭证必须连续编号

记账凭证编号必须连续，以便日后查考，避免凭证散失。在进行编号时，一般以一个结账期为号码的起讫期，分别从1号编起。采用通用记账凭证时，可按经济业务发生的顺序编号。采用专用记账凭证时，可采用"字号编号法"，即收字第×号、付字第×号和转字第×号。一笔经济业务需要填制两张及两张以上记账凭证时，可采用"分数编号法"。例如，一笔转账业务需要填制两张凭证，凭证的连续编号为6，则可编为"转字$6\frac{1}{2}$号""转字$6\frac{2}{2}$"号。每月月末，应在最后一张记账凭证的编号旁加注"全"字。记账凭证无论采用哪一种编号方法，都不得采用按年或按季连续编号方法。

5．不得随意汇编、拆编记账凭证

记账凭证可以根据每一张原始凭证填制，或者根据若干张同类原始凭证汇总填制，也可以根据原始凭证汇总表填制。但不得将不同内容和类别的原始凭证汇总填列在一张记账凭证上，也不能人为地把一笔经济业务任意割裂开来填制在几张记账凭证上。

6．要注明所附原始凭证的张数

每张记账凭证必须注明所附原始凭证的张数，以便日后查对。如果根据同一原始凭证填制几张记账凭证，可以把原始凭证附在一张主要的记账凭证后面，并在其他记账凭证"摘要"栏内注明附有该原始凭证的记账凭证的编号；或者在其他记账凭证后附原始凭复印件。

除结账和更正错误的记账凭证可以不附原始凭证外，其他记账凭证必须附有原始凭证。原始凭证附件张数的计算方法有两种：

（1）按构成记账凭证金额的原始凭证或原始凭证汇总表计算张数，原始凭证或原始凭证汇总表所附的单据，只作为附件的附件处理。例如，市内交通费、邮寄费、业务招待费等单据，因数量多，可粘贴在一张表上，作为一张原始凭证附件，但该表上同样要注明张数。

（2）以所附原始凭证的自然张数为准，有一张算一张。

7. 要正确处理填错的记账凭证

填制记账凭证时如发生错误，应当作废重新填制。如已登记入账，则应按规定的方法进行更正，具体处理方法如下：

（1）已经登记入账的记账凭证在当年内发现会计科目填写错误时，可以用红字填写一张与原内容相同的记账凭证，在摘要栏注明"注销某月某日某号凭证"字样，同时再用蓝字重新填写一张正确的记账凭证，注明"订正某月某日某号凭证"字样。

（2）如果会计科目没有错误只是金额错误，也可以将正确数字与错误数字之间的差额，另编制一张调整的记账凭证，调增金额用蓝字，调减金额用红字。

（3）发现以前年度记账凭证有错误的，应当用蓝字填制一张更正的记账凭证。

8. "金额"栏填写要规范，空行要画线注销

填写金额时，阿拉伯数字要填写规范，所占格宽应以不超过1/2为原则，不要写满格，并平行对准借贷栏次和科目栏次，防止串行。金额数字要写到分位，角分位没有数字要填上"00"，角分位的数字要与元位的数字平行，不得上下错开。要在金额合计行填写合计金额，并在前面写上"¥"符号。不是合计金额，则不填写货币符号。记账凭证"金额"栏在填制完经济业务事项后，如有空行，应当自金额栏最后一笔金额数字下的空行处至合计数上的空行处画斜线注销。

9. 会计电算化的记账凭证要规范

实行会计电算化的单位，记账凭证的填制应该符合手工记账凭证的一切要求，打印出来的记账凭证要加盖相关人员的签章。

（二）记账凭证填制的书写规范

1. 收款凭证填制的书写规范

收款凭证是根据现金或银行存款收款业务的原始凭证填制的。收款凭证上的日期填写填制凭证时的日期。"摘要"栏内应填写经济业务的简要说明。左上方"借方科目"后应填写"库存现金"或"银行存款"科目，"贷方"栏应填写与收入库存现金或银行存款相对应的一级科目和二级或明细科目。各一级科目的应贷金额，应填入与本科目同一行的"金额"栏中；所属明细科目应贷金额应填入与各明细科目同一行的"金额"栏中。各一级科目应贷金额应等于所属各明细科目应贷金额之和。借方科目应借金额应为"合计"行的合计金额。"记账"栏注明记入总账或日记账、明细账的页次，也可以画"√"表示已登记入账。附单据张数填写所附原始凭证的张数。

【例5-1】 某企业2019年1月15日向银行借入为期3个月的生产经营周转借款100 000元，存入银行。应填制的收款凭证见表5-17。

表5-17　收款凭证

借方科目：银行存款　　　　　2019年1月15日　　　　　　　　　　　　银收字第 51 号

摘要	贷方		金额									记账	附单据壹张
	总账科目	明细科目	千	百	十	万	千	百	十	元	角	分	
向银行借生产周转款	短期借款			1	0	0	0	0	0	0	0	0	
合　计			¥	1	0	0	0	0	0	0	0	0	

会计主管：　　　记账：　　　出纳：李红　　　复核：　　　制单：赵明

2．付款凭证填制的书写规范

付款凭证是根据库存现金或银行存款付款业务的原始凭证填制的。左上方"贷方科目"后应填写"库存现金"或"银行存款"科目。"借方"栏应填写与付出库存现金或银行存款相对应的一级科目和二级或明细科目。其他内容与收款凭证基本相同。

【例5-2】 某企业2019年1月18日，采购员张明预借差旅费2 000元，以现金支付。应填制的付款凭证见表5-18。

表5-18　付款凭证

贷方科目：库存现金　　　　　2019年1月18日　　　　　　　　　　　　现付字第 15 号

摘要	借方		金额									记账	附单据壹张
	总账科目	明细科目	千	百	十	万	千	百	十	元	角	分	
预借差旅费	其他应收款	张明					2	0	0	0	0	0	
合　计						¥	2	0	0	0	0	0	

会计主管：　　　记账：　　　出纳：李红　　　复核：　　　制单：赵明

出纳人员对于已经收讫的收款凭证和已经付讫的付款凭证，以及它们所附的有关原始凭证，都要加盖"收讫"或"付讫"的戳记，以免发生重收、重付等差错。出纳人员和有关记账人员都应根据盖有"收讫"或"付讫"戳记的收款凭证和付款凭证登记有关账簿。

3．转账凭证填制的书写规范

转账凭证是根据不涉及现金和银行存款收付的转账业务的原始凭证填制的。"总账科目"和"明细科目"栏应分别填写应借应贷的一级科目和所属二级或明细科目。借方科目的应记金额，在与借方科目同一行的"借方金额"栏填记；贷方科目的应记金额，在与贷方科目同一行的"贷方金额"栏填记；"借方金额"栏合计数与"贷方金额"栏合计数应相等。其他内容的填制方法与收款凭证、付款凭证基本相同。

【例5-3】某企业2019年1月20日为生产A产品领用甲材料24 720元。应填制的转账凭证见表5-19。

表5-19　转账凭证

2019年1月20日　　　　　　　　　　　　　　　　　转字第 147 号

摘　要	总账科目	明细科目	借方金额 百十万千百十元角分	贷方金额 百十万千百十元角分	√
生产领料	生产成本	A产品	2 4 7 2 0 0 0		附单据壹张
	原材料	甲材料		2 4 7 2 0 0 0	
	合　计		￥2 4 7 2 0 0 0	￥2 4 7 2 0 0 0	

会计主管：　　　　审核：　　　　记账：　　　　制单：赵敏

4．通用记账凭证填制的书写规范

通用记账凭证的填制与转账凭证的填制方法基本相同。通用凭证不设主体科目栏，经济业务涉及的会计科目全部填写在"总账科目"和"明细科目"栏内，借方科目在前，贷方科目在后，借方科目的金额填入"借方金额"栏，贷方科目的金额填入"贷方金额"栏。

【例5-4】某企业2019年1月23日从光明公司购买甲材料1 000千克，以银行存款支付买价10 000元，增值税1 300元。应填制的通用记账凭证见表5-20。

表5-20　通用记账凭证

2019年1月23日　　　　　　　　　　　　　　　　　第 121 号

摘　要	总账科目	明细科目	借方金额 百十万千百十元角分	贷方金额 百十万千百十元角分	√
购买甲材料	在途物资	甲材料	1 0 0 0 0 0 0		附单据叁张
	应交税费	应交增值税（进项税额）	1 3 0 0 0 0		
	银行存款			1 1 3 0 0 0 0	
	合　计		￥1 1 3 0 0 0 0	￥1 1 3 0 0 0 0	

会计主管：　　　记账：　　　出纳：薛凯　　　审核：　　　制单：赵敏

四、记账凭证的审核

记账凭证是登记账簿的依据。为了保证账簿记录的正确性，任何记账凭证在登记入账前都应由专人对其进行认真、严格的审核。记账凭证审核的主要内容有：

1. 内容是否真实

审核记账凭证是否附有原始凭证，所附原始凭证的内容与记账凭证的内容是否一致，原始凭证汇总表的内容与其所依据的记账凭证的内容是否一致等。

2. 项目是否齐全

审核记账凭证各项目的填写是否齐全，如日期、凭证编号、摘要、会计科目、金额、所附原始凭证张数及有关人员签章等。

3. 科目是否正确

审核记账凭证的应借、应贷科目是否正确，是否有明确的账户对应关系，所使用的会计科目是否符合有关会计制度的规定。

4. 金额是否正确

审核记账凭证所记录的金额与原始凭证的有关金额是否一致，原始凭证汇总表的金额与记账凭证的金额合计是否相符，原始凭证中的数量、单价、金额计算是否正确等。

5. 书写是否正确

审核记账凭证中的记录是否文字工整、数字清晰，是否按规定使用蓝黑墨水，是否按规定进行更正等。

在审核过程中，如果发现差错，应及时查明原因，按规定的办法及时处理和更正，只有经过审核无误的记账凭证，才能据以登记账簿。如果发现尚未入账的错误记账凭证，应当重新填制。

第四节 会计凭证的传递和保管

一、会计凭证的传递

会计凭证的传递是指会计凭证从填制起，经过审核、记账、装订到保管归档为止，在单位内部有关部门和人员之间的传送程序。

正确组织会计凭证的传递，对于提高会计核算的及时性、合理组织经济活动、贯彻经济责任制、加强会计监督具有重要的意义。

通过会计凭证的传递，有利于及时地反映各项经济业务的发生或完成情况。从经济业务的发生到账簿登记有一定的时间间隔，通过明确会计凭证的传递程序和传递时间，就能把有关经济业务的完成情况，及时地传递到有关部门和人员，以保证会计凭证按时送到财务会计部门，及时记账、结账，并按规定编制会计报表。这样，就可以及时、正确地反映各项经济业务的完成情况，提高工作效率。

会计凭证的传递，有利于正确地组织经济活动，加强会计监督。经济业务的发生或完成及记录，是由若干责任人共同负责、分工完成的，因此，正确组织会计凭证的传递，能把本单位各有关部门和人员的活动紧密地联系起来，可以明确各部门及人员的分工协作关系、强化各工作环节之间的监督和制约作用，体现了经济责任制度的执行情况。

会计凭证实际上起着相互牵制、相互监督的作用，它可以督促各有关部门和人员及时、正确地完成各项交易或事项，并按规定办理好各种凭证手续，从而有利于加强岗位责任制，有利于发挥会计的监督职能。

各单位在制订会计凭证的传递程序、规定其传递时间时，应注意以下两个方面的问题，以合理地组织会计凭证的传递。

（1）规定传递线路。各单位应根据交易或事项的特点，结合内部机构和人员分工情况，以及满足经营管理和会计核算的需要，规定会计凭证的传递程序，并据此规定会计凭证的份数，以使经办业务的部门和人员能及时地办理各种凭证手续。这样做既符合内部牵制原则，又能加速业务处理过程，提高工作效率。

（2）规定传递时间。各单位要根据有关部门和人员办理经济业务的情况，恰当地规定凭证在各环节的停留时间和交接时间。例如，对于比较重要的交易或事项应实行严格的控制制度，采取较多的控制环节，因而凭证的传递时间可相对长一些，反之则短一些。只有把会计凭证从填制、审核、记账，一直到保管紧密结合起来，环环相接，有条不紊，才能使会计凭证迅速、及时传递，从而保证会计核算的质量。

在会计凭证的传递过程中，如果遇到不合理的环节，应根据实际情况及时加以修改，确保会计凭证传递程序和传递时间的合理化、制度化和科学化。

二、会计凭证的保管

会计凭证的保管是指会计凭证记账后的整理、装订、归档和存查工作。会计凭证作为记账依据，是重要的会计档案之一，会计机构、会计人员要妥善整理、保管，不得散乱丢失，更不得任意销毁。

会计凭证的保管主要有下列要求：

（1）会计凭证应定期装订成册，防止散失。从外单位取得的原始凭证遗失时，应取得原签发单位盖有公章的证明，并注明原始凭证的号码、金额、内容等，由经办单位会计机构负责人、会计主管人员和单位负责人批准后，才能代作原始凭证。若确实无法取得证明的，如车票丢失，则应由当事人写明详细情况，由经办单位会计机构负责人、会计主管人员和单位负责人批准后，代作原始凭证。

（2）会计凭证封面应注明单位名称、凭证种类、凭证张数、起止号数、年度、月份、会计主管人员、装订人员等有关事项，会计主管人员和保管人员应在封面上签章。

（3）会计凭证应加贴封条，防止抽换凭证。原始凭证不得外借，其他单位如有特殊原因确实需要使用时，经本单位会计机构负责人、会计主管人员批准，可以复印。向外单位提供的原始凭证复印件，应在专设的登记簿上登记，并由提供人员和收取人员共同签名、盖章。

（4）原始凭证较多时可单独装订，但应在凭证封面注明所属记账凭证的日期、编号和种类，同时在所属的记账凭证上应注明"附件另订"及原始凭证的名称和编号，以便查阅。

（5）严格遵守会计凭证的保管期限要求，按照会计档案保管期限的要求，会计凭证保管期限为30年，期满前不得任意销毁。

（6）每年装订成册的会计凭证，在年度终了时可暂由单位会计机构保管一年，期满后应当移交本单位档案机构统一保管；未设立档案机构的，应当在会计机构内部指定专人保管。

思 考 题

1. 原始凭证的种类有哪些？
2. 原始凭证的基本内容包括哪些？
3. 填制和取得原始凭证有哪些要求？
4. 如何审核原始凭证？
5. 记账凭证的种类有哪些？
6. 记账凭证的基本内容包括哪些？
7. 怎样编制记账凭证？
8. 如何审核记账凭证？

第六章 会计账簿

知识学习目标

※ 掌握会计账簿的启用规则和记账规则
※ 掌握库存现金日记账和银行存款日记账的登记
※ 掌握总分类账和明细分类账的登记
※ 理解总分类账和明细分类账平行登记的要点并掌握其登记方法
※ 掌握对账、结账及错账更正的方法

能力训练目标

※ 能正确设置与登记日记账
※ 能正确设置与登记总分类账及明细分类账
※ 会进行对账、结账
※ 能利用正确方法查找错账并进行更正

第一节　会计账簿概述

一、会计账簿的概念及作用

（一）会计账簿的概念

会计账簿又称"账簿"或"账册"，是指由具有一定格式账页组成的，以审核无误的会计凭证为依据，用来全面、系统、连续地记录各项经济业务的簿籍。根据我国《会计法》规定，各单位应当按照国家统一的会计制度的规定和会计业务的需要设置会计账簿。

（二）会计账簿的作用

设置和登记账簿是会计核算的一种专门方法，是编制会计报表的基础，是连接会计凭证与会计报表的中间环节，在会计核算中具有重要意义。

1. 通过账簿的设置和登记，记载、储存会计信息

将会计凭证所反映的经济业务一一记入有关账簿，可以全面反映企业的全部交易或事项在一定时期内所发生的增减变动情况，储存所需要的各种会计信息。

2. 通过账簿的设置和登记，分类、汇总会计信息

通过账簿记录，一方面可以分门别类地反映各项经济业务，提供一定时期内交易或事项的详细情况；另一方面可以通过发生额和余额的计算，提供各方面所需要的总括会计信息和明细会计信息。

3. 通过账簿的设置和登记，检查、校正会计信息

账簿记录是对会计凭证信息的进一步整理。例如，在永续盘存制下，通过有关盘存账户余额与实际盘点或核查结果的核对，可以确认财产的盘盈或盘亏，并根据实际结存数额调整账簿记录，做到账实相符，以提供真实、可靠的会计信息。

4. 通过账簿的设置和登记，编报、输出会计信息

账簿可以为编制会计报表提供数据资料。企业定期编制的会计报表的主要依据来自账簿记录。会计报表项目是否真实、会计报表编制能否及时，都与账簿设置和登记的质量有密切关系。

（三）会计账簿与账户

账簿是账户的表现形式，二者既有区别，又有联系。账户是根据会计科目设置的，具有一定的格式和结构，用于分类反映会计要素增减变动情况及其结果的载体。而账户存在于账簿之中，账簿中的每一账页就是账户存在的形式和载体，没有账簿，账户就无法存在；账簿记载的经济内容，是在相应的个别账户中完成的。因此，账簿只是一个外在形式，账户才是它的真实内容，两者是形式与内容的关系。

二、会计账簿的种类

会计账簿的种类是多种多样的，为了便于了解和应用，会计账簿可按照不同的标准进行适当的分类。一般可按其用途、账页格式和外表形式进行分类。

（一）按账簿的用途分类，可分为序时账簿、分类账簿和备查账簿

1．序时账簿

序时账簿也称日记账，是按照经济业务发生或完成时间的先后顺序，逐日逐笔连续进行登记的账簿。按其记录的内容不同，序时账簿又分为普通日记账和特种日记账。

（1）普通日记账。普通日记账是指用来逐日逐笔记录全部经济业务的序时账簿，即把每天发生的各项经济业务的会计分录都按照时间顺序记录在账簿中，作为连续登记分类账的依据，实际工作中已很少应用。

（2）特种日记账。特种日记账是专门用来记录某一类特定交易或事项的序时账簿，又分为现金日记账、银行存款日记账和转账日记账。在我国，大多数单位的序时账簿一般只设现金日记账和银行存款日记账。

序时账簿必须以取得和填制的会计凭证按编号先后顺序逐日逐笔进行登记，每天结出余额，及时、详细地反映经济业务的发生和完成情况。

2．分类账簿

分类账簿是指对全部经济业务事项按照会计要素的具体类别设置的分类账户进行登记的账簿。分类账簿按其反映内容的详细程度不同，又分为总分类账簿和明细分类账簿。

总分类账簿简称总账，是根据一级会计科目设置的，用来分类记录全部经济业务，提供总括会计信息的账簿。明细分类账簿简称明细账，是根据总账科目所属的明细会计科目设置的，用来分类登记某一类经济业务，提供详细会计信息的账簿。

分类账簿是编制会计报表的主要依据，是账簿体系的主体。总账对明细账具有统驭和控制作用，明细账是对总账的补充和具体化，两者相辅相成，互为补充。在实际工作中，每个会计主体应该设置一本总账，包括所需的所有会计账户；可以根据经营管理的需要，为不同的总账账户设置所属的明细账。

3．备查账簿

备查账簿是对某些序时账簿和分类账簿不做记载的或记录不全的经济业务进行补充登记的账簿，也称辅助账簿，如租入固定资产登记簿、应收、应付票据备查簿等。这种账簿可以对某些经济业务的内容提供必要的详细参考资料，属于备查性质的辅助登记，没有固定的格式，是各单位根据管理的需要自行设计与设置的，可以用文字说明，其所记录的信息不列入会计报表中，所以也称表外账簿。

（二）按账页格式分类，可以分为两栏式账簿、三栏式账簿、多栏式账簿和数量金额式账簿

1．两栏式账簿

两栏式账簿是指只有借方和贷方两个基本金额栏目的账簿。普通日记账和转账日记账

一般采用两栏式。

2. 三栏式账簿

三栏式账簿是只有借方、贷方和余额三个基本金额栏目的账簿。三栏式账簿又分为设对方科目和不设对方科目两种，区别是在摘要栏和借方科目栏之间是否有一栏"对方科目"。有"对方科目"栏的，称为设对方科目的三栏式账簿；不设"对方科目"栏的，称为不设对方科目的三栏式账簿。

三栏式适用于各种日记账、总分类账，以及资本、债权、债务明细账等，其格式见表6-3、表6-10和表6-12。

3. 多栏式账簿

多栏式账簿是在账簿的两个基本栏目（借方和贷方）按需要分设若干专栏的账簿。多栏式适用于成本、收入、费用等明细账，其格式见表6-13、表6-14和表6-15。

4. 数量金额式账簿

数量金额式是在账簿的借方、贷方和余额三个栏目内，都分设数量、单价和金额三小栏，借以反映财产物资的实物数量和价值量的账簿。这类账簿可以全面反映交易或事项的数量和金额，主要适用于既要进行金额核算，又要进行数量核算的各种财产物资账簿，如原材料、库存商品等存货的明细账。其格式如表6-16所示。

（三）按外表形式分类，可以分为订本式账簿、活页式账簿和卡片式账簿

1. 订本式账簿

订本式账簿又称订本账，是在启用之前就把账页固定装订在一起，并对账页进行连续编号的账簿。它一般适用于总分类账、现金日记账和银行存款日记账。其优点是可以避免账页散失及蓄意抽换账页，更好地起到统驭和控制作用；缺点是一本账簿在同一时间内只能由一人负责登记，不便于会计人员分工记账。同时，订本式账簿的账页固定，顺序编号，不能随意增减，因而在启用前，必须为每一个账户留出足够的空白账页，若预留账页不够，将影响账簿记录的连续性；预留过多又会造成不必要的浪费。

2. 活页式账簿

活页式账簿又称活页账，是在账簿启用之前，账页并不固定装订在一起，而是装存在账夹内，可随时增添账页的账簿。各种明细分类账一般采用活页账形式。使用活页账，当账簿登记完毕之后（通常是一个会计年度结束之后），才将账页装订成册，统一编号，加上封面后归档保管。其优点是可以根据核算和管理需要随时添加、减少或重新排列账页，便于组织会计人员同时分工记账，提高工作效率；缺点是容易造成账页散失或被抽调、更换。

3. 卡片式账簿

卡片式账簿又称卡片账，是由许多具有专门格式的零散的硬纸卡片组成，排列存放在卡片箱中的账簿。卡片账的每张卡片正反两面都设计一定格式，用以记录各种指标和内容。在我国，企业一般只对固定资产明细账采用卡片账，少数企业在材料核算中也使用卡片账。其优点是可以跨年度长期使用而无须更换，便于分类汇总和根据管理的需要转移账卡；缺点是容易散失或被抽换。在实际工作中，可以随时抽出账页，予以记录，并随时放

回,由有关人员在卡片上签章,并置于卡片箱内由专人保管,使用完毕应封扎归档保管,并重新编写页码,列出目录,以备日后查阅。

三、会计账簿的基本要素

会计账簿的基本要素包括封面、扉页和账页三个部分。

1. 封面

封面主要标明账簿的名称、记账单位的名称和会计年度,如现金日记账、银行存款日记账、应收账款明细账等。

2. 扉页

扉页主要列明科目索引、账簿启用和经管人员一览表。内容包括单位名称、账簿名称、账簿编号、账簿页数、启用日期、经管人员、接交记录等。账簿启用和经管人员一览表见表6-1,账户目录的格式与内容见表6-2。

表6-1 账簿启用和经管人员一览表

单位名称									印章	
账簿名称			(第 册)							
账簿编号										
账簿页数			本账簿共计 页 本账簿页数 检点人盖章							
启用日期			公元 年 月 日							
经管人员	负责人		主办会计		复核		记账			
	姓名	签章	姓名	签章	姓名	签章	姓名	签章		
接交记录	经管人员		接管			交出			印花税票粘贴处	
	职别	姓名	年	月	日	签章	年	月	日	签章
备注										

表6-2 账户目录

顺序	编号	名称	页号	顺序	编号	名称	页号	顺序	编号	名称	页号

3. 账页

反映不同经济业务内容的账簿，其账页格式也有所不同，但基本内容主要包括以下几方面：

（1）账户的名称，包括一级会计科目、二级或明细科目名称。
（2）登记账户的日期栏，包括年、月、日。
（3）凭证种类和号数栏。
（4）摘要栏，即所记录交易或事项内容的简要说明。
（5）金额栏，记录本账户发生增、减变化的金额及相应余额。
（6）总页次、分户页次等。

第二节 会计账簿的设置、启用与登记规则

一、会计账簿的设置原则

任何单位都应当根据本单位经济业务的特点和经营管理的需要设置一定数量的账簿。一般来说，设置账簿应当遵循以下原则：

（1）要符合国家统一会计制度的规定。账簿的设置要根据《会计法》的要求，各单位发生的各项经济业务事项应当在依法设置的会计账簿上统一登记、核算，不得违反规定私设会计账簿。

（2）要满足企业经营规模和管理的需要。账簿的设置要全面、系统、完整地反映和监督经济活动及财务状况。它所提供的会计信息应符合国家宏观经济管理的要求，满足有关方面了解企业财务状况、经营成果和现金流量的需要，满足单位内部经营管理的需要。

（3）要简便、灵活、实用。账簿的设置要根据单位规模的大小、经济业务的繁简、会计人员的多少，从加强管理的实际需要和具体条件出发，既要防止账簿重叠，也要防止过于简化。账页格式要简便、实用，避免烦琐复杂。

（4）既要有利于会计分工，又能加强岗位责任制。账簿的设置要结合实际情况，有利于财会部门的分工，提高会计工作效率，同时能加强岗位责任制。

二、会计账簿的启用规则

（1）为了保证账簿记录的合法性，明确记账责任和便于日后查账，在启用会计账簿时，应在账簿封面上写明单位名称和账簿名称。

（2）在账簿扉页上填制账簿启用和经管人员一览表，见表6-1。

（3）启用订本式账簿时，应当从第一页到最后一页顺序编定页数，不得跳页、缺号。使用活页式账页，应当按账户顺序编号，并定期装订成册，装订后再按实际使用的账页顺序编定页码，另在第一页前面加账户目录，见表6-2，记明每个账户的名称和页次。

（4）年度开始启用新账簿时，应将上年的年末余额转入新账的第一行，并在摘要栏注

明"上年结转"或"年初余额"。

三、会计账簿的登记规则

账簿是编制会计报表，进行会计分析与检查的重要依据。为了保证账簿资料的真实可靠，会计人员在登记账簿时，必须严格遵守下列规则。

（1）账簿记录准确完整。登记会计账簿必须以审核无误的会计凭证为依据，应当将会计凭证的日期、编号、业务内容摘要、金额和其他有关资料逐项记入账簿中，做到数字准确、摘要清楚、登记及时、字迹工整。

（2）注明记账符号。登记账簿后，要在记账凭证上签名或者盖章，并在记账凭证上设有专门的栏目处注明所记账簿的页次或画"√"，表示已经登记入账，以免重记或漏记。

（3）文字和数字整洁清晰，准确无误。账簿要保持整洁、清晰，记账的文字和数字要端正，文字和数字的书写既要准确无误，又要符合规范。账簿中书写的文字和数字上面要留有适当空格，不要写满格，一般应占格距的1/2，便于发生错账时进行更正。

在书写时，不要滥造简化字，不得使用同音异义字；数字要写在金额栏内，不得越格错位、参差不齐；文字、数字紧靠下线书写。记录金额时，如为没有角、分的整数，应分别在角分栏内写上"0"，不得省略不写，或以"—"号代替。阿拉伯数字一般可向右适当倾斜，以使账簿记录整齐、清晰。

（4）正常记账使用蓝黑墨水或碳素墨水。登记账簿要用蓝黑墨水或者碳素墨水书写，不得使用铅笔或圆珠笔（银行的复写账簿除外）书写。

（5）特殊记账使用红色墨水。在账簿记录中，红字表示对蓝色或黑色数字的冲销、减少或者表示负数。下列几种情况可以用红色墨水记账：

1）按照红字冲账的记账凭证，冲销错误记录。

2）在不设借贷等栏的多栏式账页中，登记减少数。

3）在三栏式账户的余额栏前，如未印明余额方向，在余额栏内登记负数余额。

4）根据国家统一会计制度的规定可以用红字登记的其他会计记录。

（6）顺序连续登记。各种账簿应按页次顺序连续登记，不得跳行、隔页。如发生跳行、隔页，应在空行、空页处用红色墨水对角画线注销，或者注明"此行空白""此页空白"字样，并由记账人员签名或者盖章。对于订本式账簿，不得任意撕毁账页；对于活页式账簿，也不得任意抽换账页。

（7）结出余额。凡需要结出余额的账户，结出余额后，应当在"借或贷"栏内写明"借"或"贷"等字样，表明余额的方向。没有余额的账户，应当在"借或贷"栏内写"平"字，并在"余额栏"内用"-0-"表示。现金日记账和银行存款日记账必须每天结出余额。

（8）账页记满时，应办理转页手续。每一账页登记完毕结转下页时，应当结出本页合计数及余额，写在本页最后一行和下页第一行有关栏内，并在摘要栏内分别注明"过次页"和"承前页"字样；也可以将本页合计数及金额只写在下页第一行有关栏内，并在摘要栏内注明"承前页"字样。对于需要结计本月发生额的账户，结计"过次页"的合计数应当为自本月初起至本页末止的发生额合计数；对于需要结计本年累计发生额的账户，结计"过次页"的合计数应当为自年初起至本页末止的累计数；对于既不需要结计本月发生额，也不需要结计本年累计发生额的账户，可以只将每页末的余额结转次页。

（9）不得刮擦涂改。账簿记录发生错误，不准涂改、挖补、刮擦或者用药水消除字迹，不准重新抄写，应根据错误的具体情况，采用正确的方法予以更正。

（10）实行会计电算化的单位，总账和明细账应当定期打印。用计算机打印的会计账簿必须连续编号，经审核无误后装订成册，并由记账人员和会计机构负责人、会计主管人员签字或者盖章。发生收款和付款业务的，在输入收款凭证和付款凭证的当天必须打印出现金日记账和银行存款日记账，并与库存现金核对无误。

第三节　会计账簿登记与错账更正

一、日记账设置与登记方法

（一）现金日记账的格式和登记方法

1．现金日记账的格式

现金日记账是用来核算和监督企业库存现金每天的收入、支出和结存情况的账簿，其格式有三栏式和多栏式两种。无论采用三栏式还是多栏式现金日记账，都必须采用订本式账簿，其目的是保证现金日记账的安全与完整。

（1）三栏式现金日记账的格式。三栏式现金日记账的账页格式一般增设了对应账户的收入、支出、余额三栏，余额可以到本日结束后逐日结出余额，也可以在每笔经济业务登账后逐笔直接结出余额，见表6-3。

表6-3　现金日记账　　　　　　　　　　　　　　　第×页

201×年		凭证		摘要	对方科目	收入	支出	余额
月	日	种类	号数					
1	1			上年结转				400
	2	银付	1	提取备用金	银行存款	3 000		3 400
	2	现付	1	王刚预借差旅费	其他应收款		2 000	1 400
	2	现收	1	刘强退差旅费余款	其他应收款	350		1 750
	2	现付	2	支付办公用品费	管理费用		200	1 550
	2			本日合计		3 350	2 200	1 550
	…	…	…	…		…	…	…
	…			…		…	…	
	31			本日合计		3 510	4 800	1 620
	31			本月合计		26 590	25 370	1 620

（2）多栏式现金日记账的格式。多栏式现金日记账的账页划分为收入、支出和结存三大栏，然后将收入栏和支出栏进一步划分为若干栏目，分别按其对应科目设置专栏，月末汇总各栏目发生额。其格式见表6-4。

多栏式现金日记账的优点是所有的现金收、付业务集中在一张账页上,便于集中查阅,能反映科目之间的对应关系,有利于分析现金收支的合理性和合法性,也有利于分析现金的流量;缺点是若对应科目太多,则容易造成账页篇幅过长,反而不便于记账、查账。因此,可将多栏式现金日记账分为多栏式现金收入日记账和多栏式现金支出日记账。其格式见表6-5和表6-6。

表6-4　现金日记账

201×年		凭证号数	摘要	收入		支出		结余
				应贷科目	合计	应借科目	合计	
年	月			银行存款		管理费用		
2	1		期初余额					800
	1	银付1	提现备用	2 000	2 000			2 800
	1	现付1	购买办公用品			700	700	2 100

表6-5　现金收入日记账

年		凭证		摘要	贷方科目					收入合计
年	月	种类	号数		银行存款	主营业务收入	其他业务收入	…	…	
				合计						

表6-6　现金支出日记账

年		凭证		摘要	借方科目					支出合计
月	日	种类	号数		管理费用	制造费用	银行存款	…	…	
				合计						

2．现金日记账的登记方法

现金日记账是由出纳人员根据审核无误的现金收款凭证、现金付款凭证和银行存款付款凭证(从银行提取现金业务),按经济业务发生的时间先后顺序逐日逐笔进行登记。三栏式现金日记账(见表6-3)具体登记方法如下:

(1)日期栏:填制记账凭证的日期,原则上应与现金实际收付日期一致。

(2)凭证种类、号数栏:登记入账的收付款凭证的种类及号数。如"现金收款凭证"简写为"现收","现金付款凭证"简写为"现付","银行存款付款凭证"简写为"银付";号数栏填写登记入账的凭证编号,以便于检查和核对。

(3)摘要栏:简要说明登记入账的经济业务的内容,应以简练的文字清楚地说明。一般与收付款记账凭证上的内容相同。

(4)对方科目栏:填写现金收入的来源科目或现金支出的用途科目。如以现金支付预借差旅费,其对方科目为"其他应收款"。通过该栏目可以了解现金收付业务的来龙去脉。

(5)收入栏:根据现金收款凭证和有关的银行存款付款凭证登记现金收入栏。

(6)支出栏:根据现金付款凭证登记现金支出栏。

(7)余额栏:每日收付完毕后,应分别计算现金收入和支出的合计数,根据"上日余额+本日收入-本日支出=本日余额"的公式,逐日结出现金账面余额,并将现金日记账的账面余额与库存现金实存数核对,以检查每日现金收付是否有误,即通常说的"日清"。如账实不符,应查明原因,报请领导批准并及时处理。月终,计算当月现金收入、支出和结存的合计数,即通常说的"月结"。

(二)银行存款日记账的格式和登记方法

1. 银行存款日记账的格式

银行存款日记账是用来逐日、逐笔核算和监督企业银行存款的收入、支出和结余情况的账簿。银行存款日记账应按企业在银行开立的账户和币种分别设置,每个银行设置一本日记账。

银行存款日记账的格式与现金日记账的格式基本相同,其账页格式通常也是采用收入、支出、余额三栏式,并按开户银行和其他金融机构分别设置。其具体格式见表6-7。

表6-7　银行存款日记账

| 201×年 | | 凭证 | | 摘要 | 对方科目 | 收入 | 支出 | 余额 |
月	日	种类	号数					
2	1			期初余额				2 504 500
	2	银付	1	提取备用金	库存现金		3 000	2 501 500
	2	银付	2	偿还前欠货款	应付账款		117 000	2 384 500
	2	现付	1	将现金存入银行	库存现金	1 000		2 385 500
	2	银收	1	收回前欠货款	应收账款	234 000		2 619 500
	2			本日合计		235 000	120 000	2 619 500
	…	…	…	……				
		…	…	……				
	28			本日合计		351 000	219 000	4 457 404
	28			本月合计		5 635 704	3 682 800	4 457 404

2. 银行存款日记账的登记方法

银行存款日记账的登记方法与现金日记账的登记方法基本相同。银行存款日记账是出纳人员根据审核无误的银行存款收款凭证、银行存款付款凭证和现金付款凭证(现金存入银行的业务),按经济业务发生的时间先后顺序逐日逐笔进行登记。根据银行存款收款凭证和有关的现金付款凭证登记银行存款收入栏;根据银行存款付款凭证登记银行存款支出栏;每日结出存款余额,并定期(一般每月一次)与银行对账单核对。

【例6-1】盛元公司2019年3月1日现金日记账余额为3 500元,3月1日发生下列现金收支业务:

(1)从银行提取现金20 000元准备发工资。

（2）以库存现金支付销售产品的运杂费500元。

（3）以库存现金发放职工工资20 000元。

（4）厂部采购员李华出差，预借差旅费2 000元，以现金付讫。

（5）王伟报销差旅费800元，退回多余款现金200元。

要求：根据以上业务编制会计分录，并登记现金日记账。

【工作过程】

步骤1：根据经济业务编制记账凭证：

（1）3月1日，银付字1号，提现备用。

借：库存现金　　　　　　　　　　　　　　　　　　　　　20 000

　　贷：银行存款　　　　　　　　　　　　　　　　　　　　　20 000

（2）3月1日，现付字1号，支付销售运杂费。

借：销售费用　　　　　　　　　　　　　　　　　　　　　　500

　　贷：库存现金　　　　　　　　　　　　　　　　　　　　　　500

（3）3月1日，现付字2号，发放工资。

借：应付职工薪酬　　　　　　　　　　　　　　　　　　　20 000

　　贷：库存现金　　　　　　　　　　　　　　　　　　　　　20 000

（4）3月1日，现付字3号，预借差旅费。

借：其他应收款　　　　　　　　　　　　　　　　　　　　2 000

　　贷：库存现金　　　　　　　　　　　　　　　　　　　　　2 000

（5）3月1日，转字1号，报销差旅费。

借：管理费用　　　　　　　　　　　　　　　　　　　　　　800

　　贷：其他应收款　　　　　　　　　　　　　　　　　　　　800

3月1日，现收字1号，王伟退报销差旅费余款。

借：库存现金　　　　　　　　　　　　　　　　　　　　　　200

　　贷：其他应收款　　　　　　　　　　　　　　　　　　　　200

步骤2：根据记账凭证登记现金日记账，见表6-8。

表6-8　现金日记账

2019年		凭证		摘要	对方科目	收入	支出	结余
月	日	种类	号数					
3	1			上年结转				3 500
	1	银付	1	提现备用	银行存款	20 000		23 500
	1	现付	1	支付销售运杂费	销售费用		500	23 000
	1	现付	2	发放工资	应付职工薪酬		20 000	3 000
	1	现付	3	李华预借差旅费	其他应收款		2 000	1 000
	1	现收	1	王伟退报销差旅费余款	其他应收款	200		1 200
	1			本日合计		20 200	22 500	1 200

【例6-2】盛元公司2019年3月初银行存款日记账余额为850 000元。3月1日发生下列银行存款收支业务：

（1）开出转账支票一张，偿还上月所欠购料款35 000元。

（2）预收广发公司货款50 000元，款项存入银行。
（3）开出现金支票一张，提取现金1 000元。
（4）开出转账支票，支付广告费40 000元。
（5）收回前欠货款60 000元，存入银行。
（6）销售甲产品价款30 000元，增值税3 900元，款项已收讫存入银行。

要求：根据以上业务编制会计分录，并登记银行存款日记账。

【工作过程】

步骤1：根据经济业务编制记账凭证：

（1）3月1日，银付字1号，偿还上月所欠购料款。

借：应付账款　　　　　　　　　　　　　　　　　　　　　35 000
　　贷：银行存款　　　　　　　　　　　　　　　　　　　35 000

（2）3月1日，银收字1号，预收广发公司货款。

借：银行存款　　　　　　　　　　　　　　　　　　　　　50 000
　　贷：预收账款　　　　　　　　　　　　　　　　　　　50 000

（3）3月1日，银付字2号，提取现金。

借：库存现金　　　　　　　　　　　　　　　　　　　　　1 000
　　贷：银行存款　　　　　　　　　　　　　　　　　　　1 000

（4）3月1日，银付字3号，支付广告费。

借：销售费用　　　　　　　　　　　　　　　　　　　　　40 000
　　贷：银行存款　　　　　　　　　　　　　　　　　　　40 000

（5）3月1日，银收字2号，收回前欠货款。

借：银行存款　　　　　　　　　　　　　　　　　　　　　60 000
　　贷：应收账款　　　　　　　　　　　　　　　　　　　60 000

（6）3月1日，银收字3号，销售甲产品。

借：银行存款　　　　　　　　　　　　　　　　　　　　　33 900
　　贷：主营业务收入　　　　　　　　　　　　　　　　　30 000
　　　　应交税费——应交增值税（销项税额）　　　　　　3 900

步骤2：根据记账凭证登记银行存款日记账，见表6-9。

表6-9　银行存款日记账

| 2019年 | | 凭证 | | 摘要 | 对应账户 | 收入 | 支出 | 结余 |
月	日	种类	号数					
3	1			期初余额				850 000
	1	银付	1	支付所欠购料款	应付账款		35 000	815 000
	1	银收	1	预收货款	预收账款	50 000		865 000
	1	银付	2	提取现金	库存现金		1 000	864 000
	1	银付	3	支付广告费	销售费用		40 000	824 000
	1	银收	2	收到前欠销货款	应收账款	60 000		884 000
	1	银收	3	销售甲产品	主营业务收入	33 900		917 900
	1			本日合计		143 900	76 000	917 900

二、分类账设置与登记方法

（一）总分类账的格式和登记方法

1．总分类账的格式

总分类账是按照一级会计科目设置，提供总括核算资料的账簿，一般采用订本式账簿。总分类账只能以货币作为计量单位。其最常用采用借、贷、余三栏式，见表6-10。

表6-10　×××总账

年		凭证		摘要	借方金额	贷方金额	借或贷	余额
月	日	种类	号数					

有的企业采用多栏式总分类账，把序时账簿和总分类账簿结合在一起，即将一个企业所使用的全部总账账户合设在一张账页上，通常称之为日记总账。其格式见表6-11。

表6-11　日记总账　　　　　第×页

年		凭证		摘要	发生额	××科目		××科目		××科目		××科目	
月	日	种类	号数			借方	贷方	借方	贷方	借方	贷方	借方	贷方

2．总分类账的登记方法

由于采用的账务处理程序不同，总分类账的登记依据和登记程序也不一样。它可以直接根据记账凭证逐笔登记，也可以根据经过汇总的科目汇总表或汇总记账凭证等登记。具体登记方法参见本书第九章内容，此处不再介绍。

（二）明细分类账的格式和登记方法

1．明细分类账的格式

明细分类账简称明细账，它是根据经营管理的实际需要，按照某些一级会计科目所属的二级科目或明细科目，分类、连续地登记经济业务以提供明细核算资料的账簿。其格式有三栏式、多栏式、数量金额式和横线登记式（或称平行式）等多种形式。

（1）三栏式明细分类账。三栏式明细分类账的格式与三栏式总分类账基本相同，只设有借方、贷方和余额三个金额栏，不设数量栏。它主要适用于只进行金额核算的资本、债权、债务账户的明细分类账核算，如"应收账款""应付账款""短期借款""实收资本"等明细分类账。其格式见表6-12。

表6-12 应付账款明细账

二级科目编号及名称 本市华兴工厂

201×年		凭证		摘要	借方金额	贷方金额	借或贷	余额
月	日	种类	号数					
3	1			期初余额			贷	40 000
	8	付	5	归还前欠货款	40 000		平	0
	15	转	6	采购甲材料		131 040	贷	131 040

（2）多栏式明细分类账。多栏式明细分类账是将属于同一总账科目的各个相关明细科目或项目合并集中在一张账页上，分设若干专栏予以登记和反映，适用于成本费用和收入类科目的明细核算。按照明细分类账登记的经济业务的不同，多栏式明细分类账的账页又分为借方多栏式、贷方多栏式和借贷多栏式三种常见的格式。

1）借方多栏式明细分类账。借方多栏式明细分类账是指按照借方科目设置若干个专栏，用蓝字登记，贷方发生额则用红字在有关专栏内登记的明细分类账。它适用于借方需要设置多个明细科目或明细项目的账户，如"生产成本""管理费用""制造费用""财务费用""其他业务成本""营业外支出"等账户的明细分类核算。其格式见表6-13。

表6-13 管理费用明细账

201×年		凭证		摘要	借方发生额	办公费	差旅费	职工薪酬	折旧费	…
月	日	种类	号数							
3	7	付	4	购办公用品	300	300				
	11	转	3	报销差旅费	754		754			
	30	转	8	分配职工薪酬	36 480			36 480		
	30	转	9	计提折旧	1 526				1 526	
3	31			本月合计	39 060	300	754	36 480	1 526	
3	31	转	16	结转	▢39 060	▢300	▢754	▢36 480	▢1 526	

注：▢内数字表示红字，下同。

2）贷方多栏式明细分类账。贷方多栏式明细分类账是指按照贷方科目设置若干个专栏，用蓝字登记，借方发生额则用红字在有关专栏内登记的明细分类账。它适用于贷方需要设置多个明细科目或明细项目的账户，如"主营业务收入""其他业务收入""营业外收入"等账户的明细分类核算。其格式见表6-14。

表6-14 主营业务收入明细账

201×年		凭证		摘要	贷方			
月	日	种类	号数		A产品	B产品	…	合计
3	1	收	1	销售产品	20 000			20 000
	3	转	1	销售产品		30 000		30 000

3）借贷多栏式明细分类账。借贷多栏式明细分类账是指按照借方和贷方科目分别设置若干个专栏进行登记的明细分类账。它适用于借方和贷方都需要设置多个明细科目或明细项目的账户，如"本年利润""应交税费——应交增值税"等账户的明细分类核算。其格式见表6-15。

表6-15　应交税费——应交增值税明细账

201×年		凭证		摘要	借方			贷方				余额
月	日	种类	号数		进项税额	已交税金	合计	销项税额	进项税额转出	出口退税	合计	
3	1	收	1	销售产品				5 100				
	1	付	1	采购材料	1 700							

（3）数量金额式明细分类账。数量金额式明细分类账的账页分为"收入""发出"（或付出）及"结余"（或结存）三大栏，在每栏内又分设"数量""单价"和"金额"三小栏。它主要适用于既要进行金额核算又要进行数量核算的账户，如"原材料""库存商品""委托加工物资"等各种财产物资的明细分类核算。其格式如表6-16所示。

表6-16　原材料明细账

材料编号：（略）　　　　　　　　　　　　　　　　　　计量单位：千克
材料类别：（略）　　　　　　　　　　　　　　　　　　存放地点：（略）
品名及规格：甲材料　　　　　　　　　　　　　　　　　储备定额：（略）

201×年		凭证号数	摘要	收入（借方）			发出（贷方）			结存		
月	日			数量	单价	金额	数量	单价	金额	数量	单价	金额
1	1		期初余额							10 000	5.60	56 000
	8	付6	购进	30 000	5.60	168 000				40 000	5.60	224 000
	15	转6	购进	20 000	5.60	112 000				60 000	5.60	336 000
	30	转10	领用				40 000	5.60	224 000	20 000	5.60	112 000
1	31		本月合计	50 000		280 000	40 000		224 000	20 000	5.60	112 000

（4）横线登记式明细分类账。横线登记式明细分类账又称平行式明细分类账，即在账页上分设增加、减少两大部分，采用横线登记法，在同一行上反映同一项经济业务的增减情况，以便于分析和检查某项经济业务发生和完成情况的账簿。它适用于登记材料采购业务、应收票据和一次性备用金业务等，如"材料采购""其他应收款——备用金"等账户的明细分类账。其格式见表6-17。

表6-17　其他应收款——备用金明细账

201×年		凭证号数	摘要	借方			201×年		凭证号数	摘要	贷方			余额
月	日			原借	补付	合计	月	日			报销	退回	合计	
4	5	13	王强	2 000		2 000								
	7	15	李华	3 000		3 000	4	20	90	报销	2 800	200	3 000	0

2．明细分类账的登记方法

不同类型经济业务的明细分类账可根据管理需要，依据记账凭证、原始凭证或汇总原始凭证逐日逐笔或定期汇总登记。

通常情况下，有关固定资产、债权、债务等明细分类账应逐日逐笔登记；种类多、收发频繁的库存商品、原材料、产成品收发明细分类账以及收入、费用明细分类账可以逐笔登记，也可以定期汇总登记。对于只设有借方的多栏式明细分类账，平时在借方登记"制造费用""管理费用""主营业务成本"等账户的发生额，月末结转时用红字将借方发生额全部转出；平时如果发生贷方发生额，应该用红色数字在多栏式账页的借方栏内登记表示冲减。对于只设有贷方的多栏式明细分类账，平时在贷方登记"主营业务收入""其他业务收入"等账户的发生额，月末结转时用红字将贷方发生额全部转出；平时如果发生借方发生额，应该用红色数字在多栏式账页的贷方栏内登记表示冲减。

三、备查账设置与登记方法

备查账是对企业日记账和分类账的必要补充，其种类、格式及登记方法均无特殊规定。会计人员可根据业务内容自行设计或者选用其他账簿格式。下面仅以经营租入固定资产登记簿为例加以说明。其基本格式见表6-18。

表6-18　租入固定资产登记簿

固定资产名称及规格	租约号数	租出单位	租入单位	月租金	使用部门		归还日期	备注
					日期	单位		

四、错账的更正方法

在记账过程中，如果账簿记录发生错误，产生错账，如重记、漏记、数字颠倒、数字错位、数字记错、科目记错、借贷方向记反等，不得刮擦、挖补、涂改或用褪色药水更改字迹，必须根据错账的具体情况，及时找出差错，采用正确的方法予以更正。

（一）错账查找的方法

错账查找的方法很多，一般分全面检查和局部抽查两种。

1．全面检查

全面检查就是对一定时期内的账目逐笔核对的方法。按照查找的顺序是否与记账程序的方向相同，又可分为顺查法和逆查法。

（1）顺查法是按照记账的顺序，从原始凭证到记账凭证，再到账簿顺次查找的方法。顺查法按照记账的先后顺序查找，有利于全面检查账簿记录的正确性，但查找的工作量大，适用于错账较多，难以确定查找方向与重点范围的情况。

（2）逆查法就是与记账顺序相反，从错账的位置开始，从会计报表、账簿到原始凭证逆向查找错误的原因的方法。这种方法能减少查找的工作量，实际工作中使用较多。

2．局部抽查

局部抽查就是针对错误的数字抽查账目的方法。局部抽查包括差数法、尾数法、差额除二法、差额除九法等具体方法。

（1）差数法。这种方法主要是根据错账差数查找漏记或重记账目，由记账人员根据错账的差额，查找所发生的全部经济业务中发生额与差额相同的每一笔会计事项，看是否漏记或重记。如果在记账过程中只登记了会计分录的借方或贷方，漏记了另一方，从而形成试算平衡中借方合计与贷方合计不等。借方金额遗漏，会使该金额在贷方超出；贷方金额遗漏，会使该金额在借方超出。对于这样的差错，可由会计人员通过回忆和相关金额的记账核对来查找。

（2）尾数法。尾数法适用于查找属于"角、分"小数差错发生的错误。检查时只查找"角、分"部分，可提高查错的效率。

（3）差额除二法。它是查找账簿记账记错方向造成的错账的一种方法。在登记账簿时，可能会将应记借方的记在贷方，应记贷方的记在借方，结果使错误的一方数额增加，另一方数额减少，差额恰好是所记金额的两倍。因此，将错账的差数以二除之，如能除尽，即可按商数查找账簿记录，看是否有经济业务的数额与商数相同，若有，则进一步检查其是否记反了方向。

（4）差额除九法。它是指以差异数除以9来查找错账的方法。主要适用以下三种情况。

1）将数字写小。如将100元误记为10元，错误数字小于正确数字9倍。查找方法是：以差数除以9后得出的商即为写错的数字，商乘以10即为正确的数字。上例差数90（100-10），将差数除以9，商为10，这10为错数，扩大10倍后即可得出正确的数字100。

2）将数字写大。如将20写成200，错误数字大于正确数字9倍。查找方法是：以差数除以9后得出的商即为写错的数字，商乘以10即为正确的数字。上例差数180（200-20），将差数除以9，商20元，这20为错数，扩大10倍后即可得出正确的数字200。

3）数字颠倒。数字颠倒又称倒码，如将1 230元误记为1 320元，其差数为1 320-1 230=90（元），将差数除以9，得10，根据商数的首位是1，则可判断颠倒的两个数字差1，这样在账簿记录中就可查找百位数与十位数之间的下列数字：1与2、2与3、3与4、4与5、5与6、6与7、7与8、8与9等。即查找12、23、34、45、56、67、78、89等哪一个数字颠倒了，当查到23这个数字时，就可结合该项业务的会计凭证，核对其是否将1 230误记成1 320。

（二）错账更正方法

记账错误一经查清，应按规定的方法进行更正。错账更正的方法一般有以下几种：

1. 画线更正法

记账之后，结账之前，如果发现账簿记录中文字或数字有笔误，或者计算上有错误，但记账凭证并没有错误的情况，应采用画线更正法。

更正时，先将错误的文字或数字全部画一条红线予以注销，然后在红线上方用蓝字写上正确的文字或数字，并由记账及相关人员在更正处盖章，以明确责任。必须注意，文字错误，可更正个别错字；数字错误，应将错误数字全部画掉，不得只更正其中的错误数字，且画销时不能涂抹掩盖，应使原有字迹仍可辨认，以备查考。

【例6-3】记账人员在根据记账凭证登记账簿时，将36 720元误记为37 620元。

【工作过程】

正确的更正方法：应将37 620全部用红线画销，不能只更正67，然后将正确数字写在错误数字上方，如：

36 720（印章）

~~37 620~~（红线）

2. 红字更正法

红字更正法一般适用于以下两种情况：

（1）记账以后发现记账凭证中应借、应贷会计科目名称错误，或者科目名称及金额均有错误，根据错误的记账凭证已经登记入账，造成账簿记录错误。

更正的方法是：用红字填写一张与原记账凭证完全相同的记账凭证，在摘要栏内注明"冲销×月×日第×号凭证错账"，并据以用红字金额登记入账，以冲销原有错误记录。再用蓝字金额填写一张正确的记账凭证，在摘要栏内注明"更正×月×日第×号凭证错账"，并据以用蓝字登记入账。

【例6-4】1月5日第1号凭证，计提生产车间设备折旧4 000元。会计人员编制的会计分录为

借：生产成本　　　　　　　　　　　　　　　　　　　　　4 000
　　贷：累计折旧　　　　　　　　　　　　　　　　　　　　　4 000

且已登记入账，如图6-1所示。

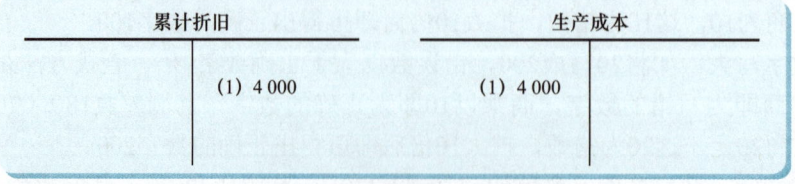

图6-1　1月5日"T"形账

【工作过程】

步骤1：此错误属于科目用错，应采用红字更正法进行更正。

步骤2：应先用红字填制一张与原错误记账凭证内容完全相同的记账凭证，并据以用红字登记入账。红字凭证编制如下：

记账凭证摘要栏注明：冲销1月5日第1号凭证错账。

借：生产成本　　　　　　　　　　　　　　　　　　　　　　　　　4 000
　　贷：累计折旧　　　　　　　　　　　　　　　　　　　　　　　　　　4 000

步骤3：再用蓝字金额填制一张正确的记账凭证，并据以用蓝字登记入账。蓝字凭证编制如下：

记账凭证摘要栏注明：更正1月5日第1号凭证错账。

借：制造费用　　　　　　　　　　　　　　　　　　　　　　　　　4 000
　　贷：累计折旧　　　　　　　　　　　　　　　　　　　　　　　　　　4 000

上述更正错误的记账凭证在账簿中登记后如图6-2所示。

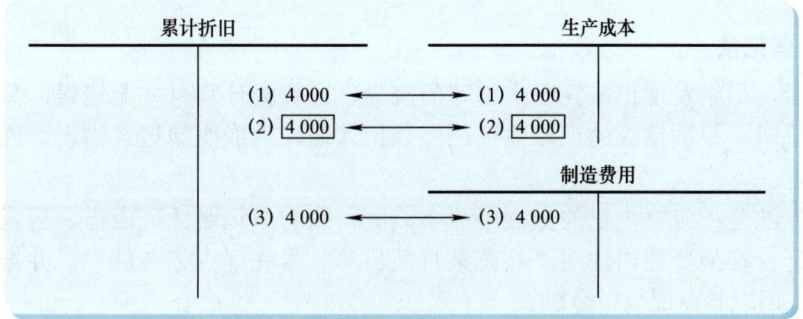

图6-2　更正1月5日第1号凭证错误

（2）记账以后发现记账凭证中应借、应贷会计科目并无错误，只是所记金额大于应记金额，已经根据错误的记账凭证登记入账，造成账簿记录错误。

更正的方法是：应将多记的金额用红字填制一张与原记账凭证应借、应贷科目完全相同的记账凭证，在摘要栏内注明"冲销某月某日第×号凭证多记金额"，并据以用红字金额登记入账，用以冲销多记金额。

【例6-5】1月12日第47号凭证，支付办公用品费526元。会计人员编制的会计分录为

借：管理费用　　　　　　　　　　　　　　　　　　　　　　　　　562
　　贷：库存现金　　　　　　　　　　　　　　　　　　　　　　　　　　562

且已登记入账，如图6-3所示。

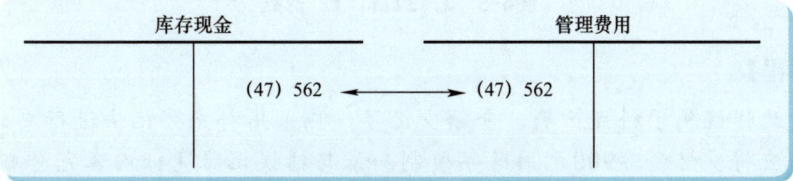

图6-3　1月12日"T"形账

【工作过程】

步骤1：此错误属于科目正确，金额多记了，应采用红字更正法进行更正。

步骤2：应将多记金额36元用红字填制一张与原错误记账凭证内容完全相同的记账凭

证,并据以用红字登记入账。红字凭证编制如下:

记账凭证摘要栏:冲销1月12日第47号凭证多记金额。

借:管理费用　　　　　　　　　　　　　　　　　　　36
　　贷:库存现金　　　　　　　　　　　　　　　　　　　36

上述更正错误的记账凭证在账簿中登记后如图6-4所示。

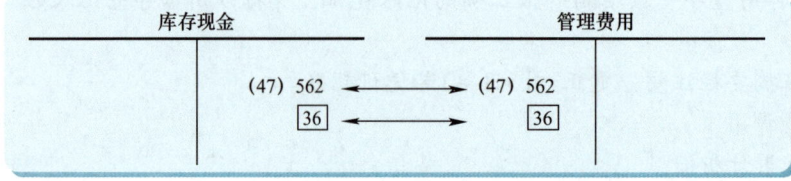

图6-4　更正1月12日第47号凭证错误

3. 补充登记法

记账以后,如果发现记账凭证中填写的应借、应贷会计科目并无错误,只是所记金额小于应记金额时,根据错误的记账凭证已经登记入账,造成账簿记录错误,应采用补充登记法予以更正。

更正的方法是:应将少记的金额用蓝字编制一张与原记账凭证应借、应贷科目完全相同的记账凭证,在摘要栏内注明"补充某月某日第×号凭证少记金额",并据以用蓝字金额登记入账,用以补充原少记金额。

【例6-6】1月22日第95号凭证,生产产品领用原材料43 250元。会计人员编制的会计分录为

借:生产成本　　　　　　　　　　　　　　　　　　42 350
　　贷:原材料　　　　　　　　　　　　　　　　　　　42 350

且已登记入账,如图6-5所示。

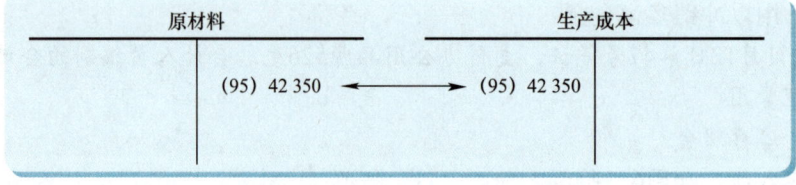

图6-5　1月22日"T"形账

【工作过程】

步骤1:此错误属于科目正确,金额少记了,应采用补充登记法进行更正。

步骤2:应将少记金额900元用蓝字填制一张与错误记账凭证内容完全相同的记账凭证,并据以登记入账。蓝字凭证编制如下:

记账凭证摘要栏注明:补充1月22日第95号凭证少记金额。

借:生产成本　　　　　　　　　　　　　　　　　　　900
　　贷:原材料　　　　　　　　　　　　　　　　　　　　900

上述更正错误的记账凭证在账户中登记后如图6-6所示。

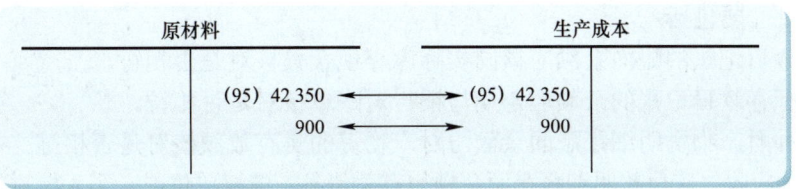

图6-6　更正1月22日第95号凭证错误

第四节　对账与结账

一、对账

（一）对账的概念

在会计工作中，为了保证账簿记录的完整和正确，为编制会计报表提供真实可靠的数据资料，在记账之后，结账之前，必须做好对账工作。

对账，就是核对账目，定期将各类账簿记录进行核对，以做到账证相符、账账相符、账实相符。

（二）对账的内容

对账的内容主要包括账证核对、账账核对和账实核对。

1．账证核对

账证核对是指核对会计账簿记录与原始凭证、记账凭证的时间、凭证字号、内容、金额是否一致，记账方向是否相符。这种核对主要是在日常填制凭证和记账过程中进行的。账证核对是保证账账相符和账实相符的基础。

2．账账核对

账账核对是指核对不同会计账簿之间的相关记录是否相符。由于会计账簿之间相对应的记录存在着内在联系，因此，通过账账核对，可以检查、验证会计账簿记录的正确性，以便及时发现错账，予以更正，保证账账相符。账账核对主要包括：

（1）总分类账户之间的核对。检查全部总分类账户借方发生额合计与贷方发生额合计是否相符，期末所有总分类账户的借方余额合计数与贷方余额合计数是否相符。此项核对一般通过编制"总分类账户期末余额试算表"进行的。

（2）总分类账户余额与其所属各明细分类账户的余额之和核对是否相符。

（3）总分类账与序时账核对。即总账中"库存现金"账户和"银行存款"账户的期末余额分别与现金日记账和银行存款日记账的期末余额核对是否相符。

（4）会计部门的财产物资的明细账与财产物资保管和使用部门的明细账核对是否相符。

3．账实核对

账实核对是指各项财产物资、债权债务等账面余额与其实有数额之间的核对。

账实核对主要包括：
(1) 现金日记账的账面余额应该同实际库存现金数核对是否相符。
(2) 银行存款日记账的余额应定期与银行对账单核对是否相符。
(3) 各种财产物资明细账账面余额与财产物资的实有数额核对是否相符。
(4) 各种应收、应付款明细账账面余额与有关债务、债权单位或者个人核对是否相符等。

二、结账

（一）结账的概念

结账就是在把一定时期（月份、季度、半年度、年度）内发生的交易或事项全部登记入账的基础上，结算出每个账户的本期发生额和期末余额，并将期末余额转入下期的一种方法。

（二）结账的一般程序

结账一般应按以下程序进行。

(1) 将本期发生的交易或事项全部登记入账，并保证其正确性。

在会计核算工作中，为了归类记录和反映资产、负债、所有者权益、收入、费用和利润会计要素的增减变化情况，并为编制会计报表提供所需的各种数据资料，有必要将记账凭证所提供的分散资料分别登记到相应的账户中去。结账前，必须查明本期内发生的交易或事项是否全部入账，若发现漏记、错记，应及时补记、更正。不得为赶编会计报表而提前结账，也不能把本期发生的交易或事项延迟至下期入账，更不得先编会计报表后结账。

(2) 根据权责发生制的要求，调整有关账项，合理确定本期应计的收入和应计的费用。期末账项调整的内容主要包括：

1) 应计收入的调整。应计收入的调整是指本期已发生而且符合收入确认条件，应归属本期的收入，但尚未收到款项而未入账的产品销售收入或者劳务收入，应计入本期收入。

2) 应计费用的调整。应计费用的调整是指本期已发生应归属本期的费用，但尚未实际支付款项而未入账的成本、费用，应计入本期费用，如应计银行短期借款利息等。

3) 收入分摊的调整。收入分摊的调整是指前期已经收到款项，但由于尚未提供产品或劳务因而在当时没有确认为收入入账的预收款项，本期应按照提供产品或者劳务的情况进行分摊确认为本期收入。

4) 费用分摊的调整。费用分摊的调整是指原来预付的各项费用应确认为本期费用的调整，如各种待摊性质的费用。

5) 其他期末账项调整事项。如固定资产折旧、制造费用的分配、结转完工产品成本和已售产品成本等。

(3) 将损益类账户转入"本年利润"账户，结平所有损益类账户。

(4) 结出资产、负债和所有者权益账户的本期发生额和余额，并结转下期。

应将本期实现的各项收入与发生的各项费用，编制记账凭证，分别从各收入账户与费用账户转入"本年利润"账户的贷方和借方，以便计算确定本期的财务成果；在本期全部交易或事项登记入账的基础上，结算出所有资产、负债、所有者权益账户的本期发生额和期末余额。

（三）结账的方法

在实际工作中，一般采用"画线结账"的方法进行结账，即期末结出每个账户的本期发生额和期末余额后，加画线标志。画线的目的是为了突出有关数字，表示本期的会计记录已经截止或者结束，并将本期与下期的记录明显分开。结账时，应当根据不同账户的记录，分别采用不同的方法。

（1）对不需按月结计本期发生额的账户，如各项债权、债务明细账和各项财产物资明细账等，每次记账以后，都要随时结出余额，每月最后一笔余额即为月末余额。月末结账时，只需要在最后一笔交易或事项记录之下通栏画单红线，不需要再结计一次余额。

（2）现金、银行存款日记账和需要按月结计发生额的收入、费用等明细账，月末结账时，要结出本月发生额和余额，在摘要栏内注明"本月合计"字样，并在下面画通栏单红线，表示已完成月结工作。

（3）需要结出本年累计发生额的某些明细账户，如收入、费用等明细账，每月结账时，应在"本月合计"行下结出自年初起至本月末止的累计发生额，登记在月份发生额下面，在摘要栏内注明"本年累计"字样，并在下面通栏画单红线；12月末的"本年累计"就是全年累计发生额。全年累计发生额下面应当通栏画双红线，表示已完成年结工作。

（4）总账账户平时只需结出月末余额。年终结账时，为了总括反映本年各项会计要素的增减变化情况，核对有关项目，要将所有总账账户结出全年发生额和年末余额，在摘要栏内注明"本年合计"字样，并在合计数下通栏画双红线，表示已完成年结工作。

（5）年度结账时，有余额的账户，要将其余额结转下年，并在摘要栏内注明"结转下年"字样。结转方法是：将有余额的账户的余额直接记入新账余额栏内，不需要另行编制记账凭证，也不必将余额再记入本年账户的借方或者贷方，使全年有余额的账户的余额变为零。在下一会计年度新建有关会计账簿的第一行余额栏内填写上年结转的余额，并在摘要栏内注明"上年结转"字样，表示已完成新的会计年度建账工作。

【例6-7】以盛元公司2019年"应付账款"总账为例，说明结账方法的具体运用。要求：正确登记"应付账款"总账并进行结账，见表6-19。

表6-19 应收账款总账

2019年		凭证		摘要	借方	贷方	借或贷	余额
月	日	种类	号数					
1	1			上年结转			借	10 500
	8	转	11	销售产品	8 000		借	18 500
	14	收	41	收回前欠货款		10 000	借	8 500
	21	收	57	收回前欠货款		5 000	借	3 500
	26	转	67	销售产品	6 000		借	9 500
	31			本月合计	14 000	15 000	借	9 500
2	1	收		销售产品	10 000		借	19 500
～	～	～	～	～	～	～	～	～
12	31			本月合计	276 100	75 500	借	211 100
	31			本年累计	857 600	657 000	借	211 100
	31			结转下年			借	211 100

第五节　会计账簿的更换与保管

一、会计账簿的更换

账簿更换是指在每一个会计年度结束，新的会计年度开始时，启用新账簿，并将上年度会计账簿归档保管。账簿更换有利于保持会计账簿资料的连续性，清晰地反映各个会计年度的财务状况和经营成果。

在一般情况下，现金日记账、银行存款日记账、总分类账及绝大多数明细分类账，每年都要更换新账。固定资产明细账或固定资产卡片及备查账簿等少数账簿因变动不大可以跨年度使用，不必更换新账。更换新账通常在新会计年度建账时进行。

为了保证账簿记录的合法性和完整性，并明确责任，每本新账簿在启用时，应在账簿扉页填写好"账簿启用表"和"账簿经管人员一览表"。同时，在新账的有关账户第一行日期注明1月1日，在摘要栏内注明"上年结转"或"年初余额"字样，将上年度的年末余额以同方向记入新账中的"余额"栏内，并在"借或贷"栏内注明余额方向。

新旧账簿更换时，账户余额的结转不需编制记账凭证。

二、会计账簿的保管

年度终了更换并启用新账后，对旧账要整理装订、造册归档，具体包括：

1．整理

首先检查应归档的旧账是否收集齐全，再检查各种账簿应办的会计手续是否完备，对于手续不完备的应补办手续，如改错签章、结账画线、结转余额、注销空行空页等。活页账应抽出未使用的空白账页，以便装订成册，并注明各账页的总页号及每一账户的明细账页号。

2．装订成册

旧账装订时，应注意以下事项：首先检查账簿扉页的内容是否填列齐全，并将账簿经管人员一览表及账户目录附在账页前面，加具封面封底。其次检查订本式账簿从第一页到最后一页是否按顺序编写页数，有无缺页或跳页；活页式或卡片式账簿是否按顺序编号，是否加具封面。具体装订时，一般按账户分类装订成册，一个账户装订一册或数册，某些账户账页较少，也可以将几个账户合并装订成一册。将账页整齐牢固地装订在一起后，要将装订线用纸封口，由经办人员及装订人员、会计主管人员在封口处签名或盖章。

3．办理交接手续，归档保管

账簿装订成册后，要在各种账簿封面上注明单位名称、账簿种类、会计年度、账簿册数、页数等，由经办人员和会计主管人员签名或盖章。一般旧账可暂由本单位财务会计部门保管一年，期满后应由财务会计部门移交本单位档案部门保管。移交时需要编制移交清册，填写交接清单，交接人员按移交清册和交接清单项目核查无误后签章，并在账簿使用日期栏内填写移交日期。

已归档的会计账簿作为会计档案为本单位利用，原件不得借出，如有特殊需要，需经本单位负责人批准后，在不拆散原卷册的前提下，可以提供查阅或者复制，并要办理登记手续。

　　会计账簿是重要的会计档案之一，必须严格按《会计档案管理办法》规定的保管年限妥善保管，不得丢失和任意销毁。通常总账（包括日记总账）和明细账保管期限为30年，现金和银行存款日记账保管期限为30年；固定资产卡片账在固定资产报废清理后保管5年；辅助账簿保管期限为30年。实际工作中，各单位可以根据实际利用的经验、规律和特点，适当延长有关会计档案的保管期限，但必须有较为充分的理由。

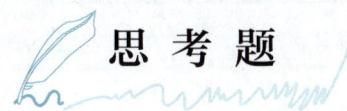

思 考 题

1．会计账簿有什么作用？
2．会计账簿的种类有哪些？
3．会计账簿的启用规则和记账规则有哪些？
4．一般单位应设置哪些账簿？
5．登记账簿的基本要求有哪些？
6．错账的类型有哪些？应如何进行更正？
7．对账工作有哪些？如何进行对账？
8．期末如何进行结账？

第七章 财产清查

知识学习目标

※ 了解财产清查的概念、一般对象和基本分类
※ 熟悉财产清查的步骤
※ 理解永续盘存制与实地盘存制的概念、计算及其优缺点
※ 掌握库存现金、银行存款、实物资产和往来款项的清查方法
※ 掌握银行存款余额调节表的编制及清查结果后的账务处理

能力训练目标

※ 会进行库存现金的清查与账务处理
※ 会根据银行对账单进行银、企对账并编制银行存款余额调节表
※ 会进行实物资产的清查与账务处理
※ 会进行往来款项的核对与账务处理

第一节 财产清查概述

一、财产清查的概念与作用

（一）财产清查的概念

财产清查是指通过对货币资金、实物资产和往来款项的实地盘点或核对，确定其实存数，查明账存数与实存数是否相符的一种专门方法。财产清查的目的是账实相符，为定期编制会计报表提供准确、完整、系统的核算信息。

在实际工作中，虽然对会计凭证进行了严格审核、试算平衡和对账，保证了账簿记录的正确和完整，但账簿记录的正确性并不能保证核算资料的客观真实性。因为记账工作与货币资金及实物资产等的保管工作是分开进行的，有很多原因会导致账簿登记的结存数与实存数发生差异。具体原因包括以下几点：

（1）在财产物资收发工作中，由于收发手续不严、计量不准确等，发生错收、错付或在账簿中漏记、重记和错记等情况，导致其数量或质量出现差错。

（2）财产物资在保管过程中发生自然损耗。

（3）由于非常事故、自然灾害（水灾、地震等）造成的非常损失。

（4）由于管理不善造成财产物资损坏、变质或短缺。

（5）由于不法分子营私舞弊、贪污盗窃而发生的财产数量和质量上的损失。

（6）由于记账时间不同形成未达账项而造成账实不符等。

为了查明上述这些自然或人为造成的账实不符现象，确保会计账簿记录的真实、正确，就需要企业在编制会计报表之前，对企业各项财产物资进行清查，做到账实相符。

（二）财产清查的作用

1．保证账实相符，会计资料真实可靠

通过财产清查，可以查明各项财产物资的实存数，并与其账存数相核对，如有不符应找出原因和责任，进行相应的会计处理，以保证会计核算资料的真实性。

2．改进保管工作，保护财产物资的安全和完整

通过财产清查，还可以查明财产物资的保管使用情况，以及有无因管理不善造成损坏、丢失、霉烂变质或非法挪用、贪污盗窃等情况。对于有关人员失职造成的损失，应追究其经济责任；对于贪污、盗窃行为，应给予必要的法律制裁。这样在制度上、管理上切实保证各项财产物资的安全和完整。

3．挖掘财产物资的潜力，加速资金周转

通过财产清查，可以查明财产物资的储备和利用情况，看有无短缺或储备不足、闲置不用或滞销积压等情况；还可以查明各种款项的结算情况，如有无未达账项、长期拖欠或拒付款项等，及时提出管理建议。如发现有闲置不用或滞销积压的物资应及时处理，以充分发挥它们的效能，并分析原因，改善经营管理。这样才能充分挖掘物资使用潜力、加速资金周转、提高企业的经济效益。

二、财产清查的分类

（一）按清查的范围划分，可分为全面清查和局部清查

1．全面清查

全面清查是指对本单位全部财产进行盘点和核对。全面清查的内容多，范围广，参加的部门人员多。一般来说，在以下几种情况下，需进行全面清查：

（1）年终决算前，为确保年度会计报表的真实正确，需进行一次全面财产清查、核实债务。

（2）单位撤销、分立、合并或改变隶属关系时。

（3）中外合资、国内联营前；企业改组、改制、兼并等。

（4）开展全面的资产评估、清产核资时。

（5）单位主要负责人调离工作，进行离任审计时。

2．局部清查

局部清查是指根据需要对一部分财产物资进行的清查。局部清查范围小，内容少，涉及的人也少，但专业性较强，其清查的主要对象是流动性较大的财产，如库存现金、材料、在产品和产成品等，一般包括下列清查内容：

（1）对于库存现金应由出纳人员在每日业务终了时清点，做到日清月结。

（2）对于银行存款和银行借款，应由出纳人员每月同银行核对一次。

（3）对于材料、在产品和产成品除年度清查外，应有计划地每月重点抽查，对于贵重的财产物资，应每月清查盘点一次。

（4）对于债权债务，应在年度内至少核对一次，有问题应及时核对，及时解决。在有关人员调动时，也需要进行专项清查。

（5）贵重物品每月清查一次等。

以上列举的内容，均在正常情况下进行，如果出现自然灾害、盗窃事件、更换实物保管人员等情况，应及时对有关财产物资或资金进行局部清查和盘点。

（二）按清查的时间划分，可以分为定期清查和不定期清查

1．定期清查

定期清查是指根据管理制度的规定或预先安排的时间对财产所进行的清查。一般是在年终、季末、月末结账时进行。其清查对象和范围视实际需要而定，通常情况下，年终决算前进行的是全面清查，季末和月末进行的是局部清查。

2．不定期清查

不定期检查是指事先并不规定时间，而是根据实际需要进行临时性的清查。一般在下

列情况下进行：

（1）更换财产物资和库存现金保管人员时，要对其所保管的财产物资或库存现金进行清查，以明确经济责任。

（2）发生自然灾害或意外损失时，为查明遭受损失情况，应对受灾的有关财产物资进行清查。

（3）上级主管部门和财政、税务、银行等有关部门，对企业进行检查时，应根据检查的要求和范围进行清查。

（4）会计主体发生变更或改变隶属关系时。

不定期清查可以是全面清查，也可以是局部清查，应根据实际需要决定。

三、财产清查的一般程序

（1）建立财产清查组织。根据清查的目的、种类、对象和范围，成立专门的财产清查小组，负责财产清查的组织和实施。通常清查小组的成员应包括单位有关负责人、会计人员以及与清查内容相关的职能部门的主管人员、技术人员、保管人员、内部审计人员和职工代表等。

（2）组织清查人员学习有关政策规定，掌握有关法律、法规和相关业务知识，以提高财产清查工作的质量。

（3）确定清查对象、范围，明确清查任务。

（4）制订清查方案，具体安排清查内容、时间、步骤、方法，以及必要的清查前准备。

1）账簿记录准备。有关财务会计人员应该在财产清查前，把发生的各项经济业务全部登记入账，将有关账目结算清楚，并进行账簿记录与凭证记录、总账与明细账之间的核对，做到账证相符、账账相符，为清查工作提供可靠的会计数据资料。对于银行存款和往来款项等，也应在清查前准备好对账单。

2）实物整理准备。财产物资保管部门和有关人员应在截止清查日前，根据发生的各项财产物资的收、发业务填好凭证手续，登记入账，结出余额。并将准备清查的各项财产物资整理清楚，按类别摆放整齐，标明编号、品种、规格及结存数量，以便进行实地盘点清查。

3）计量工具的准备。清查前应准备好各种必要的计量器具，并校对准确。清查人员要准备好清查盘点所需要的表册、单据、文具等，以便清查时使用。

（5）清查时本着先清查数量、核对有关账簿记录等，后认定质量的原则进行。

（6）填制盘存清单。财产清查的重要环节是盘点财产物资的实存数量。为明确责任，在财产清查过程中，实物保管人员、出纳人员、往来账户经管人员以及内部审计人员均应在场，并参加盘点工作；清查人员要做好盘存记录，在盘存单中详细说明各项财产物资的编号、名称、规格、计量单位、数量、单价、金额等，并由盘点人员和实物保管人员分别签字盖章。

对于不能进行盘点清查的，清查人员要做好核对或查询工作。

（7）根据盘存单填制实物、往来款项清查结果报告表。盘点清查完毕，会计部门应根据盘存单上所列物资的实际结存数与账面结存记录进行核对。若发现某些财产物资账实不符时，应填制"实存账存对比表"，确定财产物资盘盈或盘亏的数额，调整账面记录，并分析盈亏原因，明确经济责任，总结经验教训，以便在以后的工作中建立健全有关财产管理制度。

第二节 财产清查的内容与方法

一、货币资金的清查

货币资金的清查主要包括库存现金和各种银行存款的清查。

（一）库存现金的清查

库存现金的清查，应采用实地盘点的方法。除出纳人员针对库存现金做到日清月结、账款相符外，单位还应组织清查人员对库存现金进行定期或不定期清查，先确定库存现金的实存数，然后与现金日记账的账面余额核对，以查明账实是否相符和盈亏情况。

在进行库存现金清查时，为了明确经济责任，出纳人员必须在场，在清查过程中不能用白条抵库，也就是不能用不具有法律效力的借条、收据等抵充库存现金。库存现金盘点后，应根据盘点的结果及与现金日记账核对的情况，填制"库存现金盘点报告表"（也称"现金盘点表"）。该表是反映库存现金实存数的原始凭证，也是查明账实不符的原因和调整账簿记录的依据，应由清查人员、出纳人员签名或盖章，并由会计机构负责人（会计主管人员）审核后签名或盖章。一般一式两联，一联为"报账联"，作为调整现金账的依据；另一联为"批复联"，作为处理现金盘盈盘亏的依据。"库存现金盘点报告表"的一般格式见表7-1。

表7-1 库存现金盘点报告表

单位名称： 　　　　　　　　　　年　月　日　　　　　　　　　金额单位：元

实存金额	账存金额	对比结果		备注
		盘盈	盘亏	

处理决定：

会计机构负责人：（签章）　　　盘点人：（签章）　　　出纳员：（签章）

（二）银行存款的清查

1. 银行存款的清查方法

银行存款的清查是采用与开户银行核对账目的方法进行的，即将开户银行送给该企业的对账单与本单位的银行存款日记账进行逐笔核对，以核实账实是否相符。

企业在与银行核对账目之前，应先检查本企业银行存款记录的完整性和余额计算的正确性；然后，将银行送来的对账单上的银行存款收付记录与本企业银行存款日记账中登记的收付记录逐笔核对，查明银行存款的实有数额。若发现错账、漏账应及时更正。

企业的银行存款日记账的余额应与银行对账单余额相等,但在实际工作中,两者往往不一致。其原因有二:一是双方本身记账有误;二是存在未达账项。在查明双方记账无误后,企业应重点审查未达账项。

未达账项是指企业与银行之间,由于结算凭证传递的时间不同,出现了一方已入账,而另一方尚未接到有关结算凭证,而尚未入账的款项。

2. 未达账项

未达账项一般有以下四种情况:

(1)企业已收款记账,而银行尚未收款记账。例如,企业销售产品收到支票,送存银行后即可根据银行盖章、退回的"进账单"回单联登记银行存款的增加,而银行不能马上记企业银行存款的增加,要等款项收妥后才能记企业银行存款的增加,如果此时对账,则形成了"企业已收款记账、银行尚未收款记账"的未达账项。

(2)企业已付款记账,而银行尚未付款记账。例如,企业开出一张支票支付购货款,企业可以根据支票存根等凭证,记企业银行存款的减少;而此时银行由于尚未收到支付款项的凭证,未记企业银行存款的减少。如果此时对账,则形成了"企业已付款记账、银行尚未付款记账"的未达账项。

(3)银行已收款记账,而企业尚未收款记账。例如,外地某单位给企业汇来款项,银行收到汇款后,马上登记企业银行存款的增加;而企业此时尚未收到汇款凭证,未记银行存款的增加。如果此时对账,则形成了"银行已收款记账、企业尚未收款记账"的未达账项。

(4)银行已付款记账,而企业尚未付款记账。例如,银行代企业支付款项,银行已取得支付款项的凭证并已记企业银行存款的减少,而企业此时尚未收到凭证未记银行存款的减少。如果此时对账,则形成了"银行已付款记账、企业尚未付款记账"的未达账项。

以上四种情况中,第(2)、(3)两种情况属于企业银行存款日记账余额小于银行对账单余额;第(1)、(4)两种情况属于企业银行存款日记账余额大于银行对账单余额。

以上任何一种未达账项的发生,都会使企业银行存款日记账的账面余额与银行对账单的余额不一致,都需要采用一定的方法进行调整。这种方法一般是通过银行存款余额调节表进行的。在银行存款日记账余额和银行对账单余额的基础上,分别加减未达账项,调整后双方的余额应该相等,并且是企业当时实际可以动用的款项。其计算公式为

企业银行存款日记账余额+银行已收企业未收款项-银行已付企业未付款项=银行对账单余额+企业已收银行未收款项-企业已付银行未付款项。

为了检查账簿记录的正确,确定银行存款的实有数,应首先查明有无未达账项,如果有未达账项,应编制"银行存款余额调节表"进行核对调整。

3. 银行存款余额调节表的编制

【例7-1】盛元公司2019年1月31日银行存款日记账余额为849 700元,银行对账单余额为815 910元,经逐笔勾对,发现有下列未达款项:

(1)银行代企业收取货款17 680元,企业尚未入账。

（2）银行代付水电费32 460元，企业尚未入账。

（3）企业开出转账支票偿付前欠货款8 500元，银行尚未入账。

（4）企业将收到的一张转账支票27 510元送存银行，但银行未入账。

盛元公司2019年1月31日编制的银行存款余额调节表见表7-2。

表7-2　银行存款余额调节表
2019年1月31日　　　　　　　　　　　　　　　单位：元

项　目	金　额	项　目	金　额
企业银行存款日记账余额	849 700	银行对账单余额	815 910
加：银行已收企业未收的款项	17 680	加：企业已收银行未收的款项	27 510
减：银行已付企业未付的款项	32 460	减：企业已付银行未付的款项	8 500
调节后存款余额	834 920	调节后存款余额	834 920

经过银行存款余额调节表调节后，如果双方的余额相等，则表明双方记账正确，而这个相等的金额表示企业可动用的银行存款实有数；若不符，则表示本单位及开户银行的一方或双方存在记账错误，应进一步查明原因，采用正确的方法进行更正。

需要注意的是，企业不应该也不需要根据调节后的余额调整银行存款日记账的余额，银行存款余额调节表不能作为记账的原始依据。对于银行已入账而企业尚未入账的未达账项，企业应在收到有关结算凭证后再进行有关账务处理。

二、实物资产的清查

对于财产物资的清查主要是确定各项财产物资的账面结存数量、账面结存金额与各项财产物资的实存数量、实存金额，以确定其账存与实存是否相符。

（一）财产盘存制度

企业财产物资的账面结存数要靠盘存来确定，常用的盘存方法有实地盘存制和永续盘存制两种。

1．实地盘存制

实地盘存制也称"定期盘存制""以存计销制"，是指通过对各种财产物资的实地盘点来确定其期末数量的一种方法。在实地盘存制下，对各项财产物资平时在账簿中只登记增加数，不登记减少数，月末首先通过对财产物资的实地盘点来取得账面结存数，然后再倒挤出本期减少数，再据以登记有关账簿的一种方法。以存货为例，在实地盘存制下，其本期发出成本计算如下：

期末存货成本=期末存货数量×进货单价

本期存货发出成本=期初存货成本+本期进货（收入）成本−期末存货成本

实地盘存制下账簿登记举例见表7-3。

表7-3 原材料明细账

2019		摘要	收入			发出			结存		
月	日		数量	单价	金额	数量	单价	金额	数量	单价	金额
3	1	上月结余							2 000	10	20 000
	4	购入	1 000	10	10 000						
	15	发出									
	19	购入	3 000	10	30 000						
	25	发出									
	31	合计	4 000		40 000	4 500		45 000	1 500	10	15 000

表7-3中采用实地盘存制，本期发出数4 500=账面期初结存数2 000+本期账面增加合计数4 000-期末盘点实际结存数1 500。因此采用实地盘存制，关键是确定期末财产物资的库存数量。

期末财产物资库存数量的确定，一般分为两个步骤：首先进行实地盘点，确定盘存数量。盘点的结果要填制"盘存单"，列明各种存货的盘存数量。然后调整盘存数量，即如果月末有已经销售但尚未提运出库的存货或已经提运出库但尚未做销售入账的存货，都要进行调整，以确定实际库存数量。调整计算公式为

实际库存数量=盘点数量+已提未销数量-已销未提数量

采用实地盘存制，期初数在账上，期末数靠盘点，发出数靠计算。该方法无须通过账面连续记录得出期末财产物资数量，并假定除期末库存以外的财产物资均已出售，从而倒轧出本月减少的财产物资数量。因此采用实地盘存制，其优点是核算工作比较简单，缺点是无法结算出日常的账面余额，不能及时了解和掌握日常财产物资的账面结存额和财产物资的溢缺情况，且手续不严密，不利于管理。

该制度一般适用于一些价值低、品种杂、进出频繁的商品以及数量不稳定、损耗大且难以控制的鲜活商品。

2．永续盘存制

永续盘存制也称"账面盘存制"，是对各项财产物资的增加或减少，都必须根据会计凭证逐笔或逐日在有关账簿中进行连续登记，并随时结算出该项物资的结存数的一种方法。采用永续盘存制，需要对每一品种、规格的财产物资开设明细分类账户，通过对财产物资的收发进行明细分类核算，平时逐日或者逐笔在明细账中登记增加数和减少数，并随时结出结存数。

期末结存数=期初结存数+本期增加数-本期减少数

永续盘存制下账簿登记举例见表7-4。

表7-4 原材料明细账

2019		摘 要	收 入			发 出			结 存		
月	日		数量	单价	金额	数量	单价	金额	数量	单价	金额
3	1	上月结余							2 000	10	20 000
	4	购入	1 000	10	10 000				3 000	10	30 000
	15	发出				2 400	10	24 000	600	10	6 000
	19	购入	3 000	10	30 000				3 600	10	36 000
	25	发出				2 000	10	20 000	1 600	10	16 000
		合计	4 000		40 000	4 400		44 000	1 600	10	16 000

采用永续盘存制，可随时反映出财产物资的收入、发出和结余情况，从数量和金额上进行双重控制，加强了对财产物资的管理，在实际工作中大多数企业应用该方法。其缺点是：在财产品种复杂、繁多的企业，其明细分类核算工作量较大。

采用这种制度，也可能发生账实不符的情况，如变质、损坏、丢失等，所以仍需对各种财产物资进行清查盘点，以查明账实是否相符和账实不符的原因。

需要指出的是，无论永续盘存制还是实地盘存制均需要进行实地盘点，但两者盘点的目的不同，前者是为了达到账实一致，后者是为了倒算出发出数。

（二）实物资产实存数清查的方法

各种实物都必须从数量和质量上进行清查。不同种类财产物资的实物形态、重量、体积、堆放的方式各不相同，清查的方法也不尽相同，现分别予以介绍。

1．实地盘点法

实地盘点法是指在财产物资存放现场逐一清点数量或用计量仪器确定其实存数的方法。这种方法计量准确、直观，适用范围较广，大多数财产物资的清查都可使用该种方法，但是工作量大。

2．技术推算盘点法

技术推算盘点法是指利用技术方法推算财产物资实存数的方法。该方法盘点数字不够准确，但工作量小，主要适用于那些大量成堆、价廉笨重且不能逐一清点的物资，如露天堆放的煤、砂石、焦炭等。

无论采取哪种方法对实物清查，都应按计划、有步骤地进行，以免遗漏或重复。确定清查对象后，应根据企业财产目录复核财产物资的品名和规格，然后再盘点数量并检查其质量。为明确经济责任，进行盘点时，实物保管人员必须在场并参加盘点，但不宜单独承担财产清查全部工作，以便客观地查明财产管理工作的成绩和存在的问题。为了明确经济责任，各项财产物资盘点结果，应如实登记在"盘存单"上，并由盘点人员和实物保管人员同时签章，作为各项财产物资实存数额的书面证明，其格式见表7-5。盘存单一般应填制一式三份，一份由清点人员留存备查；一份交实物保管人员保存；一份交财会部门与账面记录核对。

表7-5 盘存单

单位名称：　　　　　　　　盘点时间：　　　　　　　编　号：
财产类别：　　　　　　　　存放地点：

序号	名称	规格	计量单位	实存数量	单价	金额	备注

盘点人（签章）：　　　　　　　　保管人（签章）：

为进一步查明实存数与账存数是否一致，财会部门应根据盘存单所列各种物资的盘点数量与账面结存数核对，并填制"实存账存对比表"，也称为"盘盈、盘亏报告表"。它是分析账存与实存产生差异的原因、明确经济责任的依据，也是用以调整账簿记录的重要原始凭证。"实存账存对比表"一般一式两联，第一联为报账联，作为财会部门调整资产账簿记录的依据；第二联为批复联，作为财会部门处理盘盈盘亏的依据。"账存实存对比表"须由清查人员制表、会计主管人员审核后作为入账依据，其中在第二联"批复联"中设置了"处理决定"栏，由单位厂长经理会议等权力机构对资产盘盈盘亏处理进行批复，作为盘盈盘亏处理的依据。为简化工作，在实际工作中通常只将账存实存不符的财产物资编入此表，而不列账存实存相符的财产物资。"实存账存对比表"格式见表7-6。

表7-6 实存账存对比表

单位名称：　　　　　　　　年　月　日

序号	名称	规格	计量单位	单价	实存		账存		盘盈		盘亏		备注
					金额	数量	金额	数量	金额	数量	金额	数量	

处理决定：

审核人（签章）：　　　　　　　　　　　　　　制表人（签章）

三、往来款项的清查

（一）往来款项清查的概念

往来款项的清查主要是指对各种应收款、应付款、预收款、预付款的清查。企业应将截至清查日的有关结算款项全部登记入账，并保证账簿记录完整、正确。

（二）往来款项清查的方法和程序

债权债务的清查一般采用"询证核对法"进行清查，即采取向对方单位发函进行核对账目，包括信函、电函、传真、E-mail等查询方式与对方单位核对账目。

对于企业内部各部门的应收、应付款项，可以确定一个时间，由各部门财产清查人员、会计人员直接根据账簿记录进行核对；对于本单位职工的各种代垫、代付款项，预借款项等，通常可以采取抄列清单与本人核对或定期公布的方法加以核查。

对于外部各单位的往来款项，一般根据有关明细账资料按户编制对账单，寄交对方单位进行核对。对账单一般一式两联，一联作为回单，对方单位核对无误后应在回单上盖章后退回本单位；如果发现数额不符，应在回单上注明不符情况，或者另抄账单退回，以便进一步核对。核查过程中，如有未达账项，双方都应采用调节余额的办法，有必要的话，可编制应收款项或应付款项余额调节表，核对是否相符。

（三）编制往来款项清查结果报告表

往来款项清查以后，应根据清查中发现的问题，将清查结果编制"往来款项清查结果报告表"，通过该表，列明核对相符与不符的金额。对于与对方单位有争议的款项，没有希望收回的款项以及无法支付的款项应加以详细地说明，以便及时采取措施，避免相互之间的长期拖欠，减少坏账损失。往来款项清查结果报告表一般格式见表7-7。

表7-7 往来款项清查结果报告表

会计科目： 年 月 日 金额单位：

明细账户名称	账面结余金额	清查结果		发生日期	核对不符单位及原因分析					备注
		核对相符金额	核对不符金额		核对不符单位名称	争执中款项	未达账项	无法收回或偿还款项	其他	

清查人员（签章） 往来会计（签章）

第三节 财产清查结果的处理

一、财产清查结果的处理要求

各单位通过财产清查，必然会发现财产物资管理工作或会计管理工作等方面存在的问题，妥善处理好这些问题，是财产清查的重要环节。对清查的结果，必须以国家有关法律、法规、规章的有关规定为依据，进行严肃处理，具体包括以下几项工作：

1. 分析产生差异的原因和性质，提出处理建议

财产清查所发现的实存数量与账存数量的差异，应进行对比，核定其相差数额，然后调查并分析产生差异的原因，明确经济责任，提出处理意见，处理方案应按规定的程序报请审批。

2. 积极处理多余、积压物资，清理往来款项

对于财产清查中发现的多余、积压物资，应分别不同情况处理。属于盲目采购或者盲目生产等原因造成的积压，一方面积极利用或者改造出售，另一方面要停止采购或生产。

3. 总结经验教训，提出改进措施，建立健全各项管理制度

财产清查后，要针对存在的问题和不足，总结经验教训，采取必要的措施，建立健全财产管理内部控制制度，进一步提高财产管理水平。

4. 根据清查结果，调整账簿记录，做到账实相符

对于财产清查中发现的盘盈或盘亏，应及时调整账面记录，以保证账实相符。要根据清查中取得的原始凭证编制记账凭证，登记有关账簿，使各种财产物资的账存数与实存数相一致，同时反映待处理财产损溢的发生额。

二、财产清查结果处理的步骤

对于财产清查中所发现的盘盈、盘亏和毁损，应及时入账以便调整账簿记录，做到账实相符。对财产清查中发现的各种差异，在会计上应分两个步骤进行处理：

1. 审批之前的处理

财产清查中发现的盘盈、盘亏，在报经有关领导审批之前，根据"库存现金盘点报告表""实存账存对比表"等已经查实的资料，编制会计分录，在账簿上如实反映，使各项财产物资的账存数同实存数完全一致。同时，根据企业的管理权限，将处理建议报股东大会或董事会，或经理（厂长）会议或类似机构批准。

2. 审批之后的处理

经批准后根据差异发生的原因和批准处理意见，进行差异处理，调整账项，并据以登记有关账簿。

三、财产清查结果的账务处理方法

（一）账户设置

为了记录、反映财产物资的盘盈、盘亏和毁损情况，企业应设置"待处理财产损溢"账户。

"待处理财产损溢"账户属资产类账户，借方用来登记各项财产物资发生的盘亏、毁损数和经批准处理盘盈财产物资的转销数；贷方登记各项财产物资发生的盘盈数和经批准处理的盘亏、毁损财产物资转销数；期末如为借方余额，表示尚待处理的净损失，如为贷方余额，表示尚待处理的净溢余。对于等待批准处理的财产盘盈、盘亏，会计年终前应处理完毕。会计期末，该账户一般应无余额。

该账户应设置"待处理流动资产损溢"和"待处理非流动资产损溢"两个明细账户。

（二）财产清查结果的账务处理

1．库存现金盘盈、盘亏的账务处理

在库存现金清查中，发现库存现金短缺或溢余，除了设法查明原因外，还应及时根据"库存现金盘点报告表"进行账务处理，属于库存现金短缺的，应按实际短缺金额，借记"待处理财产损溢——待处理流动资产损溢"账户，贷记"库存现金"账户；属于库存现金溢余的，应按实际溢余金额，借记"库存现金"账户，贷记"待处理财产损溢——待处理流动资产损溢"账户。待查明原因后，应分情况处理：

（1）如为库存现金短缺，属于应由责任人赔偿的记入"其他应收款"账户，属于无法查明原因的，经批准后记入"管理费用"账户。

（2）如为库存现金溢余，属于无法查明原因的，经批准后记入"营业外收入"账户；属于应支付给有关人员或单位的，暂记入"其他应付款"账户。

【例7-2】盛元公司在财产清查中，发现库存现金溢余15元。

步骤1：在报经批准前，根据"库存现金盘点报告表"确定的库存现金盘盈数，调整账面记录。会计人员编制会计分录如下：

借：库存现金　　　　　　　　　　　　　　　　　　　　　　15
　　贷：待处理财产损溢——待处理流动资产损溢　　　　　　　　　　15

步骤2：经反复核查，上述库存现金溢余款原因不明。经批准转作营业外收入。

借：待处理财产损溢——待处理流动资产损溢　　　　　　　　15
　　贷：营业外收入　　　　　　　　　　　　　　　　　　　　　　15

【例7-3】盛元公司在财产清查中，盘亏库存现金210元。

步骤1：在报经批准前，根据"库存现金盘点报告表"确定的库存现金盘亏数，调整账面记录。会计人员编制会计分录如下：

借：待处理财产损溢——待处理流动资产损溢　　　　　　　　210
　　贷：库存现金　　　　　　　　　　　　　　　　　　　　　　　210

步骤2：经查，上述库存现金短缺属于出纳员的责任，应由其赔偿200元，剩余10元属于无法查明的其他原因，经批准作为管理费用处理。

在批准后，根据批准处理意见，转销库存现金盘亏的会计分录如下：

借：其他应收款——××出纳员　　　　　　　　　　　　　　200
　　管理费用　　　　　　　　　　　　　　　　　　　　　　　10
　　贷：待处理财产损溢——待处理流动资产损溢　　　　　　　　　210

步骤3：收到上述出纳员赔偿的库存现金200元。

借：库存现金　　　　　　　　　　　　　　　　　　　　　　200
　　贷：其他应收款——××出纳员　　　　　　　　　　　　　　　200

2．存货盘盈、盘亏和毁损的账务处理

（1）存货盘盈的账务处理。企业清查发现存货盘盈时，在报经批准前应借记有关存货类账户，贷记"待处理财产损溢——待处理流动资产损溢"账户。经有关部门审批后，可冲减管理费用。

【例7-4】 盛元公司在财产清查中，盘盈A材料50千克，该材料的实际成本为每千克200元。

步骤1：在报经批准前，根据"实存账存对比表"确定的材料盘盈数，调整账簿记录。会计人员根据"账存实存对比表"（报账联），编制会计分录如下：

  借：原材料——A材料   10 000
    贷：待处理财产损溢——待处理流动资产损溢   10 000

步骤2：经查A材料盘盈是因计量不准造成，经有关部门批准，同意冲减管理费用。会计人员根据"账存实存对比表"（批复联），编制会计分录如下：

  借：待处理财产损溢——待处理流动资产损溢   10 000
    贷：管理费用   10 000

（2）存货盘亏和毁损的账务处理。企业财产清查中发现的存货盘亏和毁损，在报经批准前，应按其成本借记"待处理财产损溢——待处理流动资产损溢"账户，贷记有关存货类账户。报经批准以后，再根据造成盘亏和毁损的原因，分别按以下情况进行处理：

1）属于自然损耗产生的定额内合理损耗，经批准后转作"管理费用"。

2）属于计量收发差错和管理不善等原因造成的超定额损耗，应先扣除残料价值和过失人的赔偿，然后将净损失记入"管理费用"。

3）属于自然灾害或意外事故造成的存货毁损，应先扣除残料价值和可以收回的保险赔偿，然后将净损失转作"营业外支出"。

【例7-5】 盛元公司在财产清查中，盘亏库存甲产品200件，每件100元；乙产品10千克，每千克30元。

步骤1：在报经批准前，根据"账存实存对比表"确定的库存商品盘亏数，调整账面记录。会计人员根据"账存实存对比表"（报账联），编制会计分录如下：

  借：待处理财产损溢——待处理流动资产损溢   20 300
    贷：库存商品——甲产品   20 000
        ——乙产品   300

步骤2：经查，上述盘亏的甲产品，系保管员保管不善造成的毁损，应由其赔偿；乙产品属于自然损耗产生的定额内损耗。

会计人员根据"账存实存对比表"（批复联），编制会计分录如下：

  借：其他应收款——××保管员   20 000
    管理费用   300
    贷：待处理财产损溢——待处理流动资产损溢   20 300

3．固定资产盘盈和盘亏的账务处理

（1）固定资产盘盈的账务处理。《企业会计准则第28号——会计政策、会计估计变更和差错更正》规定，固定资产的盘盈属于前期差错，应按照准则的规定进行处理。对于企业在清查中盘盈的固定资产，应按其同类或类似固定资产的市场价值，减去该项固定资产按新旧程度估计的价值损耗后的余额，借记"固定资产"账户，贷记"以前年度损益调整"账户。

【例7-6】 盛元公司在财产清查中，发现账外设备一台，重置成本为30 000元。

按照《会计政策、会计估计变更和差错更正》准则的规定，作为前期差错处理。根据

"实存账存对比表"确定的固定资产盘盈数,调整账面记录,编制会计分录如下:

借:固定资产　　　　　　　　　　　　　　　　　　　　30 000
　　贷:以前年度损益调整　　　　　　　　　　　　　　　　30 000

(2)固定资产盘亏的账务处理。企业发生固定资产盘亏时,按盘亏固定资产的净值,借记"待处理财产损溢——待处理固定资产损溢"账户,按已计提的累计折旧,借记"累计折旧"账户,按固定资产的原价,贷记"固定资产"账户。报经批准转销后转入"营业外支出"账户的借方。

【例7-7】盛元公司在财产清查中,发现短缺设备一台,账面原价100 000元,已提折旧25 000元。

步骤1:在报经批准前,根据"账存实存对比表"(报账联)确定的固定资产盘亏数,调整账簿记录。会计人员编制会计分录如下:

借:待处理财产损溢——待处理非流动资产损溢　　　　75 000
　　累计折旧　　　　　　　　　　　　　　　　　　　　25 000
　　贷:固定资产　　　　　　　　　　　　　　　　　　100 000

步骤2:在批准后,根据批准的处理意见,转销固定资产的盘亏。会计人员根据"账存实存对比表"(批复联)编制会计分录如下:

借:营业外支出　　　　　　　　　　　　　　　　　　　75 000
　　贷:待处理财产损溢——待处理非流动资产损溢　　　　75 000

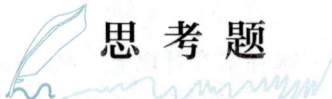

思 考 题

1. 财产清查的作用有哪些?
2. 财产清查的种类有哪些?
3. 比较永续盘存制和实地盘存制的异同,列举它们各自的优缺点。
4. 什么是未达账项?其种类有哪些?
5. 如何进行银行存款的财产清查?
6. 如何进行实物资产的清查?

第八章 财务会计报告

知识学习目标

※ 掌握财务会计报告的概念、种类及编制要求
※ 掌握资产负债表的概念、结构和编制基础
※ 掌握资产负债表的编制方法
※ 掌握利润表的概念、结构和编制基础
※ 掌握利润表的编制方法

能力训练目标

※ 能正确计算并填报资产负债表各项目金额
※ 能正确计算并填报利润表各项目金额
※ 能揭示资产负债表和利润表之间数据的相互钩稽关系
※ 会报送会计报表

第一节　财务会计报告概述

一、财务会计报告的概念

财务会计报告是指企业对外提供的反映企业某一特定日期的财务状况和某一会计期间的经营成果、现金流量等会计信息的文件。财务会计报告包括财务报表和其他应当在财务会计报告中披露的相关信息和资料。财务报表是对企业财务状况、经营成果和现金流量的结构性表述。一套完整的财务报表至少应当包括资产负债表、利润表、现金流量表、所有者权益变动表以及附注。

资产负债表是反映企业在某一特定日期的财务状况的会计报表；利润表是反映企业在一定会计期间的经营成果的会计报表；现金流量表是反映企业在一定会计期间的现金和现金等价物流入和流出的会计报表；所有者权益变动表是反映构成所有者权益的各组成部分当期的增减变动情况的会计报表；附注是对报表中列示项目的文字描述或明细资料，以及对未能在这些报表中列示项目的说明等。

各类经济单位都需要编制财务会计报告，目的是向单位的有关各方，如投资者、债权人、政府及相关机构、单位管理人员、社会公众等财务会计报告的使用者提供全面、系统的财务会计信息，以帮助他们了解该经济单位管理层受托责任的履行情况，分析其业务活动中存在的问题，便于报告的使用者做出更加合理的经济决策。财务会计报告的作用主要体现在以下四个方面。

1．向投资者进行投资决策提供必要的信息

投资者关心投资报酬和投资风险，在投资前需了解单位的资金状况和经济活动情况，以做出正确的投资决策；投资后，需了解单位的经营成果、资金使用状况以及支付资金报酬的情况等资料。财务会计报告可以全面、系统地向投资者提供其所需要的信息资料，满足其投资决策的需要。

2．向企业外部与企业有经济利益关系的单位和个人提供有用的会计信息

企业外部与企业有经济利益关系的单位包括银行、金融机构、商业债权人、债券购买者等，他们需要能反映企业按时支付利息和偿还债务能力的资料，财务会计报告可以提供以上资料，供债权人做出信贷和赊销的决策。

3．向国家有关经济管理部门提供有用的会计信息

财政、工商、税务、审计等政府管理部门履行国家管理企业的职能，检查企业的资金使用情况、成本的计算情况、利润的形成和分配情况、税金的计算和解缴情况，检查财经纪律的遵守情况。财务会计报告为上述部门提供必要的数据资料，以便其实施管理和监督。

4．向企业内部经营管理者提供有用的会计信息

企业内部经营管理者需要通过财务会计报告了解企业当期经营活动的基本状况，评价和考核企业经营业绩，查明问题存在的原因，不断改进经营管理工作，提高经济效益。单位的职工、职工代表大会及工会组织，也可以通过财务会计报告提供的数据资料，更好地参与经营管理活动，为企业的经营和发展做出更大的贡献。

二、财务会计报告的种类

会计报表是财务会计报告的核心，其可以根据需要，按照不同的标准进行分类。

1．按照所反映的内容不同分类

按照所反映的经济内容的不同，会计报表可分为静态报表和动态报表。静态报表是指综合反映企业某一特定日期资产、负债和所有者权益状况的报表，如资产负债表；动态报表是指综合反映企业一定期间的经营情况或现金流量情况的报表，如利润表和现金流量表。

2．按照编制的时间不同分类

按照编制时间的不同，会计报表可分为中期会计报表和年度会计报表。

中期会计报表是以短于一个完整会计年度的报告期间为基础编制的会计报表，包括月报、季报和半年报等。月报要求简明扼要，反映及时；季报和半年报在会计信息的详细程度方面介于月报和年度会计报表之间。年度会计报表是指在年度终了编制的会计报表，其会计信息要求揭示完整，反映全面。

中期会计报表至少应包括资产负债表、利润表、现金流量表和附注。

3．按照报送对象的不同分类

按照报送对象的不同，会计报表可分为内部报表和外部报表。

内部报表是指为满足企业经营管理需要而编制的会计报表，一般包括期间费用表、制造费用表、产品成本表等。内部报表的种类、格式、内容及编制方法是根据企业内部管理的需要自行规定、自行设计的。

外部报表是指企业向外部提供的会计报表，主要供投资者、债权人、政府部门和社会公众等有关方面使用，包括资产负债表、利润表、现金流量表。企业对外报送的会计报表的种类、具体格式和编制方法均由财政部统一制定，任何单位都不得随意增减。

4．按照编制单位的不同分类

按照编制单位的不同，会计报表可分为个别报表和合并报表两类。

个别报表是指由企业在自身会计核算基础上对账簿记录进行加工而编制的会计报表。

合并报表是以母公司和子公司组成的企业集团为会计主体，根据母公司和所属子公司的会计报表，由母公司编制的综合反映企业集团财务状况、经营成果和现金流量的会计报表。

三、会计报表的编制要求

为了充分发挥会计报表的作用，保证会计报表的质量，编制会计报表必须符合以下要求：

1．数字真实，计算准确

企业会计报表所填列的数字必须真实可靠，能准确地反映企业的财务状况和经营成果。为了会计报表的数字真实、计算准确，应做到：报告期内所有的经济业务必须全部登记入账，应根据核对无误的账簿记录编制会计报表，不得用估计数字编制会计报表，不得弄虚作假，不得篡改数字；在编制会计报表之前，应认真核对账簿记录，做到账证相符、账账相符，发现有不符之处，应先查明原因，加以更正，再据以编制会计报表；企业应定期进行财产清查，对各项财产物资、货币资金和往来款项进行盘点、核实，在账实相符的基础上编制会计报表；在编制会计报表时，要核对会计报表之间的数字，各种会计报表之间，以及同一会计报表各项目指标之间，有钩稽关系的数字都要核对相符，本期会计报表与上期会计报表之间的数字应相互衔接一致，本年度会计报表与上年度会计报表之间的相关指标数字应衔接一致。

2．内容完整

会计报表必须按照统一规定的种类和内容填报，不得漏填漏报。每份会计报表应填列的指标，无论是表内项目，还是附注资料都要填列齐全。对于汇总会计报表，应按项目汇总，不得遗漏，以提供完整的数据资料。

3．编报及时

企业应按规定的时间编制会计报表，以便报表的使用者及时、有效地利用会计报表资料。如果编报不及时，就会失去其效用，影响信息使用人的决策，所以必须及时编制、及时报送。月度会计报表应于月份终了后6天内对外提供；季度会计报表应于季度终了后15天内对外提供；半年度会计报表应于年度中期结束后60天内对外提供；年度会计报表应于年度终了后4个月内对外提供。

4．便于理解

企业财务会计报告提供的信息应当清晰明了，易于理解和运用。如果财务会计报告晦涩难懂，不易理解，使用者就不能据以做出准确的判断，所提供的财务会计报告的作用也就大大降低。编制财务会计报告的这一要求是建立在财务会计报告使用者具有一定阅读财务会计报告能力的基础上的。

第二节 资产负债表

一、资产负债表的概念和作用

（一）资产负债表的概念

资产负债表是反映企业某一特定日期（如月末、季末或年末）的财务状况的会计报表。它是根据"资产=负债+所有者权益"这一会计基本等式编制的，反映企业在一特定日期的资产、负债和所有者权益及其构成情况，是一张静态报表。

（二）资产负债表的作用

（1）反映了企业拥有或控制的经济资源的规模及其分布情况，经营者可以据此分析企业资产构成是否合理。

（2）总括地反映了企业资金的来源渠道和构成情况，投资者和债权人可以据此分析企业资本结构的合理性及其所面临的财务风险。

（3）可以提供企业某一特定日期的负债总额及其结构，表明企业未来需要用多少资产或劳务清偿债务及清偿时间。

（4）通过对前后期资产负债表的对比分析，可以了解企业资金结构的变化情况，经营者、投资者和债权人据此可以掌握企业财务状况的变化情况和变化趋势。

二、资产负债表的结构和内容

（一）资产负债表的结构

资产负债表的结构有账户式和报告式两种，根据我国《企业会计准则》的规定，我国资产负债表采用账户式格式，由表首和正表组成。表首包括报表名称、编制单位、编制日期、货币单位和报表编号等内容组成；正表由资产、负债和所有者权益三部分构成，分为左右两方。左方列示企业所拥有的全部资产项目，按资产的流动性从大到小排列；右方列示企业的负债和所有者权益项目，一般按求偿先后顺序排列；左方的资产总额等于右方的负债和所有者权益总额。资产负债表左、右两方各项目的前后顺序是按其流动性排列的，金额栏设有"期末余额"和"年初余额"两栏，以便于报表使用者掌握和分析财务状况的变化及发展趋势。账户式资产负债表的基本结构见表8-1。

表8-1 资产负债表

会企01表

编制单位：　　　　　　　　　　年　月　日　　　　　　　　　　单位：元

资　产	期末余额	期初余额	负债及所有者权益（或股东权益）	期末余额	期初余额
流动资产：			流动负债：		
货币资金			短期借款		
交易性金融资产			交易性金融负债		
衍生金融资产			衍生金融负债		
应收票据			应付票据		
应收账款			应付账款		
应收款项融资			预收款项		
预付款项			合同负债		
其他应收款			应付职工薪酬		
存货			应交税费		
合同资产			其他应付款		
持有待售资产			持有待售负债		
一年内到期的非流动资产			一年内到期的非流动负债		
其他流动资产			其他流动负债		
流动资产合计			流动负债合计		
非流动资产：			非流动负债：		
债权投资			长期借款		

（续）

资　产	期末余额	期初余额	负债及所有者权益（或股东权益）	期末余额	期初余额
其他债权投资			应付债券		
长期应收款			其中：优先股		
长期股权投资			永续债		
其他权益工具投资			租赁负债		
其他非流动金融资产			长期应付款		
投资性房地产			预计负债		
固定资产			递延收益		
在建工程			递延所得税负债		
生产性生物资产			其他非流动负债		
油气资产			非流动负债合计		
使用权资产			负债合计		
无形资产			所有者权益（或股东权益）：		
开发支出			实收资本（或股本）		
商誉			其他权益工具		
长期待摊费用			其中：优先股		
递延所得税资产			永续债		
其他非流动资产			资本公积		
非流动资产合计			减：库存股		
			其他综合收益		
			专项储备		
			盈余公积		
			未分配利润		
			所有者权益（或股东权益）合计		
资产总计			负债和所有者权益（或股东权益）总计		

另一种是报告式的，即按照上下顺序依次排列资产、负债、所有者权益项目，又称垂直式资产负债表。

（二）资产负债表的内容

1. 资产项目

（1）流动资产，包括货币资金、以公允价值计量且其变动计入当期损益的金融资产、应收票据、应收账款、预付款项、持有待售资产、其他应收款、存货、一年内到期的非流动资产等。

（2）非流动资产，包括可供出售金融资产、持有至到期投资、长期应收款、长期股权投资、固定资产、在建工程、生产性生物资产、无形资产、长期待摊费用等。

2. 负债项目

（1）流动负债，包括短期借款、以公允价值计量且其变动计入当期损益的金融负债、应付票据、应付账款、预收款项、应付职工薪酬、应交税费、持有待售负债、其他应付款、一年内到期的非流动负债等。

（2）非流动负债，包括长期借款、应付债券、长期应付款等。

3. 所有者权益项目

包括实收资本（或股本）、资本公积、其他综合收益、盈余公积和未分配利润等。

三、资产负债表编制方法

资产负债表各项目均应分别填列"年初余额"和"期末余额"。"年初余额"栏内各项数字应根据上年末资产负债表的"期末余额"栏内所列数字填列。如果本年度资产负债表规定的各项目的名称和内容与上年不一致，则应对上年末资产负债表各项目的名称和数字，按照本年度的规定进行调整，填入本年度资产负债表的"年初余额"栏内。

资产负债表"期末余额"是指月末、季末、半年末或年末的数字，应根据会计账簿记录填列。其中大多数项目可以直接根据账户余额填列，少数项目则要根据账户余额进行分析、计算后才能填列。具体填列方法可归纳如下：

（一）根据一个或几个总账科目的余额填列

1. 根据总账账户的余额直接填列

此类项目如"短期借款""应付职工薪酬""实收资本""资本公积""盈余公积"等。一般情况下，资产类项目直接根据其总账科目的借方余额填列，负债类项目直接根据其总账科目的贷方余额填列。

【例8-1】某企业2019年10月31日结账后的"短期借款"账户余额为500 000元；"应付职工薪酬"账户余额为380 000元，"实收资本"账户余额为600 000元。则该企业2019年10月31日资产负债表中的"短期借款"项目的金额为500 000元；"应付职工薪酬"项目的金额为380 000元，"实收资本"项目的金额为600 000元。

2. 根据几个总账账户余额计算填列

此类项目主要有"货币资金""存货""未分配利润"等。

"货币资金"项目应根据"库存现金""银行存款""其他货币资金"三个总账账户期末余额的合计数填列。

"存货"项目应根据"材料采购""原材料""库存商品""生产成本""委托加工物资""周转材料""材料成本差异""发出商品"等总账账户期末余额合计填列。

"未分配利润"项目应根据"本年利润"和"利润分配"账户的余额计算填列，未弥补的亏损，在本项目内以"-"号填列。"本年利润"和"利润分配"的余额均在贷方的，用二者余额之和填列；余额均在借方的，将二者余额之和在本项目内以"-"号填列；二者余额一个在借方一个在贷方的，用二者余额的差额填列，如为借差则在本项目内以"-"号填列。

【例8-2】某企业2019年10月31日结账后的"库存现金"账户余额为2 000元；"银行存款"账户余额为500 000元，"其他货币资金"账户余额为50 000元。

该企业2019年10月31日资产负债表中的"货币资金"项目的金额为
2 000+500 000+50 000=552 000（元）

【例8-3】某企业2019年10月31日结账后的"材料采购"账户余额为150 000元;"原材料"账户余额为1 500 000元,"库存商品"账户余额为1 800 000元,"周转材料"账户余额为120 000元,"生产成本"账户余额为600 000元。

该企业2019年10月31日资产负债表中的"存货"项目的金额为

150 000+1 500 000+1 800 000+120 000+600 000=4 170 000(元)

【例8-4】某企业2019年10月31日结账后的"本年利润"账户为借方余额220 000元;"利润分配"账户为贷方余额为180 000元。

该企业2019年10月31日资产负债表中的"未分配利润"项目的金额为

−220 000+180 000=−40 000(元)

(二)根据明细账户余额计算填列

资产负债表中有些项目不能根据总账账户的期末余额或者几个总账账户的期末余额计算填列,而需要根据有关总账所属的明细账的期末余额分析计算填列。这类项目主要有"应收账款""预付账款""应付账款""预收账款"等。

(1)"应收账款"项目,应根据"应收账款"和"预收账款"两个总分类账户所属的相关明细账户的期末借方余额合计填列。

(2)"预付款项"项目,应根据"预付账款"账户及"应付账款"账户所属明细账的期末借方余额合计填列。

(3)"应付账款"项目,应根据"预付账款"账户及"应付账款"账户所属明细账的期末贷方余额合计填列。

(4)"预收款项"项目,应根据"应收账款"和"预收账款"两个总分类账户所属的相关明细账户的期末贷方余额合计填列。

【例8-5】某企业2019年10月31日结账后的有关账户见表8-2。

表8-2 有关账户余额表

账户名称	借方金额	贷方金额
应收账款(总)	700 000	
——甲公司	1 000 000	
——乙公司		300 000
预收账款(总)		1 200 000
——A公司	200 000	
——B公司		1 400 000
应付账款(总)		1 350 000
——丙公司		1 500 000
——丁公司	150 000	
预付账款(总)	340 000	
——C公司		60 000
——D公司	400 000	

则该企业2019年10月31日资产负债表中的相关项目的金额为

(1)"应收账款"项目金额为:1 000 000+200 000=1 200 000(元)

(2)"预收账款"项目金额为:300 000+1 400 000=1 700 000(元)

(3)"应付账款"项目金额为：1 500 000+60 000=1 560 000（元）

(4)"预付账款"项目金额为：400 000+150 000=550 000（元）

（三）根据有关总账账户及其明细分类账户余额分析计算填列

根据有关总账账户及其明细分类账户余额分析计算填列的项目有"长期借款""应付债券"等。

例如："长期借款"项目，应根据"长期借款"总账账户余额扣除"长期借款"账户所属的明细分类账户中将在一年内到期且企业不能自主地将清偿义务展期的长期借款后的金额计算填列，将于一年内到期且企业不能自主地将清偿义务展期的长期借款数，应当填列在流动负债下"一年内到期的非流动负债"项目中；"应付债券"项目，应根据"应付债券"总账账户余额扣除"应付债券"总账所属明细账中将于一年内到期的部分填列。

【例8-6】某企业2019年10月份"长期借款"情况见表8-3。

表8-3 "长期借款"情况表

借款起始日期	借款期限（年）	金额（元）
2018年1月1日	5	2 000 000
2017年1月1日	4	1 000 000
2016年7月1日	4	1 000 000
合　计		4 000 000

则该企业2019年10月31日资产负债表中的"长期借款"项目的金额为

2 000 000+1 000 000=3 000 000（元）

"一年内到期的非流动负债"项目金额应填列1 000 000元。

（四）根据有关账户余额减去其备抵账户余额后的净额填列

根据有关账户余额减去其备抵账户的净额填列的项目有"长期股权投资""固定资产""在建工程""无形资产"等项目。例如："固定资产"项目，应根据"固定资产"账户的期末余额减去"累计折旧""固定资产减值准备"账户余额后的净额填列；"无形资产"项目，应根据"无形资产"账户余额减去"累计摊销""无形资产减值准备"等账户的期末余额后的金额填列。

【例8-7】某企业2019年10月31日结账后"固定资产"账户的余额为2 200 000元，"累计折旧"账户的余额为300 000元。

则该企业2019年10月31日资产负债表中的"固定资产"项目的金额为

2 200 000-300 000=1 900 000（元）

（五）综合运用上述填列方法分析填列

如资产负债表中的"其他应收款"项目，应根据"其他应收款""应收利息""应收股利"账户的期末余额，减去"坏账准备"账户中有关坏账准备期末余额后的金额填列。

（六）报表中合计与总计项目填列

报表中合计与总计，应根据报表项目之间的关系计算填列。例如："资产总计"＝"流动资产合计"+"非流动资产合计";"负债合计"="流动负债合计"+"非流动负债合计";"负债和所有者权益总计"="负债合计"+"所有者权益合计"。

四、资产负债表编制举例

【例8-8】泰昌公司2019年12月31日科目余额表见表8-4。

表8-4　泰昌公司总账和有关明细账余额表

2019年12月31日　　　　　　　　　　　　　　　　　单位：元

科目名称	借方余额	贷方余额	科目名称	借方余额	贷方余额
库存现金	2 000		短期借款		120 000
银行存款	30 000		应付账款		20 000
交易性金融资产	28 000		——F公司		14 000
应收账款	46 000		——H公司	10 000	
——A公司	20 000		——W公司		16 000
——B公司		4 000	预收账款		2 000
——C公司	30 000		——U公司		8 000
预付账款	9 400		——V公司	6 000	
——D公司	10 000		其他应付款		18 000
——E公司		600	应付职工薪酬		69 400
其他应收款	16 000		应交税费		120 000
原材料	54 000		应付股利		46 000
库存商品	40 000		长期借款		128 000
生产成本	20 000		其中：一年内到期		28 000
长期股权投资	454 000		实收资本（股本）		560 000
固定资产	800 000		盈余公积		147 233
累计折旧		120 000	利润分配		319 840
无形资产	200 000		其中：未分配利润		319 840
累计摊销		36 927			
长期待摊费用	8 000				

根据上述资料编制泰昌公司2019年12月31日资产负债表，见表8-5。

表8-5　资产负债表

会企01表

编制单位：泰昌公司　　　　　　2019年12月31日　　　　　　　　　单位：元

资产	期末余额	期初余额	负债及所有者权益（或股东权益）	期末余额	期初余额
流动资产：		（略）	流动负债：		（略）
货币资金	32 000		短期借款	120 000	
交易性金融资产	28 000		交易性金融负债		
衍生金融资产			衍生金融负债		
应收票据			应付票据		
应收账款	56 000		应付账款	30 600	
应收款项融资			预收款项	12 000	

（续）

资　　产	期末余额	期初余额	负债及所有者权益（或股东权益）	期末余额	期初余额
预付款项	20 000		合同负债		
其他应收款	16 000		应付职工薪酬	69 400	
存货	114 000		应交税费	120 000	
合同资产			其他应付款	64 000	
持有待售资产			持有待售负债		
一年内到期的非流动资产			一年内到期的非流动负债	28 000	
其他流动资产			其他流动负债		
流动资产合计	266 000		流动负债合计	444 000	
非流动资产：			非流动负债：		
债权投资			长期借款	100 000	
其他债权投资			应付债券		
长期应收款			其中：优先股		
长期股权投资	454 000		永续债		
其他权益工具投资			租赁负债		
其他非流动金融资产			长期应付款		
投资性房地产			预计负债		
固定资产	680 000		递延收益		
在建工程			递延所得税负债		
生产性生物资产			其他非流动负债		
油气资产			非流动负债合计	100 000	
使用权资产			负债合计	544 000	
无形资产	163 073		所有者权益（或股东权益）：		
开发支出			实收资本（或股本）	560 000	
商誉			其他权益工具		
长期待摊费用	8 000		其中：优先股		
递延所得税资产			永续债		
其他非流动资产			资本公积		
非流动资产合计	1 305 073		减：库存股		
			其他综合收益		
			专项储备		
			盈余公积	147 233	
			未分配利润	319 840	
			所有者权益（或股东权益）合计	1 027 073	
资产总计	1 571 073		负债和所有者权益（或股东权益）总计	1 571 073	

第三节 利润表

一、利润表的概念和作用

（一）利润表的概念

利润表是反映企业一定会计期间经营成果的会计报表。它是根据"收入-费用=利润"这一会计等式编制的，是一张动态会计报表，也是企业对外报送的主要会计报表之一。

与资产负债表相比，利润表的性质具有两个显著特征：①利润表反映的是报告期间而不是报告时点的动态财务数据；②利润表中所列数据是报告期间相关业务项目的累计数而不是结余数。

（二）利润表的作用

（1）通过利润表可以反映企业一定会计期间的收入、费用以及利润情况，并据以分析判断企业的经营成果。

（2）通过利润表可以评价企业的获利能力，预测企业未来的盈利趋势，并为企业管理当局决定未来经营决策提供依据。

（3）通过利润表可以分析企业利润增减变动的主要原因，研究如何改进企业经营管理，采取有效措施，提高盈利水平。

二、利润表的结构和内容

利润表的结构有单步式和多步式两种，按照《企业会计准则》的规定，我国企业的利润表采用多步式格式，其格式见表8-6。具体计算步骤如下：

第一步，以营业收入为基础，减去营业成本、税金及附加、销售费用、管理费用、研发费用、财务费用、资产减值损失，加上公允价值变动收益（减去公允价值变动损失）、投资收益（减去投资损失）和资产处置收益，计算出营业利润。

第二步，以营业利润为基础，加上营业外收入，减去营业外支出，计算出利润总额。

第三步，以利润总额为基础，减去所得税费用，计算出净利润（或亏损）。

表8-6 利润表

会企02表

编制单位： 　　　　　　　　　　年　月　　　　　　　　　　单位：元

项　目	本期金额	上期金额
一、营业收入		
减：营业成本		
税金及附加		
销售费用		
管理费用		

（续）

项　　目	本　期　金　额	上　期　金　额
研发费用		
财务费用		
加：其他收益		
投资收益（损失以"-"号填列）		
公允价值变动收益（损失以"-"号填列）		
资产处置收益（损失以"-"号填列）		
二、营业利润（损失以"-"号填列）		
加：营业外收入		
减：营业外支出		
三、利润总额（损失以"-"号填列）		
减：所得税费用		
四、净利润（损失以"-"号填列）		

三、利润表的编制方法

利润表在形式上分为表首和正表两部分，表首部分主要反映报表名称、报表编制单位名称、报表编制日期和货币计量单位等内容，正表部分主要反映报表的各项指标内容。

（一）"本期金额"栏的填列

利润表中各个项目的"本期金额"栏都是根据有关会计账户记录的本期实际发生数和累计发生数分别填列的。

"营业收入"项目，反映企业经营业务所取得的收入总额。本项目应根据"主营业务收入"账户和"其他业务收入"账户的发生额合计填列。

"营业成本"项目，反映企业经营业务发生的实际成本。本项目应根据"主营业务成本"账户和"其他业务成本"账户的发生额合计填列。

"税金及附加"项目，核算企业经营活动发生的消费税、资源税、城市维护建设税、资源税、教育费附加及房产税、土地使用税、车船税、印花税等相关税费。该项目应根据"税金及附加"账户的发生额分析填列。

"销售费用""管理费用""财务费用"等项目，反映企业发生的销售费用、管理费用以及财务费用。该项目应根据"销售费用""管理费用""财务费用"账户的发生额分析填列。

"研发费用"项目，反映企业进行研究与开发过程中发生的费用化支出。该项目应根据"管理费用"账户下的"研发费用"明细账户的发生额分析填列。

"其他收益"项目，反映计入其他收益的政府补助等。该项目应根据"其他收益"账户的发生额分析填列。

"投资收益"项目，反映企业对外投资所获得的收益。该项目应根据"投资收益"账户的发生额分析填列，如为投资损失则用"-"数填列。

"公允价值变动收益"项目,反映企业应当计入当期损益的资产或负债公允价值变动收益。该项目应根据"公允价值变动损益"账户的发生额分析填列;如为净损失,以"-"号填列。

"资产处置收益"行项目,反映企业出售划分为持有待售的非流动资产(金融工具、长期股权投资和投资性房地产除外)或处置组(子公司和业务除外)时确认的处置利得或损失,以及处置未划分为持有待售的固定资产、在建工程、生产性生物资产及无形资产而产生的处置利得或损失。债务重组中因处置非流动资产产生的利得或损失和非货币性资产交换中换出非流动资产产生的利得或损失也包括在该项目内。该项目应根据"资产处置损益"账户的发生额分析填列;如为处置损失,以"-"号填列。

"营业外收入""营业外支出"项目,反映企业所取得的生产经营活动以外的收入与支出。这些项目应根据"营业外收入""营业外支出"账户的发生额分析填列。

"利润总额"项目,反映企业在报告期内实现的利润总数。该项目的"本期金额"是根据以上各项目实际数字计算而得;"本期金额"应为"本年利润"账户的期末余额,也应与根据以上各项目累计数计算的结果相符。如为亏损额,则用"-"数填列。

"所得税费用"项目,反映企业在报告期内,按税法规定,根据实现的应纳税利润和适用税率计算出的应纳所得税额。该项目应根据"所得税费用"账户的发生额填列。

"净利润"项目,反映企业报告期内取得的净收益,是根据利润总额减所得税费用而得;如为净亏损额,用"-"数填列。

(二)"上期金额"栏的填列方法

利润表中"上期金额"栏的数字,应根据上年利润表中"本期金额"栏内所列数字填列。如果上年该期利润表规定的各个项目名称和内容与本期不一致,应对上年度的报表项目的名称和数字按本年度的规定进行调整,填入"上期金额"栏内。

四、利润表编制举例

【例8-9】泰昌公司2019年12月31日各损益类账户的有关资料见表8-7。

表8-7 损益类账户发生额

2019年12月 单位:元

账户名称	本月发生额	
	借方	贷方
主营业务收入		820 000
主营业务成本	550 000	
税金及附加	22 365	
其他业务收入		30 000
其他业务成本	17 000	
销售费用	52 000	
管理费用	39 000	
财务费用	10 256	

（续）

账 户 名 称	本月发生额	
	借　方	贷　方
投资收益		68 000
营业外收入		89 000
营业外支出	16 379	
所得税费用	75 000	

根据表8-7所给资料编制泰昌公司2019年度"利润表"见表8-8。

表8-8　利润表

会企02表

编制单位：泰昌公司　　　　　2019年12月　　　　　　　　　　单位：元

项　　目	本 期 金 额	上 期 金 额
一、营业收入	850 000	（略）
减：营业成本	567 000	
税金及附加	22 365	
销售费用	52 000	
管理费用	39 000	
研发费用		
财务费用	10 256	
加：其他收益		
投资收益（损失以"-"号填列）	68 000	
公允价值变动收益（损失以"-"号填列）		
资产处置收益（损失以"-"号填列）		
二、营业利润（损失以"-"号填列）	227 379	
加：营业外收入	89 000	
减：营业外支出	16 379	
三、利润总额（损失以"-"号填列）	300 000	
减：所得税费用	75 000	
四、净利润（损失以"-"号填列）	225 000	

思 考 题

1. 财务会计报告的构成有哪些？
2. 资产负债表编制的理论基础是什么？其项目编排的依据又是什么？
3. 资产负债表中的"货币资金""存货""未分配利润"项目如何计算？
4. 我国采用何种格式的利润表？利润表编制的理论基础是什么？
5. 利润表中"营业利润""利润总额"和"净利润"分别是如何计算的？

第九章

会计账务处理程序

知识学习目标

※ 理解账务处理程序的概念及选择要求
※ 掌握并应用记账凭证账务处理程序和科目汇总表账务处理程序
※ 了解汇总记账凭证账务处理程序
※ 理解不同账务处理程序的异同、优缺点和适用范围

能力训练目标

※ 能根据选择的账务处理程序选择记账凭证、账簿及报表
※ 能找出不同账务处理程序的一般规律
※ 会选择和应用不同的账务处理程序进行证、账、表的处理

第一节 账务处理程序概述

一、账务处理程序的概念

账务处理程序是指会计凭证、账簿、会计报表以一定的形式相互结合的方式，也称会计核算组织程序、记账程序。不同的账务处理程序规定了填制会计凭证、登记账簿、编制会计报表的不同步骤和方法。

为了更好地反映和监督企事业单位的经济活动，提供系统的核算资料，必须相互联系地运用会计核算的专门方法，采用一定的组织程序，规定设置会计凭证、账簿及会计报表的种类和格式以及之间的相互关系、填制方法和登记程序，这是会计制度设计的一个重要内容，对于提高会计工作的质量和效率，正确及时地编制会计报表，提供系统的会计核算资料，满足企业内外会计信息使用者的需要具有重要意义。

二、账务处理程序的种类

账簿组织、记账程序和记账方法结合方式的不同，会形成不同的账务处理程序。目前，手工记账账务处理程序主要有记账凭证账务处理程序、汇总记账凭证账务处理程序和科目汇总表账务处理程序。这三种账务处理程序有很多相同点，其主要区别，即各自的特点主要表现在登记总账的依据和方法不同。

第二节 记账凭证账务处理程序

一、记账凭证账务处理程序的特点

记账凭证账务处理程序的特点是：直接根据记账凭证，逐笔登记总分类账。它是最基本的账务处理程序，其他各种账务处理程序都是在此基础上，根据经济管理的需要发展而形成的。

二、记账凭证账务处理程序的核算要求

1. 记账凭证账务处理程序设置的会计凭证

在记账凭证账务处理程序下，记账凭证可采用收款凭证、付款凭证和转账凭证三种格式，也可以采用一种通用的记账凭证作为登记总分类账的依据。

2. 记账凭证账务处理程序设置的账簿

在记账凭证账务处理程序下，需设置现金日记账、银行存款日记账、总分类账和明细

分类账。现金日记账和银行存款日记账一般都采用三栏式；总分类账采用三栏式，并按每一总分类账科目开设账页；明细分类账则可根据管理的需要，采用三栏式、数量金额式或者多栏式。

三、记账凭证账务处理程序核算步骤

（1）根据原始凭证编制原始凭证汇总表。

（2）根据原始凭证或原始凭证汇总表编制收款凭证、付款凭证和转账凭证（也可采用通用的记账凭证）。

（3）根据收款凭证、付款凭证逐笔登记现金日记账和银行存款日记账。

（4）根据原始凭证、原始凭证汇总表和记账凭证，登记各种明细账。

（5）根据记账凭证逐笔登记总分类账。

（6）期末，将现金日记账、银行存款日记账和明细分类账的余额与有关总分类账的余额核对相符。

（7）期末，根据总分类账和明细分类账的记录编制会计报表。

上述账务处理程序如图9-1所示。

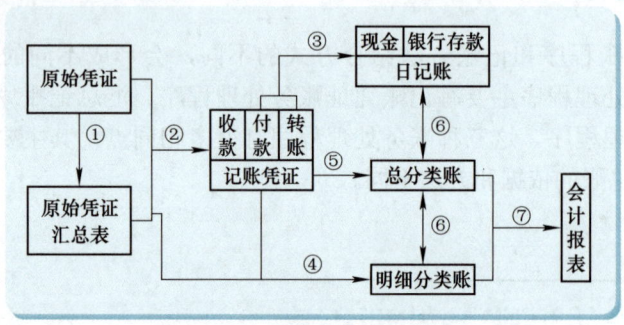

图9-1　记账凭证账务处理程

四、记账凭证账务处理程序的优缺点及适用范围

1．优缺点

采用这种账务处理程序的优点：简单明了、易于理解，总分类账较详细地记录和反映了经济业务的发生情况，过程清楚，便于查对账目。

采用这种账务处理程序的缺点：由于总分类账是直接根据记账凭证逐笔登记的，因而登记总分类账的工作量较大，也不便于会计分工。

2．适用范围

这种账务处理程序只适用于一些规模较小，经济业务较少的单位。

五、记账凭证账务处理程序的应用

现以某工业企业为例，介绍记账凭证账务处理程序的具体操作。

1. 资料

(1) 某企业2019年11月份总分类账户、部分明细分类账余额见表9-1。

表9-1 总分类账户余额表

2019年11月30日　　　　　　　　　　　　　　　（单位：元）

账户名称	借方金额	账户名称	贷方金额
银行存款	21 000	累计折旧	8 500
库存现金	400	短期借款	25 000
原材料	5 000	长期借款	70 000
库存商品	3 000	应付账款	8 200
生产成本	1 200	应交税费	900
应收账款	1 000	其他应付款	800
预付账款	1 800	本年利润	6 300
固定资产	5 122 600	实收资本	5 000 000
		利润分配	36 300
合　计	5 156 000	合　计	5 156 000

(2) 该厂12月份发生下列经济业务：

1) 1日，购入A材料2 000千克，每千克4元，B材料3 000千克，每千克2元，增值税进项税额1 820元，供方代垫运杂费100元，增值税进项税额9元，价税款及运费以银行存款支付（运费按材料重量分摊）。

2) 2日，上述A、B两种材料运到本厂验收入库，并按实际采购成本入账。

3) 4日，生产甲产品，领用A材料1 000千克，每千克4.02元，B材料1 500千克，每千克2.02元。

4) 5日，行政管理部门购办公用品117元，直接交付使用，款项用银行存款支付。

5) 6日，向上海工厂销售甲产品200件，货款28 630元，增值税销项税额3 721.90元，价税款尚未收到。

6) 7日，以银行存款支付前欠沈阳工厂货款1 500元。

7) 8日，向银行借入短期借款50 000元，存入银行。

8) 9日，以银行存款支付甲产品销售费用2 000元。

9) 11日，从银行提取现金20 000元，备发职工工资。

10) 12日，以现金20 000元支付本月职工工资。

11) 13日，销售甲产品100件，货款10 000元，增值税销项税额1 300元，价税款全部存入银行。

12) 15日，向天津工厂购入A材料1 000千克，每千克4元，B材料1 500千克，每千克2元，增值税进项税额910元，供货方代垫运杂费50元（进项税额较小，为方便计算，做省略处理），货款及运费尚未支付（运费按材料重量分摊）。

13）16日，收到上海工厂还来前欠货款20 000元存入银行。

14）17日，原向天津工厂购入A、B材料运到本厂，验收入库，按其实际采购成本入账。

15）20日，仓库发出A材料1 000千克，每千克4.02元，B材料2 000千克，每千克2.02元，投入甲产品生产。

16）21日，生产车间领用A材料500千克，每千克4.02元。

17）25日，以银行存款预付下年度报刊费600元。

18）31日，结算本月应付职工工资20 000元，其中甲产品生产工人工资10 000元，车间管理人员工资6 000元，厂部管理人员工资4 000元。

19）31日，以银行存款支付职工福利费2 800元，其中甲产品生产工人福利费1 400元，车间管理人员福利费840元，厂部管理人员福利费560元。

20）31日，摊销本月应负担的报刊费100元。

21）31日，提取本月固定资产折旧3 000元，其中生产车间固定资产折旧2 000元，行政管理部门固定资产折旧1 000元。

22）31日，以银行存款支付本月水电费，其中生产甲产品耗用2 000元，车间耗用500元，管理部门耗用300元。

23）31日，结转制造费用。

24）31日，本月甲产品全部完工共500件，结转完工产品成本。

25）31日，结转已售产品销售成本（单位成本93元）。

26）31日，计算本月应交城市维护建设税209.80元，教育费附加89.91元。

27）31日，收到供货单位违约罚款8 630元，存入银行。

28）31日，以银行存款向红十字会捐赠3 000元。

29）31日，月末计提本月借款利息500元。

30）31日，将本月成本、费用类结转至本年利润账户。

31）31日，将本月收入类账户结转至本年利润账户。

32）31日，按25%计提应交所得税并予以结转。

33）31日，结转本年净利润11 912.47元。

34）31日，按净利润11 912.47元的10%提取盈余公积金。

35）31日，企业决定向投资者分配利润6 000元。

36）31日，结转已分配利润。

（3）根据原始凭证（略）编制记账凭证见表9-2。

（4）根据收款凭证、付款凭证登记现金日记账、银行存款日记账，见表9-3、表9-4。

（5）登记明细分类账（只登记原材料、应付账款明细分类账，其他从略），见表9-5～表9-8。

（6）登记总分类账，见表9-9～表9-41。

（7）编制"总分类账户本期发生额及余额对照表"，见表9-42。

表9-2 会计分录（代记账凭证）

（单位：元）

2019年 月	日	凭证字号	摘 要	借方 会计科目	金 额	贷方 会计科目	金 额
12	1	银付1	购入材料	在途物资 ——A材料 ——B材料 应交税费（进项税额）	8 040 6 060 1 829	银行存款	15 929
12	2	转1	材料验收入库	原材料 ——A材料 ——B材料	8 040 6 060	在途物资 ——A材料 ——B材料	8 040 6 060
12	4	转2	领料	生产成本 ——甲产品	7 050	原材料 ——A材料 ——B材料	4 020 3 030
12	5	银付2	购办公用品	管理费用——办公费	117	银行存款	117
12	6	转3	销售	应收账款 ——上海工厂	32 351.90	主营业务收入 应交税费（销项税额）	28 630 3 721.90
12	7	银付3	支付欠款	应付账款 ——沈阳工厂	1 500	银行存款	1 500
12	8	银收1	借入短期借款	银行存款	50 000	短期借款	50 000
12	9	银付4	支付销售费用	销售费用	2 000	银行存款	2 000
12	11	银付5	提现备发工资	库存现金	20 000	银行存款	20 000
12	12	现付1	发放工资	应付职工薪酬	20 000	库存现金	20 000
12	13	银收2	销售	银行存款	11 300	主营业务收入 应交税费（销项税额）	10 000 1 300
12	15	转4	购进材料	在途物资 ——A材料 ——B材料 应交税费（进项税额）	4 020 3 030 910	应付账款 ——天津工厂	7 960
12	16	银收3	收回欠款	银行存款	20 000	应收账款 ——上海工厂	20 000
12	17	转5	材料验收入库	原材料 ——A材料 ——B材料	4 020 3 030	在途物资 ——A材料 ——B材料	4 020 3 030
12	20	转6	领料	生产成本 ——甲产品	8 060	原材料 ——A材料 ——B材料	4 020 4 040
12	21	转7	车间领料	制造费用	2 010	原材料 ——A材料	2 010
12	25	银付6	预付报刊费	预付账款	600	银行存款	600
12	31	转8	结算本月工资	生产成本 ——甲产品 制造费用 管理费用	10 000 6 000 4 000	应付职工薪酬	20 000

(续)

2019年		凭证字号	摘 要	借 方		贷 方	
月	日			会 计 科 目	金 额	会 计 科 目	金 额
12	31	银付7	支付福利费	生产成本 　——甲产品 制造费用 管理费用	1 400 840 560	银行存款	2 800
12	31	转9	摊销本月报刊费	管理费用	100	预付账款	100
12	31	转10	提取折旧	制造费用 管理费用	2 000 1 000	累计折旧	3 000
12	31	银付8	付水电费	生产成本 　——甲产品 制造费用 管理费用	2 000 500 300	银行存款	2 800
12	31	转11	分配制造费用	生产成本 　——甲产品	11 350	制造费用	11 350
12	31	转12	产品完工入库	库存商品 　——甲产品	41 060	生产成本	41 060
12	31	转13	结转销售成本	主营业务成本 　——甲产品	27 900	库存商品 　——甲产品	27 900
12	31	转14	计算城建税、教育费附加	税金及附加	299.71	应交税费 　——应交城市维护建设税 　——应交教育费附加	209.8 89.91
12	31	银收4	收到罚款	银行存款	8 630	营业外收入	8 630
12	31	银付9	向红十字会捐款	营业外支出	3 000	银行存款	3 000
12	31	转15	计提利息	财务费用	500	应付利息	500
12	31	转16	结转销售成本、费用、税金及附加	本年利润	39 776.71	主营业务成本 税金及附加 销售费用 管理费用 财务费用 营业外支出	27 900 299.71 2 000 6 077 500 3 000
12	31	转17	结转收入	主营业务收入 营业外收入	38 630 8 630	本年利润	47 260
12	31	转18 1/2	计算应交所得税	所得税费用	1 870.82	应交税费 　——应交所得税	1 870.82
12	31	转18 2/2	结转所得税	本年利润	1 870.82	所得税费用	1 870.82
12	31	转19	结转本年净利润	本年利润	11 912.47	利润分配 　——未分配利润	11 912.47
12	31	转20	计提盈余公积	利润分配 　——提取盈余公积	1 191.25	盈余公积 　——法定盈余公积	1 191.25
12	31	转21	计算应付利润	利润分配 　——应付利润	6 000	应付利润	6 000
12	31	转22	结转已分配利润	利润分配 　——未分配利润	7 191.25	利润分配 　——提取盈余公积 利润分配 　——应付利润	1 191.25 6 000

2. 根据记账凭证，并参考有关原始凭证登记账簿

（1）根据收、付款凭证登记现金日记账和银行存款日记账，见表9-3和表9-4。

表9-3　现金日记账

（单位：元）

2019年		凭证字号	摘要	对方科目	借方（收入）	贷方（支出）	借或贷	余额
月	日							
12	1		期初余额				借	400
12	11	银付5	提现备发工资	银行存款	20 000		借	20 400
12	12	现付1	发放工资	应付职工薪酬		20 000	借	400
12	31		本月发生额及余额		20 000	20 000	借	400

表9-4　银行存款日记账

（单位：元）

2019年		凭证字号	摘要	对方科目	借方（收入）	贷方（支出）	借或贷	余额
月	日							
12	1		期初余额				借	21 000
12	1	银付1	采购材料付款	在途物资		15 929	借	5 071
12	5	银付2	支付办公用品款	管理费用		117	借	4 954
12	7	银付3	支付沈阳工厂款	应付账款		1 500	借	3 454
12	8	银收1	借入短期借款	短期借款	50 000		借	53 454
12	9	银付4	支付产品销售费用	销售费用		2 000	借	51 454
12	11	银付5	提现备发工资	库存现金		20 000	借	31 454
12	13	银收2	出售甲产品收到货款	主营业务收入	11 300		借	42 754
12	16	银收3	收上海工厂应收甲产品货款	应收账款	20 000		借	62 754
12	25	银付6	支付下半年度报刊费	预付账款		600	借	62 154
12	31	银付7	支付福利费	生产成本等		2 800	借	59 354
12	31	银付8	支付水电费	生产成本等		2 800	借	56 554
12	31	银收4	收到罚款	营业外收入	8 630		借	65 184
12	31	银付9	支付捐赠款	营业外支出		3 000	借	62 184
12	31		本月发生额及余额		89 930	48 746	借	62 184

（2）根据记账凭证和有关凭证逐笔登记明细分类账，见表9-5～表9-8。

表9-5 原材料明细账

材料编号：　　　　　　　　　　　　　　　　　　　　　　　计量单位：千克
材料类别：　　　　　　　　　　　　　　　　　　　　　　　最高储量：
材料名称及规格：A材料　　　　　　　　　　　　　　　　　最低储量：

2019年		凭证字号	摘要	收入			发出			结存		
月	日			数量	单价	金额	数量	单价	金额	数量	单价	金额
12	1		期初余额							850	4.02	3 417
12	2	转1	购入	2 000	4.02	8 040				2 850	4.02	11 457
12	4	转2	领用				1 000	4.02	4 020	1 850	4.02	7 437
12	17	转5	购入	1 000	4.02	4 020				2 850	4.02	11 457
12	20	转6	领用				1 000	4.02	4 020	1 850	4.02	7 437
12	21	转7	领用				500	4.02	2 010	1 350	4.02	5 427
12	31		本月发生额及余额	3 000	4.02	12 060	2 500	4.02	10 050	1 350	4.02	5 427

表9-6 原材料明细账

材料编号：　　　　　　　　　　　　　　　　　　　　　　　计量单位：千克
材料类别：　　　　　　　　　　　　　　　　　　　　　　　最高储量：
材料名称及规格：B材料　　　　　　　　　　　　　　　　　最低储量：

2019年		凭证字号	摘要	收入			发出			结存		
月	日			数量	单价	金额	数量	单价	金额	数量	单价	金额
12	1		期初余额							783.66	2.02	1 583
12	2	转1	购入	3 000	2.02	6 060				3 783.66	2.02	7 643
12	4	转2	领用				1 500	2.02	3 030	2 283.66	2.02	4 613
12	17	转5	购入	1 500	2.02	3 030				3 783.66	2.02	7 643
12	20	转6	领用				2 000	2.02	4 040	1 783.66	2.02	3 603
12	31		本月发生额及余额	4 500	2.02	9 090	3 500	2.02	7 070	1 783.66	2.02	3 603

表9-7 应付账款明细账

明细科目：沈阳工厂　　　　　　　　　　　　　　　　　　　　（单位：元）

2019年		凭证字号	摘要	借方	贷方	借或贷	余额
月	日						
12	1		期初余额			贷	6 620
12	7	银付3	支付购料款	1 500		贷	5 120
12	31		本月发生额及余额	1 500		贷	5 120

表9-8 应付账款明细账

明细科目：天津工厂 （单位：元）

2019年		凭证字号	摘要	借方	贷方	借或贷	余额
月	日						
12	1		期初余额			贷	1 580
12	15	转4	购料款未付		7 960	贷	9 540
12	31		本月发生额及余额		7 960		9 540

（3）根据收款凭证、付款凭证、转账凭证逐笔登记总分类账，见表9-9～表9-41。

表9-9 总分类账

会计科目：库存现金 （单位：元）

2019年		凭证字号	摘要	借方	贷方	借或贷	余额
月	日						
12	1		期初余额			借	400
12	11	银付5	提取现金	20 000		借	20 400
12	12	银付1	发放职工工资		20 000	借	400
12	31		本月发生额及余额	20 000	20 000	借	400

表9-10 总分类账

会计科目：银行存款 （单位：元）

2019年		凭证字号	摘要	借方	贷方	借或贷	余额
月	日						
12	1		期初余额			借	21 000
12	1	银付1	采购材料付款		15 929	借	5 071
12	5	银付2	支付办公用品款		117	借	4 954
12	7	银付3	支付沈阳工厂款		1 500	借	3 454
12	8	银收1	借入短期借款	50 000		借	53 454
12	9	银付4	支付产品销售费用		2 000	借	51 454
12	11	银付5	提现备发工资		20 000	借	31 454
12	13	银收2	出售甲产品收到货款	11 300		借	42 754
12	16	银收3	收上海工厂应收甲产品货款	20 000		借	62 754
12	25	银付6	支付下半年度报刊费		600	借	62 154
12	31	银付7	支付福利费		2 800	借	59 354
12	31	银付8	支付水电费		2 800	借	56 554
12	31	银收4	收到罚款	8 630		借	65 184
12	31	银付9	支付捐赠款		3 000	借	62 184
12	31		本月发生额及余额	89 930	48 746	借	62 184

表9-11 总分类账

会计科目：预付账款 (单位：元)

2019年		凭证字号	摘要	借方	贷方	借或贷	余额
月	日						
12	1		期初余额			借	1 800
12	25	银付6	预支报刊费	600		借	2 400
12	31	转9	摊销报刊费		100	借	2 300
12	31		本月发生额及余额	600	100	借	2 300

表9-12 总分类账

会计科目：在途物资 (单位：元)

2019年		凭证字号	摘要	借方	贷方	借或贷	余额
月	日						
12	1	银付1	购入材料	14 100		借	14 100
12	2	转1	材料验收入库		14 100	平	0
12	15	转4	购进材料	7 050		借	7 050
12	17	转5	材料验收入库		7 050	平	0
12	31		本月发生额及余额	21 150	21 150	平	0

表9-13 总分类账

会计科目：原材料 (单位：元)

2019年		凭证字号	摘要	借方	贷方	借或贷	余额
月	日						
12	1		期初余额			借	5 000
12	2	转1	材料验收入库	14 100		借	19 100
12	4	转2	生产领料		7 050	借	12 050
12	17	转5	材料验收入库	7 050		借	19 100
12	20	转6	生产领料		8 060	借	11 040
12	21	转7	车间领料		2 010	借	9 030
12	31		本月发生额及余额	21 150	17 120	借	9 030

表9-14 总分类账

会计科目：库存商品 (单位：元)

2019年		凭证字号	摘要	借方	贷方	借或贷	余额
月	日						
12	1		期初余额			借	3 000
12	31	转12	结转完工产品	41 060		借	44 060
12	31	转13	结转销售成本		27 900	借	16 160
12	31		本月发生额及余额	41 060	27 900	借	16 160

表9-15 总分类账

会计科目：生产成本　　　　　　　　　　　　　　　　　　　　　　　　　　（单位：元）

2019年		凭证字号	摘要	借方	贷方	借或贷	余额
月	日						
12	1		期初余额			借	1 200
12	4	转2	生产领料	7 050		借	8 250
12	20	转6	生产领料	8 060		借	16 310
12	31	转8	分配职工工资	10 000		借	26 310
12	31	银付7	支付福利费	1 400		借	27 710
12	31	银付8	支付水电费	2 000		借	29 710
12	31	转11	结转制造费用	11 350		借	41 060
12	31	转12	结转完工产品成本		41 060	平	0
12	31		本月发生额及余额	39 860	41 060	平	0

表9-16 总分类账

会计科目：应收账款　　　　　　　　　　　　　　　　　　　　　　　　　　（单位：元）

2019年		凭证字号	摘要	借方	贷方	借或贷	余额
月	日						
12	1		期初余额			借	1 000
12	6	转3	销售款未付	32 351.90		借	33 351.90
12	16	银收3	收回上海欠款		20 000	借	13 351.90
12	31		本月发生额及余额	32 351.90	20 000	借	13 351.90

表9-17 总分类账

会计科目：制造费用　　　　　　　　　　　　　　　　　　　　　　　　　　（单位：元）

2019年		凭证字号	摘要	借方	贷方	借或贷	余额
月	日						
12	21	转7	车间一般耗材	2 010		借	2 010
12	31	转8	分配车间人员工资	6 000		借	8 010
12	31	银付7	支付福利费	840		借	8 850
12	31	转10	计提折旧	2 000		借	10 850
12	31	银付8	支付水电费	500		借	11 350
12	31	转11	分配制造费用		11 350	平	0
12	31		本月发生额及余额	11 350	11 350	平	0

表9-18　总分类账

会计科目：累计折旧　　　　　　　　　　　　　　　　　　　　　　　（单位：元）

2019年		凭证字号	摘要	借方	贷方	借或贷	余额
月	日						
12	1		期初余额			贷	8 500
12	31	转10	计提折旧		3 000	贷	11 500
12	31		本月发生额及余额		3 000	贷	11 500

表9-19　总分类账

会计科目：固定资产　　　　　　　　　　　　　　　　　　　　　　　（单位：元）

2019年		凭证字号	摘要	借方	贷方	借或贷	余额
月	日						
12	1		期初余额			借	5 122 600

表9-20　总分类账

会计科目：应付职工薪酬　　　　　　　　　　　　　　　　　　　　　（单位：元）

2019年		凭证字号	摘要	借方	贷方	借或贷	余额
月	日						
12	12	现付1	发放职工工资	20 000		借	20 000
12	31	转8	分配本月职工工资		20 000	平	0
12	31		本月发生额及余额	20 000	20 000	平	0

表9-21　总分类账

会计科目：短期借款　　　　　　　　　　　　　　　　　　　　　　　（单位：元）

2019年		凭证字号	摘要	借方	贷方	借或贷	余额
月	日						
12	1		期初余额			贷	25 000
12	8	银收1	借入短期借款		50 000	贷	75 000
12	31		本月发生额及余额		50 000	贷	75 000

表9-22　总分类账

会计科目：长期借款　　　　　　　　　　　　　　　　　　　　　　　（单位：元）

2019年		凭证字号	摘要	借方	贷方	借或贷	余额
月	日						
12	1		期初余额			贷	70 000

表9-23　总分类账

会计科目：其他应付款　　　　　　　　　　　　　　　　　　　　　　（单位：元）

2019年		凭证字号	摘要	借方	贷方	借或贷	余额
月	日						
12	1		期初余额			贷	800

表9-24 总分类账

会计科目：应付账款　　　　　　　　　　　　　　　　　　　　　（单位：元）

2019年		凭证字号	摘要	借方	贷方	借或贷	余额
月	日						
12	1		期初余额			贷	8 200
12	7	银付3	支付沈阳工厂货款	1 500		贷	6 700
12	15	转4	向天津工厂购料款未付		7 960	贷	14 660
12	31		本月发生额及余额	1 500	7 960	贷	14 660

表9-25 总分类账

会计科目：应付利润　　　　　　　　　　　　　　　　　　　　　（单位：元）

2019年		凭证字号	摘要	借方	贷方	借或贷	余额
月	日						
12	31	转21	计算应付利润		6 000	贷	6 000
12	31		本月发生额及余额		6 000	贷	6 000

表9-26 总分类账

会计科目：应付利息　　　　　　　　　　　　　　　　　　　　　（单位：元）

2019年		凭证字号	摘要	借方	贷方	借或贷	余额
月	日						
12	31	转15	计提利息		500	贷	500
12	31		本月发生额及余额		500	贷	500

表9-27 总分类账

会计科目：应交税费　　　　　　　　　　　　　　　　　　　　　（单位：元）

2019年		凭证字号	摘要	借方	贷方	借或贷	余额
月	日						
12	1		期初余额			贷	900
12	1	银付1	进项税额	1 829		借	929
12	6	转3	销项税额		3 721.90	贷	2 792.90
12	13	银收2	销项税额		1 300	贷	4 092.90
12	15	转4	进项税额	910		贷	3 182.90
12	31	转14	计算城建税教育费附加		299.71	贷	3 482.61
12	31	转18 1/2	计算所得税		1 870.82	贷	5 353.43
12	31		本月发生额及余额	2 739	7 192.43	贷	5 353.43

表9-28 总分类账

会计科目：实收资本　　　　　　　　　　　　　　　　　　　　　（单位：元）

2019年		凭证字号	摘要	借方	贷方	借或贷	余额
月	日						
12	1		期初余额			贷	5 000 000
12	31						

表9-29　总分类账

会计科目：资本公积　　　　　　　　　　　　　　　　　　　　　　　（单位：元）

2019年		凭证字号	摘要	借方	贷方	借或贷	余额
月	日						

表9-30　总分类账

会计科目：盈余公积　　　　　　　　　　　　　　　　　　　　　　　（单位：元）

2019年		凭证字号	摘要	借方	贷方	借或贷	余额
月	日						
12	31	转20	计提盈余公积		1 191.25	贷	1 191.25
12	31		本月发生额及余额		1 191.25	贷	1 191.25

表9-31　总分类账

会计科目：本年利润　　　　　　　　　　　　　　　　　　　　　　　（单位：元）

2019年		凭证字号	摘要	借方	贷方	借或贷	余额
月	日						
12	1		期初余额			贷	6 300
12	31	转16	结转成本、费用	39 776.71		借	33 476.71
12	31	转17	结转各项收入		47 260	贷	13 783.29
12	31	转18 2/2	结转所得税	1 870.82		贷	11 912.47
12	31	转19	结转净利润	11 912.47		平	0
12	31		本月发生额及余额	53 560	47 260	平	0

表9-32　总分类账

会计科目：利润分配　　　　　　　　　　　　　　　　　　　　　　　（单位：元）

2019年		凭证字号	摘要	借方	贷方	借或贷	余额
月	日						
12	1		期初余额			贷	36 300
12	31	转19	结转本年净利润		11 912.47	贷	48 212.47
12	31	转20	提取法定盈余公积	1 191.25		贷	47 021.22
12	31	转21	分配投资利润	6 000		贷	41 021.22
12	31	转22	结转已分配利润	7 191.25	7 191.25	贷	41 021.22
12	31		本月发生额及余额	14 382.50	19 103.72	贷	41 021.22

表9-33　总分类账

会计科目：主营业务收入　　　　　　　　　　　　　　　　　　　　　　　　　（单位：元）

2019年		凭证字号	摘要	借方	贷方	借或贷	余额
月	日						
12	6	转3	销售款未收		28 630	贷	28 630
12	13	银收2	销售款已收		10 000	贷	38 630
12	31	转17	结转产品销售收入	38 630		平	0
12	31		本月发生额及余额	38 630	38 630	平	0

表9-34　总分类账

会计科目：主营业务成本　　　　　　　　　　　　　　　　　　　　　　　　　（单位：元）

2019年		凭证字号	摘要	借方	贷方	借或贷	余额
月	日						
12	31	转13	结转本月销售产品生产成本	27 900		借	27 900
12	31	转16	将销售产品成本转入本年利润		27 900	平	0
12	31		本月发生额及余额	27 900	27 900	平	0

表9-35　总分类账

会计科目：税金及附加　　　　　　　　　　　　　　　　　　　　　　　　　　（单位：元）

2019年		凭证字号	摘要	借方	贷方	借或贷	余额
月	日						
12	31	转14	提取城建税教育费附加	299.71		借	299.71
12	31	转16	结转税金及附加		299.71	平	0
12	31		本月发生额及余额	299.71	299.71	平	0

表9-36　总分类账

会计科目：销售费用　　　　　　　　　　　　　　　　　　　　　　　　　　　（单位：元）

2019年		凭证字号	摘要	借方	贷方	借或贷	余额
月	日						
12	9	银付4	支付产品销售费用	2 000		借	2 000
12	31	转16	结转产品销售费用		2 000	平	0
12	31		本月发生额及余额	2 000	2 000	平	0

表9-37　总分类账

会计科目：管理费用　　　　　　　　　　　　　　　　　　　　　　　　（单位：元）

2019年		凭证字号	摘要	借方	贷方	借或贷	余额
月	日						
12	5	银付2	支付办公用品费	117		借	117
12	31	转8	分配管理人员工资	4 000		借	4 117
12	31	银付7	支付福利费	560		借	4 677
12	31	转9	摊销书刊费用	100		借	4 777
12	31	转10	计提折旧	1 000		借	5 777
12	31	银付8	支付水电费	300		借	6 077
12	31	转16	结转管理费用		6 077	平	0
12	31		本月发生额及余额	6 077	6 077	平	0

表9-38　总分类账

会计科目：财务费用　　　　　　　　　　　　　　　　　　　　　　　　（单位：元）

2019年		凭证字号	摘要	借方	贷方	借或贷	余额
月	日						
12	31	转15	计提利息	500		借	500
12	31	转16	结转费用		500	平	0
12	31		本月发生额及余额	500	500	平	0

表9-39　总分类账

会计科目：营业外收入　　　　　　　　　　　　　　　　　　　　　　　（单位：元）

2019年		凭证字号	摘要	借方	贷方	借或贷	余额
月	日						
12	31	银收4	罚款收入		8 630	贷	8 630
12	31	转17	结转收入	8 630		平	0
12	31		本月发生额及余额	8 630	8 630	平	0

表9-40　总分类账

会计科目：营业外支出　　　　　　　　　　　　　　　　　　　　　　　（单位：元）

2019年		凭证字号	摘要	借方	贷方	借或贷	余额
月	日						
12	31	银付9	向红十字会捐赠	3 000		借	3 000
12	31	转17	结转支出		3 000	平	0
12	31		本月发生额及余额	3 000	3 000	平	0

表9-41　总分类账

会计科目：所得税费用　　　　　　　　　　　　　　　　　　　　　　　（单位：元）

2019年		凭证字号	摘要	借方	贷方	借或贷	余额
月	日						
12	31	转18 1/2	计算所得税	1 870.82		贷	1 870.82
12	31	转18 2/2	结转所得税		1 870.82	平	0
12	31		本月发生额及余额	1 870.82	1 870.82	平	0

（4）仅根据总分类账的记录编制"总分类账户本期发生额及余额对照表"（表9-42），作为编制会计报表的依据之一。

表9-42　总分类账户本期发生额及余额对照表

账户名称	期初余额		本期发生额		期末余额	
	借方	贷方	借方	贷方	借方	贷方
库存现金	400		20 000	20 000	400	
银行存款	21 000		89 930	48 746	62 184	
应收账款	1 000		32 351.90	20 000	13 351.90	
预付账款	1 800		600	100	2 300	
在途物资			21 150	21 150		
原材料	5 000		21 150	17 120	9 030	
生产成本	1 200		39 860	41 060		
制造费用			11 350	11 350		
库存商品	3 000		41 060	27 900	16 160	
固定资产	5 122 600				5 122 600	
累计折旧		8 500		3 000		11 500
短期借款		25 000		50 000		75 000
应付账款		8 200	1 500	7 960		14 660
应付职工薪酬			20 000	20 000		
应交税费		900	2 739	7 192.43		5 353.43
应付利润				6 000		6 000
应付利息				500		500
其他应付款		800				800
长期借款		70 000				70 000
实收资本		5 000 000				5 000 000
盈余公积				1 191.25		1 191.25
本年利润		6 300	53 560	47 260		
资本公积						
利润分配		36 300	14 382.50	19 103.72		41 021.22
主营业务收入			38 630	38 630		
主营业务成本			27 900	27 900		
税金及附加			299.71	299.71		
销售费用			2 000	2 000		
管理费用			6 077	6 077		
财务费用			500	500		
营业外收入			8 630	8 630		
营业外支出			3 000	3 000		
所得税费用			1 870.82	1 870.82		
合　　计	5 156 000	5 156 000	458 540.93	458 540.93	5 226 025.90	5 226 025.90

(5) 编制会计报表（表9-43、表9-44）。

表9-43 资产负债表

编制单位：某企业　　　　　　　　2019年12月31日　　　　　　　　　　会企01表
单位：元

资产	期末余额	期初余额	负债及所有者权益（或股东权益）	期末余额	期初余额
流动资产：			流动负债：		
货币资金	62 584	21 400	短期借款	75 000	25 000
交易性金融资产			交易性金融负债		
衍生金融资产			衍生金融负债		
应收票据			应付票据		
应收账款	13 351.90	1 000	应付账款	14 660	8 200
应收款项融资			预收款项		
预付款项	2 300	1 800	合同负债		
其他应收款			应付职工薪酬		
存货	25 190	9 200	应交税费	5 353.43	900
合同资产			其他应付款	7 300	800
持有待售资产			持有待售负债		
一年内到期的非流动资产			一年内到期的非流动负债		
其他流动资产			其他流动负债		
流动资产合计	103 425.90	33 400	流动负债合计	102 313.43	34 900
非流动资产：			非流动负债：		
债权投资			长期借款	70 000	70 000
其他债权投资			应付债券		
长期应收款			其中：优先股		
长期股权投资			永续债		
其他权益工具投资			租赁负债		
其他非流动金融资产			长期应付款		
投资性房地产			预计负债		
固定资产	5 111 100	5 114 100	递延收益		
在建工程			递延所得税负债		
生产性生物资产			其他非流动负债		
油气资产			非流动负债合计	70 000	70 000
使用权资产			负债合计	172 313.43	104 900
无形资产			所有者权益（或股东权益）：		
开发支出			实收资本（或股本）	5 000 000	5 000 000
商誉			其他权益工具		
长期待摊费用			其中：优先股		
递延所得税资产			永续债		
其他非流动资产			资本公积		
非流动资产合计	5 111 100	51 14 100	减：库存股		
			其他综合收益		
			专项储备		
			盈余公积	1 191.25	
			未分配利润	41 021.22	42 600
			所有者权益（或股东权益）合计	5 042 212.47	5 042 600
资产总计	5 214 525.90	5 147 500	负债和所有者权益（或股东权益）总计	5 214 525.90	5 147 500

表9-44 利润表

编制单位：某企业　　　　　　　　2019年12月　　　　　　　　　　　　单位：元

项目	本期金额	上期金额
一、营业收入	38 630	略
减：营业成本	27 900	
税金及附加	299.71	
销售费用	2 000	
管理费用	6 077	
研发费用		
财务费用	500	
加：其他收益		
投资收益（损失以"-"号填列）		
公允价值变动收益（损失以"-"号填列）		
资产处置收益（损失以"-"号填列）		
二、营业利润（亏损以"-"号填列）	1 853.29	
加：营业外收入	8 630	
减：营业外支出	3 000	
三、利润总额（亏损总额以"-"号填列）	7 483.29	
减：所得税费用	1 870.82	
四、净利润（净亏损以"-"号填列）	5 612.47	

第三节　科目汇总表账务处理程序

一、科目汇总表账务处理程序的特点

科目汇总表账务处理程序的特点是：定期地将所有记账凭证汇总编制成科目汇总表，然后再根据科目汇总表登记总分类账。

二、科目汇总表账务处理程序的核算要求

科目汇总表是根据一定时期内的全部记账凭证，按科目进行归类编制的。在科目汇总表中，分别计算出每一个总账科目的借方发生额合计数、贷方发生额合计数。由于借贷记账法的记账规则是"有借必有贷，借贷必相等"，所以在编制的科目汇总表内，全部总账

科目的借方发生额合计数与贷方发生额合计数相等。

在科目汇总表账务处理程序下，记账凭证除设置收款凭证、付款凭证和转账凭证（或通用记账凭证）外，还应设置科目汇总表；账簿的设置与记账凭证账务处理程序基本相同。科目汇总表一般是每月汇总一次，其格式见表9-45。业务量大的单位也可以按一定天数汇总，如每10天汇总一次，每月编制一张科目汇总表，其格式见表9-46。

表9-45　科目汇总表（一）

年　　月　　日至　　日　　　　　　　　　　　　　第　　号

会计科目	本期发生额		备注
	借方金额	贷方金额	
合　计			

附：记账凭证　　张　　　　自第　　号起至第　　号止

表9-46　科目汇总表（二）

年　　月　　日　　　　　　　　　　　　　第　　号

会计科目	1—10日		11—20日		21—30日		合计		总账页数
	借方	贷方	借方	贷方	借方	贷方	借方	贷方	
合　计									

三、科目汇总表账务处理程序核算步骤

（1）根据原始凭证编制原始凭证汇总表。

（2）根据原始凭证或原始凭证汇总表编制记账凭证。

（3）根据收款凭证和付款凭证及所附原始凭证，逐笔登记现金日记账和银行存款日记账。

（4）根据原始凭证、原始凭证汇总表和记账凭证，登记各种明细分类账。

（5）根据各种记账凭证编制科目汇总表。

（6）根据科目汇总表登记总分类账。

（7）期末，将现金日记账、银行存款日记账和各明细分类账的余额与有关总分类账的余额相核对。

（8）期末，根据总分类账和明细分类账的有关资料编制会计报表。

科目汇总表账务处理程序如图9-2所示。

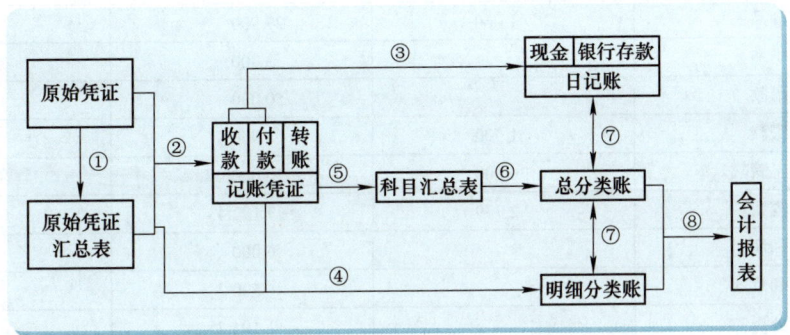

图9-2 科目汇总表账务处理程序图

四、科目汇总表账务处理程序的优缺点及适用范围

（一）优缺点

科目汇总表账务处理程序的优点：由于总分类账是根据定期编制的科目汇总表登记的，大大减少了登记总账的工作量，并可做到试算平衡，简单易懂，方便易学。

科目汇总表账务处理程序的缺点：按照相同科目归类编制的科目汇总表只反映各科目的借方本期发生额和贷方本期发生额，不能反映账户的对应关系，不便于查对账目。

（二）适用范围

科目汇总表账务处理程序一般适用于业务量较多的单位。

五、科目汇总表账务处理程序应用

下面以第二节记账凭证账务处理程序例题的记账凭证为例，编制2019年12月科目汇总表（见表9-47）。

表9-47 科目汇总表

2019年12月1日至31日　　　　　　　　　　　　　　　　第 1 号

会计科目	本期发生额		备注
	借方金额	贷方金额	
库存现金	20 000	20 000	
银行存款	89 930	48 746	
应收账款	32 351.90	20 000	
预付账款	600	100	
在途物资	21 150	21 150	
原材料	21 150	17 120	
生产成本	39 860	41 060	
制造费用	11 350	11 350	
库存商品	41 060	27 900	
累计折旧		3 000	
短期借款		50 000	
应付账款	1 500	7 960	
应付职工薪酬	20 000	20 000	
应交税费	2 739	7 192.43	
应付利润		6 000	
应付利息		500	
盈余公积		1 191.25	
本年利润	53 560	47 260	
利润分配	14 382.50	19 103.72	
主营业务收入	38 630	38 630	
主营业务成本	27 900	27 900	
税金及附加	299.71	299.71	
销售费用	2 000	2 000	
管理费用	6 077	6 077	
财务费用	500	500	
营业外收入	8 630	8 630	
营业外支出	3 000	3 000	
所得税费用	1 870.82	1 870.82	
合　　计	458 540.93	458 540.93	

第四节　汇总记账凭证账务处理程序

一、汇总记账凭证账务处理程序的特点

汇总记账凭证账务处理程序的特点是：先定期将全部记账凭证按收、付款凭证和转账

凭证分别归类编制成汇总记账凭证,再根据汇总记账凭证登记总分类账。

二、汇总记账凭证账务处理程序的核算要求

在汇总记账凭证账务处理程序下,除设置收款凭证、付款凭证和转账凭证外,还应设置汇总收款凭证、汇总付款凭证和汇总转账凭证,作为登记总分类账的依据。如企业采用每隔10天汇总一次,其汇总收款凭证格式见表9-48,汇总付款凭证格式见表9-49,汇总转账凭证格式见表9-50。

表9-48 汇总收款凭证

借方科目:　　　　　　　　　年　月　　　　　　　　　第　号

贷方科目	金额				总账页数	
	1日至10日收款凭证号至号	11日至20日收款凭证号至号	21日至31日收款凭证号至号	合计	借方	贷方
本月合计						

表9-49 汇总付款凭证

贷方科目:　　　　　　　　　年　月　　　　　　　　　第　号

借方科目	金额				总账页数	
	1日至10日付款凭证号至号	11日至20日付款凭证号至号	21日至31日付款凭证号至号	合计	借方	贷方
本月合计						

表9-50　汇总转账凭证

贷方科目：　　　　　　　　　　　　　年　月　　　　　　　　　　　　　第　号

借方科目	金额				总账页数	
	1日至10日 转账凭证 号至　号	11日至20日 转账凭证 号至　号	21日至31日 转账凭证 号至　号	合计	借方	贷方
〰〰	〰〰	〰〰	〰〰	〰〰	〰〰	〰〰
本月合计						

三、汇总记账凭证账务处理程序核算步骤

（1）根据原始凭证编制原始凭证汇总表。

（2）根据原始凭证或原始凭证汇总表编制记账凭证。

（3）根据收款凭证和付款凭证及所附原始凭证，逐笔登记现金日记账和银行存款日记账。

（4）根据原始凭证、原始凭证汇总表和记账凭证，登记各种明细分类账。

（5）根据各种记账凭证编制有关汇总记账凭证。

（6）根据各种汇总记账凭证登记总分类账。

（7）期末，将现金日记账、银行存款日记账和各明细分类账的余额与有关总分类账的余额相核对。

（8）期末，根据总分类账和明细分类账的有关资料编制会计报表。

汇总记账凭证账务处理程序如图9-3所示。

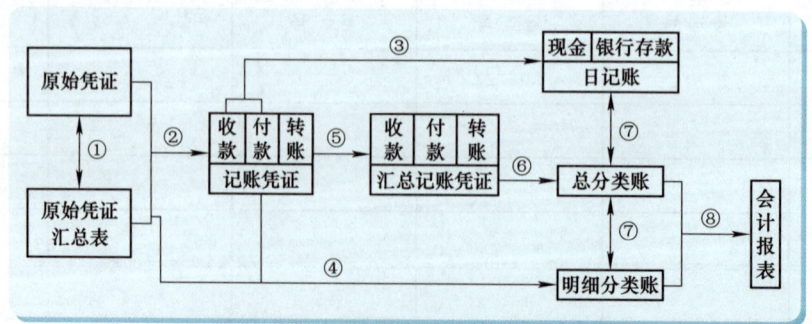

图9-3　汇总记账凭证账务处理程序图

四、汇总记账凭证账务处理程序的优缺点及适用范围

（一）优缺点

汇总记账凭证账务处理程序的优点：由于汇总记账凭证是根据一定时期内的全部记账凭证，按照科目对应关系进行归类、汇总编制的，便于了解账户之间的对应关系，了解经济业务的来龙去脉，便于查对账目；总分类账根据汇总记账凭证于月终一次登记入账，减轻了登记总分类账的工作量。

汇总记账凭证账务处理程序的缺点：汇总转账凭证是按每一贷方科目设置，而不是按经济业务的性质归类、汇总，因而不利于会计核算的日常分工。另外，当转账凭证较多时，编制汇总转账凭证的工作量较大，因此可以按编制科目汇总表的方法编制汇总转账凭证。

（二）适用范围

汇总记账凭证账务处理程序通常适用于规模大、经济业务较多的单位。

五、汇总记账凭证账务处理程序应用

下面以第二节记账凭证账务处理程序例题的记账凭证为例，分别编制2019年12月汇总收款凭证（表9-51）、汇总付款凭证表（表9-52、表9-53）与汇总转款凭证（表9-54~表9-76）。

表9-51 汇总收款凭证

借方科目：银行存款　　　　　　　　2019年12月　　　　　　　　第 1 号

贷方科目	金额				总账页数	
	1日至31日 银行收款凭证 1号至4号	日至 日 收款凭证 号至 号	日至 日 收款凭证 号至 号	合计	借方	贷方
应收账款	20 000			20 000		
短期借款	50 000			50 000		
主营业务收入	10 000			10 000		
应交税费	1 300			1 300		
营业外收入	8 630			8 630		
本月合计	89 930			89 930		

表9-52 汇总付款凭证

贷方科目：库存现金　　　　　　　　2019年12月　　　　　　　　　　第 1 号

借方科目	金额				总账页数	
	1日至31日现金付款凭证现付1号至1号	日至日付款凭证号至号	日至日付款凭证号至号	合计	借方	贷方
应付职工薪酬	20 000			20 000		
～～～～～	～～～～～	～～～～～	～～～～～	～～～～～	～～～～～	～～～～～
本月合计	20 000			20 000		

表9-53 汇总付款凭证

贷方科目：银行存款　　　　　　　　2019年12月　　　　　　　　　　第 号

借方科目	金额				总账页数	
	1日至31日银行付款凭证1号至9号	日至日付款凭证号至号	日至日付款凭证号至号	合计	借方	贷方
库存现金	20 000			20 000		
在途物资	14 100			14 100		
生产成本	3 400			3 400		
预付账款	600			600		
应付账款	1 500			1 500		
应交税费	1 829			1 829		
制造费用	1 340			1 340		
销售费用	2 000			2 000		
营业外支出	3 000			3 000		
管理费用	977			977		
本月合计	48 746			48 746		

表9-54 汇总转账凭证

贷方科目：在途物资　　　　　　　　2019年12月　　　　　　　　　　第 1 号

借方科目	金额				总账页数	
	1日至31日转账凭证1号至22号	日至日转账凭证号至号	日至日转账凭证号至号	合计	借方	贷方
原材料	21 150					
～～～～～	～～～～～	～～～～～	～～～～～	～～～～～	～～～～～	～～～～～
本月合计	21 150					

表9-55　汇总转账凭证

贷方科目：原材料　　　　　　　　　　2019年12月　　　　　　　　　　第 2 号

借方科目	金额				总账页数	
	1日至31日 转账凭证 1号至22号	日至 日 转账凭证 号至 号	日至 日 转账凭证 号至 号	合计	借方	贷方
生产成本	15 110					
制造费用	2 010					
〰〰〰	〰〰〰	〰〰〰	〰〰〰	〰〰〰	〰〰〰	〰〰〰
本月合计	17 120					

表9-56　汇总转账凭证

贷方科目：主营业务收入　　　　　　　2019年12月　　　　　　　　　　第 3 号

借方科目	金额				总账页数	
	1日至31日 转账凭证 1号至22号	日至 日 转账凭证 号至 号	日至 日 转账凭证 号至 号	合计	借方	贷方
应收账款	28 630					
〰〰〰	〰〰〰	〰〰〰	〰〰〰	〰〰〰	〰〰〰	〰〰〰
本月合计	28 630					

表9-57　汇总转账凭证

贷方科目：应交税费　　　　　　　　　2019年12月　　　　　　　　　　第 4 号

借方科目	金额				总账页数	
	1日至31日 转账凭证 1号至22号	日至 日 转账凭证 号至 号	日至 日 转账凭证 号至 号	合计	借方	贷方
应收账款	3 721.90					
税金及附加	299.71					
所得税费用	1 870.82					
〰〰〰	〰〰〰	〰〰〰	〰〰〰	〰〰〰	〰〰〰	〰〰〰
本月合计	5 892.43					

表9-58　汇总转账凭证

贷方科目：应付账款　　　　　　　　　　2019年12月　　　　　　　　　　第 5 号

借方科目	金额				总账页数	
	1日至31日 转账凭证 1号至22号	日至 日 转账凭证 号至 号	日至 日 转账凭证 号至 号	合计	借方	贷方
在途物资	7 050					
应交税费	910					
～～～～	～～～～	～～～～	～～～～	～～～～	～～～～	～～～～
本月合计	7 960					

表9-59　汇总转账凭证

贷方科目：应付职工薪酬　　　　　　　　2019年12月　　　　　　　　　　第 6 号

借方科目	金额				总账页数	
	1日至31日 转账凭证 1号至22号	日至 日 转账凭证 号至 号	日至 日 转账凭证 号至 号	合计	借方	贷方
生产成本	10 000					
制造费用	6 000					
管理费用	4 000					
～～～～	～～～～	～～～～	～～～～	～～～～	～～～～	～～～～
本月合计	20 000					

表9-60　汇总转账凭证

贷方科目：预付账款　　　　　　　　　　2019年12月　　　　　　　　　　第 7 号

借方科目	金额				总账页数	
	1日至31日 转账凭证 1号至22号	日至 日 转账凭证 号至 号	日至 日 转账凭证 号至 号	合计	借方	贷方
管理费用	100					
～～～～	～～～～	～～～～	～～～～	～～～～	～～～～	～～～～
本月合计	100					

表9-61 汇总转账凭证

贷方科目：累计折旧　　　　　　　　2019年12月　　　　　　　　　第 8 号

借方科目	金额				总账页数	
	1日至31日转账凭证1号至22号	日至日转账凭证号至号	日至日转账凭证号至号	合计	借方	贷方
制造费用	2 000					
管理费用	1 000					
〜〜〜	〜〜〜	〜〜〜	〜〜〜	〜〜〜	〜〜〜	〜〜〜
本月合计	3 000					

表9-62 汇总转账凭证

贷方科目：制造费用　　　　　　　　2019年12月　　　　　　　　　第 9 号

借方科目	金额				总账页数	
	1日至31日转账凭证1号至22号	日至日转账凭证号至号	日至日转账凭证号至号	合计	借方	贷方
生产成本	11 350					
〜〜〜	〜〜〜	〜〜〜	〜〜〜	〜〜〜	〜〜〜	〜〜〜
本月合计	11 350					

表9-63 汇总转账凭证

贷方科目：生产成本　　　　　　　　2019年12月　　　　　　　　　第 10 号

借方科目	金额				总账页数	
	1日至31日转账凭证1号至22号	日至日转账凭证号至号	日至日转账凭证号至号	合计	借方	贷方
库存商品	41 060					
〜〜〜	〜〜〜	〜〜〜	〜〜〜	〜〜〜	〜〜〜	〜〜〜
本月合计	41 060					

表9-64　汇总转账凭证

贷方科目：库存商品　　　　　　　　　　2019年12月　　　　　　　　　　第 11 号

借方科目	金额				总账页数	
	1日至31日 转账凭证 1号至22号	日至 日 转账凭证 号至 号	日至 日 转账凭证 号至 号	合计	借方	贷方
主营业务成本	27 900					
本月合计	27 900					

表9-65　汇总转账凭证

贷方科目：应付利息　　　　　　　　　　2019年12月　　　　　　　　　　第 12 号

借方科目	金额				总账页数	
	1日至31日 转账凭证 1号至22号	日至 日 转账凭证 号至 号	日至 日 转账凭证 号至 号	合计	借方	贷方
财务费用	500					
本月合计	500					

表9-66　汇总转账凭证

贷方科目：主营业务成本　　　　　　　　2019年12月　　　　　　　　　　第 13 号

借方科目	金额				总账页数	
	1日至31日 转账凭证 1号至22号	日至 日 转账凭证 号至 号	日至 日 转账凭证 号至 号	合计	借方	贷方
本年利润	27 900					
本月合计	27 900					

表9-67　汇总转账凭证

贷方科目：税金及附加　　　　　　　2019年12月　　　　　　　　第14号

借方科目	金额				总账页数	
	1日至31日 转账凭证 1号至22号	日至 日 转账凭证 号至 号	日至 日 转账凭证 号至 号	合计	借方	贷方
本年利润	299.71					
本月合计	299.71					

表9-68　汇总转账凭证

贷方科目：销售费用　　　　　　　　2019年12月　　　　　　　　第15号

借方科目	金额				总账页数	
	1日至31日 转账凭证 1号至22号	日至 日 转账凭证 号至 号	日至 日 转账凭证 号至 号	合计	借方	贷方
本年利润	2 000					
本月合计	2 000					

表9-69　汇总转账凭证

贷方科目：管理费用　　　　　　　　2019年12月　　　　　　　　第16号

借方科目	金额				总账页数	
	1日至31日 转账凭证 1号至22号	日至 日 转账凭证 号至 号	日至 日 转账凭证 号至 号	合计	借方	贷方
本年利润	6 077					
本月合计	6 077					

表9-70　汇总转账凭证

贷方科目：财务费用　　　　　　　　　2019年12月　　　　　　　　　　第 17 号

借方科目	金额				总账页数	
	1日至31日 转账凭证 1号至22号	日至 日 转账凭证 号至 号	日至 日 转账凭证 号至 号	合计	借方	贷方
本年利润	500					
本月合计	500					

表9-71　汇总转账凭证

贷方科目：营业外支出　　　　　　　　2019年12月　　　　　　　　　　第 18 号

借方科目	金额				总账页数	
	1日至31日 转账凭证 1号至22号	日至 日 转账凭证 号至 号	日至 日 转账凭证 号至 号	合计	借方	贷方
本年利润	3 000					
本月合计	3 000					

表9-72　汇总转账凭证

贷方科目：本年利润　　　　　　　　　2019年12月　　　　　　　　　　第 19 号

借方科目	金额				总账页数	
	1日至31日 转账凭证 1号至22号	日至 日 转账凭证 号至 号	日至 日 转账凭证 号至 号	合计	借方	贷方
主营业务收入	38 630					
营业外收入	8 630					
本月合计	47 260					

表9-73 汇总转账凭证

贷方科目：所得税费用　　　　　　　　2019年12月　　　　　　　　第20号

借方科目	金额				总账页数	
	1日至31日 转账凭证 1号至22号	日至 日 转账凭证 号至 号	日至 日 转账凭证 号至 号	合计	借方	贷方
本年利润	1 870.82					
～～～	～～～	～～～	～～～	～～～	～～～	～～～
本月合计	1 870.82					

表9-74 汇总转账凭证

贷方科目：利润分配　　　　　　　　　2019年12月　　　　　　　　第21号

借方科目	金额				总账页数	
	1日至31日 转账凭证 1号至22号	日至 日 转账凭证 号至 号	日至 日 转账凭证 号至 号	合计	借方	贷方
本年利润	11 912.47					
利润分配	7 191.25					
～～～	～～～	～～～	～～～	～～～	～～～	～～～
本月合计	19 103.72					

表9-75 汇总转账凭证

贷方科目：盈余公积　　　　　　　　　2019年12月　　　　　　　　第22号

借方科目	金额				总账页数	
	1日至31日 转账凭证 1号至22号	日至 日 转账凭证 号至 号	日至 日 转账凭证 号至 号	合计	借方	贷方
利润分配	1 191.25					
～～～	～～～	～～～	～～～	～～～	～～～	～～～
本月合计	1 191.25					

表9-76 汇总转账凭证

贷方科目：应付利润　　　　　　　　　　2019年12月　　　　　　　　　　第 23 号

借方科目	金额				总账页数	
	1日至31日 转账凭证 1号至22号	日至 日 转账凭证 号至 号	日至 日 转账凭证 号至 号	合计	借方	贷方
利润分配	6 000					
～～～	～～～	～～～	～～～	～～～	～～～	～～～
本月合计	6 000					

第五节　会计电算化账务处理程序

会计电算化是计算机技术与现代会计相结合的产物，是计算机在会计中的应用的简称，是将电子技术和信息技术应用到会计业务处理过程中，逐步实现会计应用软件替代手工方式完成会计工作的过程。

一、会计电算化账务处理程序的特点

1. 数据处理一体化

在手工方式下，账务处理从编制原始凭证、记账凭证到登账、结账、编制会计报表，要经过很多人的手工操作才能完成，增加了数据处理差错的可能性；而计算机处理则不同，数据一旦进入系统，记账、对账、汇总编制会计报表等，都在一个一体化处理过程中进行。

2. 信息存放磁盘化

在手工方式下，一切信息都记录在会计凭证、账簿、报表等媒介上；而在会计电算化方式下，除原始凭证，其他所有信息都能存放在计算机的磁性介质（硬盘数据库）中。同时，随时可以根据需要，将信息打印到纸介质上。会计电算化使会计数据的保存更加安全。

3. 及时性与准确性

由于计算机能够长时间大量存储数据，并能以极高的速度和准确性自动地进行运算和数据处理，从而打破了手工操作的局限性，可以为经济管理工作提供更为详细、更加及时的信息。

4. 查询高速自动化

在手工方式下，要查询一个数据，特别是收集某一汇总或加总数据时速度很慢，而用计算机查询，只要设定查询的条件，就能很快地查到所需要的数据；另外，在查阅时，还可以归类、打印查询结果。

二、会计电算化账务处理系统的操作流程

（1）建立账套和初始设置。
（2）启用账套。
（3）日常基本账务处理。
1）填制凭证。
2）凭证审核。
3）凭证记账。
（4）结账（系统账簿核对）。
（5）期末报表生成。

会计电算化账务处理程序如图9-4所示。

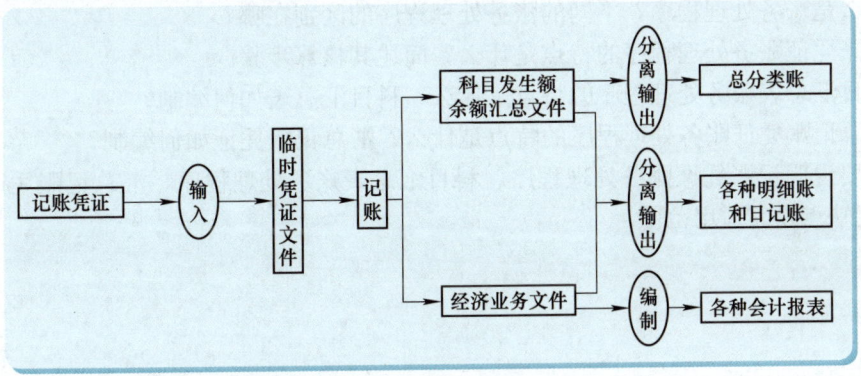

图9-4 会计电算化账务处理程序

三、会计电算化账务处理程序的优势

1. 提高了会计数据处理的及时性、准确性和经济性

由于计算机不仅能够大量存贮信息，并且能低成本、高速度、自动化、精确地进行数据处理，从而打破了手工操作的局限性，为日常管理提供更为详细、更及时的信息。例如：会计信息可得到及时记录、汇总、分析；可随时查看、报送报表。行业、地区实现会计电算化后，大量经济信息资源的及时性、准确性、系统性和共享程度大大提高了经济信息的使用价值。

2. 减轻会计人员劳动强度，提高会计工作效率

实现会计电算化后，大量的数据计算、分类、归集、存储、分析等会计核算工作，都由计算机自动完成，并且速度远超手工方式，因此大大提高了会计工作的效率，使会计人

员从原来的记账、算账、报账等繁重的工作中解脱出来，把主要精力和工作重点转向加强管理和监督方面，从而更好地发挥会计人员应有的参谋作用。

3．保证会计核算质量，促进会计工作规范化

会计电算化对数据来源提出了一系列规范要求，而且数据在处理过程中又能始终得到控制，在很大程度上解决了手工会计核算中的记账不规范、不统一，容易错记、漏记等问题。因此可以保证会计核算质量，促进会计工作规范化。

4．提高会计人员素质，强化会计管理职能

实现会计电算化后，一方面广大会计人员为适应工作需要，会更加自觉地学习新知识，逐步提高了自身素质，从而更进一步推动会计工作上新台阶；另一方面，会计人员在计算机系统中，可以充分利用计算机的优势和特点，进行会计预测、会计决策、会计控制以及会计分析活动，从而真正实现会计的管理职能。

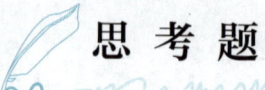

1．什么是账务处理程序？不同的账务处理程序的区别在哪？
2．记账凭证账务处理程序的特点是什么？简述其核算步骤。
3．科目汇总表账务处理程序的特点是什么？科目汇总表如何编制？
4．汇总记账凭证账务处理程序的特点是什么？汇总记账凭证如何编制？
5．简要说明记账凭证账务处理程序、科目汇总表账务处理程序、汇总记账凭证账务处理程序的优缺点及其适用范围。

第十章 会计档案

知识学习目标

※ 掌握会计档案的概念及内容
※ 掌握会计档案的归档要求及保管期限
※ 掌握会计档案查阅、复制和销毁的相关要求

能力训练目标

※ 能分辨会计档案的类别
※ 会进行会计档案整理、归档与交接
※ 会办理会计档案的查阅、复制和销毁的手续

第一节 会计档案的概念和内容

一、会计档案的概念

会计档案是指单位在进行会计核算等过程中接收或形成的，记录和反映单位经济业务事项的，具有保存价值的文字、图表等各种形式的会计资料，包括通过计算机等电子设备形成、传输和存储的电子会计档案。《会计法》规定各单位对会计凭证、会计账簿、财务会计报告和其他会计资料应当建立档案，妥善保管。财政部和国家档案局共同制定全国统一的会计档案管理制度，对全国会计档案工作实行监督和指导。

二、会计档案包括的内容

会计档案的基本内容具体包括以下四种：

1．会计凭证

会计凭证包括原始凭证、记账凭证。

2．会计账簿

会计账簿主要包括总账、明细账、日记账、固定资产卡片及其他辅助性账簿。

3．财务会计报告

财务会计报告包括月度、季度、半年度、年度财务会计报告。

4．其他会计资料

其他会计资料包括银行存款余额调节表、银行对账单、纳税申报表、会计档案移交清册、会计档案保管清册、会计档案销毁清册、会计档案鉴定意见书及其他具有保存价值的会计资料。

单位符合条件形成的属于归档范围的电子会计资料可仅以电子形式保存，形成电子会计档案，电子会计档案的保管及移交应符合档案管理部门的要求。

第二节 会计档案的归档要求及保管期限

一、会计档案的归档要求

根据财政部、国家档案局联合发布的《会计档案管理办法》，各单位每年形成的会计档案，都应由财务会计部门按照归档的要求，负责整理立卷或装订成册。当年形成的档案，在会计年度终了后，可暂由本单位财务会计部门保管一年。单位会计部门因工作需要确需推迟移交的，应当经单位档案管理机构同意。单位会计管理机构临时保管会计档案最长不超过三年。临时保管期间，会计档案的保管应当符合国家档案管理的有关规定，且出纳人员不得兼管会计档案。期满以后，应由财务会计部门编制移交清册（见表10-1），移交本单位档案部门统一保管；未设立档案部门的，应在会计机构内部指定专人保管。

单位委托中介机构代理记账的，应当在签订的书面委托合同中，明确会计档案的管理要求及相应责任。

档案部门接收保管的会计档案，原则上应保持原卷册的封装，个别需要拆封重新整理的，应当会同财务会计部门和经办人共同拆封整理，以分清责任。

表10-1　××年会计档案移交清册

编　号	文件名称	起止卷号	应保管期限	已保管期限	保管地点及其他

移交单位：　　　　　移交人：　　　　　接受单位：　　　　　接受人：

二、会计档案的保管期限

会计档案的保管期限分为永久和定期两类。其中年度财务会计报告、会计档案保管清册、会计档案销毁清册、会计档案鉴定意见书为永久保管会计档案，其他为定期保管会计档案。定期保管期限一般分为10年和30年，其中，月、季度、半年度财务会计报告和银行存款余额调节表、银行对账单、纳税申报表保管期为10年；其他各种会计凭证、账簿保管期为30年。企业和其他经济组织会计档案的保管期限见表10-2。会计档案的保管期限，从会计年度终了后的第一天算起。

表10-2　企业和其他组织会计档案保管期限表

序　号	档案名称	保管期限	备　注
一	**会计凭证**		
1	原始凭证	30年	
2	记账凭证	30年	
二	**会计账簿**		
3	总账	30年	
4	明细账	30年	
5	日记账	30年	
6	固定资产卡片		固定资产报废清理后保管5年
7	其他辅助性账簿	30年	
三	**财务会计报告**		
8	月度、季度、半年度财务会计报告	10年	
9	年度财务会计报告	永久	

(续)

序　号	档案名称	保管期限	备　注
四	其他会计资料		
10	银行存款余额调节表	10年	
11	银行对账单	10年	
12	纳税申报表	10年	
13	会计档案移交清册	30年	
14	会计档案保管清册	永久	
15	会计档案销毁清册	永久	
16	会计档案鉴定意见书	永久	

第三节　会计档案的查阅、复制和销毁

一、会计档案的查阅、复制

各单位应建立健全会计档案的查阅、复制、借出登记制度，严禁篡改和损坏会计档案。单位保存的会计档案一般不得对外借出，确因工作需要且根据国家有关规定必须借出的，应当严格按照规定办理相关手续。

（1）外部人员查阅会计档案时，应持有单位公函，经本单位负责人批准后，方可办理查阅手续。

（2）单位内部人员查阅会计档案时，应经会计主管人员或本单位负责人批准后，办理查阅手续。

查阅或复制会计档案的人员，严禁涂画、篡改、抽换和损坏会计档案。

二、会计档案的销毁

（一）会计档案的销毁程序

单位应当定期对已到保管期限的会计档案进行鉴定，组织单位会计、审计、纪检监察等机构或人员共同进行，并形成会计档案鉴定意见书。经鉴定，仍需继续保存的会计档案，应当重新划定保管期限；对保管期满、确无保存价值的会计档案，可以销毁。

（1）单位档案管理机构编制会计档案销毁清册（见表10-3），列明拟销毁会计档案的名称、卷号、册数、起止年度、档案编号、应保管期限、已保管期限和销毁时间等内容。

（2）单位负责人、档案管理机构负责人、会计管理机构负责人、档案管理机构经办人、会计管理机构经办人在会计档案销毁清册上签署意见。

（3）单位档案管理机构负责组织会计档案销毁工作，并与会计管理机构共同派员监销。监销人在会计档案销毁前，应当按照会计档案销毁清册所列内容进行清点核对；在会计档案销毁后，应当在会计档案销毁清册上签名或盖章。

表10-3 会计档案销毁清册

档案名称	卷 号	册 数	起止年度	档案编号	应保管期限	已保管期限	销毁时间

主管部门审批：　　　　　　　　　　　　　本单位领导意见：

会计机构意见：　　　　　　　　　　　　　档案部门意见：

监销人员签名或盖章：　　　　　　　　　　销毁人员签名：

（二）不得销毁的会计档案

（1）对于保管期满但未结清的债权债务会计凭证以及涉及其他未了事项的会计凭证不得销毁，纸质会计档案应当单独抽出立卷，电子会计档案单独转存，保管到未了事项完结时为止。

（2）建设单位在项目建设期间形成的会计档案，需要移交给建设项目接受单位的，应当在办理竣工财务决算后及时移交，并按照规定办理交接手续。

（3）单位因撤销、解散、破产或其他原因而终止的，在终止或办理注销登记手续之前形成的会计档案，按照国家档案管理的有关规定处置。

（4）单位分立后原单位存续的，其会计档案应当由分立后的存续方统一保管，其他方可以查阅、复制与其业务相关的会计档案。单位分立后原单位解散的，其会计档案应当经各方协商后由其中一方代管或按照国家档案管理的有关规定处置，各方可以查阅、复制与其业务相关的会计档案。

单位分立中未结清的会计事项所涉及的会计凭证，应当单独抽出由业务相关方保存，并按照规定办理交接手续。

单位因业务移交其他单位办理所涉及的会计档案，应当由原单位保管，承接业务单位可以查阅、复制与其业务相关的会计档案。对其中未结清的会计事项所涉及的会计凭证，应当单独抽出由承接业务单位保存，并按照规定办理交接手续。

（5）单位合并后原各单位解散或者一方存续其他方解散的，原各单位的会计档案应当由合并后的单位统一保管。单位合并后原各单位仍存续的，其会计档案仍应当由原各单位保管。

思 考 题

1．会计档案一般分为哪几种？不同的会计档案保管期限分别是多长时间？
2．保管期满的会计档案，应按照哪些程序进行销毁？
3．会计档案保管期满销毁时，有哪些要求？

参 考 文 献

[1] 朱天高. 基础会计[M]. 北京：冶金工业出版社，2008.
[2] 秦海敏. 基础会计学[M]. 3版. 南京：南京大学出版社，2016.
[3] 曹军，贺宁. 会计工作入门[M]. 北京：北京理工大学出版社，2010.
[4] 赵丽生. 基础会计[M]. 上海：立信会计出版社，2017.
[5] 程淮中. 会计职业基础[M]. 3版. 北京：高等教育出版社，2017.
[6] 姚晓春，殷慧敏. 基础会计[M]. 北京：机械工业出版社，2015.